SPRINGER COMPASS

Herausgegeben von
G. R. Kofer   P. Schnupp   H. Strunz

Thorsten Spitta

Software Engineering und Prototyping

Eine Konstruktionslehre für administrative Softwaresysteme

Unter Mitarbeit von Irmela Spitta

Mit 68 Abbildungen

Springer-Verlag
Berlin Heidelberg New York
London Paris Tokyo

Dr.-Ing. Thorsten Spitta

Fred Vatter GmbH, Schongau
Dienstanschrift:
Birkenallee 110–134, 4440 Rheine

ISBN-13: 978-3-642-95520-4   e-ISBN-13: 978-3-642-95519-8
DOI: 10.1007/978-3-642-95519-8

CIP-Titelaufnahme der Deutschen Bibliothek.
Spitta, Thorsten:
Software engineering und prototyping : e. Konstruktionslehre für administrative Software-
systeme / Thorsten Spitta. Unter Mitarb. von Irmela Spitta. – Berlin ; Heidelberg ;
New York ; London ; Paris ; Tokyo : Springer, 1989
(Springer compass)
ISBN-13: 978-3-642-95520-4

Datenkonvertierung: EDV-Beratung Mattes, Heidelberg

2145/3140-543210   Gedruckt auf säurefreiem Papier

Vorwort des Herausgebers

Schon seit langem ist eine Erneuerung der batchorientierten Softwaretechnologie der 70er Jahre in geschlossener Form überfällig. Anwender sind oft mit den von Softwarehäusern gelieferten Einzelmethoden oder bei der Wartung ihrer Systeme alleingelassen. Es ist verwunderlich, daß der Bereich professioneller Großrechner-Anwendungen technologisch und mit Werkzeugen schlechter versorgt ist als die Welt der Personalcomputer, Workstations und Abteilungsrechner. Gerade im Großrechner-Bereich sind die Anforderungen an Benutzergerechtheit und Fehlerfreiheit wie auch die für Entwicklung und Wartung aufzubringenden Kosten und Zeiten besonders hoch.

Ein dynamisches Modell des Software Engineering, das sog. Prozeßmodell, ist zwar seit einiger Zeit definiert, eine systematische Darstellung der Entwicklungsschritte fehlte jedoch. Die in der UNIX-Welt vorhandenen Modelle nützen Großanwendern derzeit noch nichts.

Das vorliegende Buch behandelt konstruktiv die Probleme und Methoden einer evolutionären Softwareentwicklung, wie etwa:

- Wie steht Prototyping zum Software Engineering?
- Reichen Sprachen der 4. Generation, um die Entwicklungsprobleme des Anwenders zu lösen?
- Braucht man für Prototyping spezielle Werkzeuge?
- Sind Spezifikationen entbehrlich?

Prototyping ist kein Mittel gegen methodisches oder werkzeugmäßiges Chaos in der Softwareentwicklung: *Hackern ist keine Prototyping-Technik.* Prototyping muß vielmehr systematisch und werkzeugunterstützt erfolgen.

Um die Diskrepanz zwischen theoretischen Forderungen und praktischer Realität zu verringern, hat der Autor eine auf Prototyping-Techniken gegründete Software-Konstruktionsmethodik entwickelt, die theoretisch fundiert und praktisch in Großprojekten erprobt ist. Er bringt über 15 Jahre Erfahrung in der Softwareentwicklung ein, zunächst an der Hochschule, dann in der Industrie in verschiedenen Positionen, zuletzt als Informationsmanager in einem Konzern. Das vorliegende prozeßorientierte Vorgehensmodell reflektiert die Erfahrungen mehrerer kommerzieller Großprojekte, die Einführung von Softwaretechnik bei einem großen, heute technologisch führenden Anwender und die begonnene Sanierung einer typischen mittelständischen Softwarelandschaft mit bis zu 20 Jahre alten Programmen.

Das Buch leistet einen wichtigen Beitrag, die für Praktiker unverständliche Kluft zwischen dem traditionellen Software Engineering und der wissenschaftlichen Welt der Datenbanken (Data Engineering) zu verringern. Es ist zu begrüßen, daß endlich eine Darstellung vorliegt, die den Weg zu einer kommunikationsorientierten Softwaretechnik weist, mit deren Hilfe Dialogsysteme entwickelt werden können.

Daß der Autor seine Erfahrungen gerade in unserer Reihe zur Verfügung stellt, freut uns besonders.

München, im Oktober 1988   Peter Schnupp

Vorwort des Autors

Welches Motiv hat ein DV-Manager, ein Fachbuch zu schreiben? Ich möchte nicht verhehlen, daß Verwunderung oder auch gelegentlich Ärger darüber mitspielt, daß immer wieder Technologie oder Softwarewerkzeuge angeboten oder gar verkauft werden, die ihre Bewährungsprobe im Sinne guter ingenieurwissenschaftlicher Tradition noch vor sich haben. Damit ist gemeint, daß entweder der Nachweis großtechnischer Anwendbarkeit fehlt oder die Wirtschaftlichkeit nicht belegbar ist. Spielbeispiele werden auf reale Systeme extrapoliert, ohne daß der Entwickler sich die Mühe gemacht hat, die Mengengerüste einmal hochzurechnen. Methodische Unsicherheit des Anwenders wird dadurch „beseitigt", daß ihm ein Werkzeug verkauft wird, das für eine neue Softwareversion eine Kopie der alten Projektdokumentation von über 1000 Seiten Text verwalten kann, die mit Sicherheit niemand lesen wird.

Es schien mir wert, eine bei *Anwendern* entstandene Technologie darzustellen, hinter der die Erfahrung vieler Entwickler steht und die in den verschiedensten Varianten erprobt wurde. Praxisorientierte Softwaretechnik sollte allerdings immer mit engem Bezug zu Forschungsergebnissen gesehen werden, um ein Abgleiten in „Praxeologie" zu verhindern. Daher wurde auf Bezüge zu aktuellen Forschungsergebnissen Wert gelegt. Die Formulierung Reinhold Thurners: „Wer in der Softwaretechnik die 100%-Lösung fordert, will das Problem nicht lösen, sondern abschießen" trifft den Stand der Forschung unseres Faches. Es ist weit davon entfernt, durchgängige Verfahren, die in jeder Hinsicht befriedigen, auch nur für mittelgroße Softwaresysteme zu bieten. Also behelfen wir uns mit Heuristiken. Erwartungen an eine Konstruktionslehre des Software Engineering sollten die Vielschichtigkeit des Gegenstandes berücksichtigen. Software Engineering ist

- eine *Technologie*, bei der das Vorgehensmodell wichtiger ist als die Einzelmethode,
- ein *Einführungsproblem* in fast allen Software produzierenden Organisationen,
- laufender Betrieb, *Wartung* und Versionsplanung, nicht nur Entwicklung,
- eine *Kommunikationssituation* zwischen Entwickler und Benutzer,
- eine *Ingenieurwissenschaft*, die ein Produkt hervorbringen muß, selbst wenn viele Entwicklungsschritte theoretisch ungeklärt sind,

- eine *Systemwissenschaft*, die offene Systeme zu unterstellen hat und die unmittelbare Systemumgebung mitbetrachten muß. Dies sind die Zielfindung, die Einbeziehung des Benutzers und die Betrachtung der Organisation, in welche die Software eingebettet ist.

Der Anspruch, eine noch überschaubare Konstruktionslehre zu verfassen, machte Einschränkungen im Anwendungsbereich und im Umfang der Darstellung notwendig. Ich halte es für unmöglich, eine einheitliche Konstruktionslehre für alle Typen von Software zu formulieren. Für Prozeßsteuerungssoftware stellt sich die Kommunikationssituation völlig anders dar als für administrative Software: Eine große Datenbasis in Verantwortung menschlicher Benutzer gibt es nicht oder kaum, die Systemeinbettung ist verschieden. Trotzdem sind viele Aspekte des Modells OBAS (Objektorientierter Entwurf Administrativer Systeme) von allgemeinem Interesse. Auch technische Software wird man objektorientiert entwerfen und sich bei der Methodenwahl auf großtechnisch beherrschbare Verfahren beschränken müssen. Bei jeder Softwareentwicklung ist man mit dem Integrationsproblem von Werkzeugen konfrontiert.

Das Buch wendet sich an Praktiker und an Hochschulangehörige. Es dürfte für Informatiker wie auch für Wirtschaftsinformatiker mit fortgeschrittenen Grundkenntnissen nützlich sein. Es kann sowohl selektiv als auch sequentiell gelesen werden. Wer einen schnellen Überblick benötigt, sollte die Kap. 1, 3 und 4 lesen. Bei der Lektüre von Kap. 4 kann jeder Leser entscheiden, welche vertiefenden Kapitel er danach auswählt.

Für ihre inhaltliche Mitarbeit und die sprachliche und redaktionelle Bearbeitung des Textes danke ich meiner Frau, Dipl.-Psych. Irmela Spitta, ganz herzlich. Sie hat mich davor bewahrt, aus scheinbar allgemeinverständlicher psychologischer Literatur falsche Schlüsse zu ziehen. Mein ursprünglicher Entwurf von Kap. 9 wich der vorliegenden gemeinsam erstellten Fassung.

Ebenso möchte ich folgenden Kollegen, Freunden und früheren Mitarbeitern für Hinweise und befruchtende Ideen danken: Chr. Floyd, H. Schwandt, R. Keil-Slavik (TU Berlin); R. Franck (Universität Bremen); L. Martiny, M. Mönckemeyer, A. Pieper, W. Rauschenberger, P. de Ruijter (Schering AG Berlin); K.D. Büttner (apl GmbH Berlin); M. Matthesius, B. Scheufler-Bolze (Condat GmbH Berlin); A. Glass (Berlin); G. Schiffner (Sietec GmbH Berlin); F. Schulz von Thun (Universität Hamburg).

Münster, im Oktober 1988   Thorsten Spitta

Inhaltsverzeichnis

1. Einleitung

Dieses Buch versteht sich als eine **Konstruktionslehre für administrative Dialogsysteme**. Es soll eine sinnvolle Anwendung von Konzepten des Prototyping im Rahmen des Software Engineering aufgezeigt werden. Um administrative Software mit Hilfe von Prototypen entwickeln zu können, bedarf es einer systematischen Abgrenzung des zu entwickelnden Teilsystems. Eine solche **planmäßige Systembildung und -abgrenzung** erfolgt objektorientiert auf der Basis eines Datenmodells. Ein fachwissenschaftlich fundiertes Datenmodell muß Grundlage jedes Softwaresystems sein, das auf einer großen, integrierten Datenbasis beruht. Eine solche Datenbasis ist Kennzeichen administrativer Softwaresysteme. Sie prägt nicht nur die Software-, sondern partiell auch die Organisationsentwicklung, weil Datenverantwortlichkeiten definiert werden müssen. Die folgenden Abschnitte geben eine Antwort auf die Fragen:

- *Wo steht Software Engineering heute?*

  Wo steht die Praxis und wo die Forschung?
  Wo gibt es Fehlentwicklungen und Defizite?

- *Ist Prototyping ein Konzept oder eine Mode?*

  Was ist überhaupt Prototyping?
  Was hat man schon immer gemacht und was ist neu?
  Ersetzt Prototyping Phasenmodelle und Spezifikationen?

- *Wie ist dieses Buch aufgebaut?*

1.1 Software Engineering heute

Ende der 60er Jahre wurde der Begriff „Software Engineering" geschaffen. Er beschrieb eher eine Absichtserklärung als ein ausgearbeitetes Konzept. Die Erstellung von Software galt als eine Ingenieurleistung. Software sollte nach festen Regeln mit verbindlichen Abmachungen zwischen Benutzer und Entwickler entwickelt werden „wie in den anderen Ingenieurdisziplinen auch". So läßt sich sinngemäß das Fazit aus den Beiträgen vieler namhafter Informatiker umreißen. Wesentliche Programmpunkte des Software Engineering waren:

- Systematische Entwicklung der Anforderungen ('requirements'),

- Zerlegung des Entwicklungsprozesses in zeitliche und sachliche Abschnitte, um ihn kontrollierbar zu machen ('life cycle'; Phasenmodell).

Auf der Basis dieses Programms wurden Methoden und Werkzeuge entwickelt.

1.1.1 Methoden

Das Phasenmodell Boehms (76, Engineering)[1] brachte nachweisbare Erfolge. Es wurden Methoden entwickelt, welche die Vorstellungen namhafter Vertreter des Faches für die sog. frühen Phasen umsetzten:

- System Analysis (Ross 77, SA),
- Problem Statement Language/Analyzer (Teichroew 77, PSL/PSA),
- Requirement Statement Language (Alford 77, RSL),
- System Analysis and Design Technique (Ross 77, SADT),
- Information Systems Work and Analysis of Change (Lundeberg 79, ISAC).

Diese Methoden wurden vermarktet und dem Anwender durch Hardwarehersteller und Softwarehäuser zur Lösung der Probleme angeboten, die er bei der Entwicklung und Wartung von Software hatte. Als Beispiele für Methoden, die im deutschen Raum vertrieben werden, seien genannt:

- SA: IBM-Verfahrenstechnik, PROMOD (IBM 76, VT; GEI 86, PROMOD),
- SADT: SOFTECH Inc., SCS (Yeomans 81, SADT),
- ISAC: Informationsflußsymbolik (ACTIS 81, ISAC).

Die Methoden und Werkzeuge brachten für viele Anwender Fortschritte, jedoch auch Schwierigkeiten und Fehlinvestitionen. Die Probleme lagen in einer Mischung aus konzeptionellen Mängeln des Software Engineering und Mängeln der Werkzeuge, die von praktisch unerfahrenen Entwicklern realisiert waren (vgl. Schröder 85, Methodenstrategie). Methodenvergleiche belegen, was zwischen Praktikern längst informell ausgetauscht wurde: Bei einer konstruktiven, breiten Anwendung von Methoden des Software Engineering bleiben viele Fragen offen (Peters 77, Methodologies; Balzert 81; Floyd 84 (Methoden)).

Die Methoden unterstellen zum Teil implizit das Boehmsche Phasenmodell als Fundament. Dieses wurde wegen seiner Starrheit in Frage gestellt (Floyd 81, Process Approach) und teilweise für überflüssig erklärt (Gladden 82, Life Cycle). Wurde in den Anfängen der Datenverarbeitung gar nicht oder zu wenig dokumentiert, so war es jetzt zuviel. Es ist noch heute ungeklärt, bei welcher Methode welche Dokumente nur Zwischenergebnisse sind und *welche Dokumente*

---

[1] **Zitierweise:** Zitat ::= <erster autor><jahr>, [<stichwort>,[<kapitel/seite>]] Zitate stehen je nach Kontext ganz oder teilweise im laufenden Text oder in ( ). Stehen Teile eines Zitats im Text, steht der Rest in ( ). Bei gleichem Jahr und Stichwort von mehreren Autoren wird mit ( ) zusammengezogen. Wiederholt sich dasselbe Zitat in kurzem Abstand, wird es abgekürzt, wenn es vom Kontext her eindeutig bleibt. [ ] zeigt eine optionale Verwendung an. *Beispiele*: (Boehm 76, Engineering); Johnson und Mason (83, Prototyping); (Boehm 84).

Abkürzungen: Gängige Zeitschriften und Proceedings werden abgekürzt; siehe Literaturverzeichnis. Weitere Abkürzungen im Text: DB für Datenbank; DV für Datenverarbeitung; SW für Software; 1NF, 2NF, 3NF für 1., 2., 3. Normalform; 4GL für 4th Generation Language.

mit der fertigen Software *gewartet* werden können. Alle Methoden stellen auf die Entwicklung von *Batchsystemen* ab. Die Existenz von *Datenmodellen* wird ignoriert. Traditionelles Software Engineering und die Fachwelt der Datenbanken klaffen auseinander (vgl. z.B. Balzert 82, Entwicklung). Damit wird, trotz gegenteiliger Beteuerungen z.B. in den Konzepten zu SADT oder ISAC, die Entwicklung der vorwiegend dialogorientierten administrativen Software methodisch vernachlässigt. Das ist um so bedauerlicher, als über 60% unserer volkswirtschaftlichen Softwareinvestitionen auf administrative Software entfallen. Alle Unternehmen und alle öffentlichen Verwaltungen betreiben solche Software. Die meisten Arbeitsplätze für Informatiker liegen in diesem Bereich.

Die Forschung ist inzwischen weiter: Der **prozeßorientierte Ansatz** des Software Engineering (Lehmann, Floyd) sieht Software nicht mehr statisch als einmal zu spezifizierendes und nach der Fertigstellung nur noch zu wartendes Produkt, sondern dynamisch als Folge von Systemversionen. Diese vollziehen die evolutionäre Entwicklung der Organisation mit, in welche die Software eingebettet ist. Der Anspruch, alle Anforderungen beim Erstellen der ersten Version eines Softwaresystems ermitteln zu können, wurde aufgegeben.

Der prozeßorientierte Ansatz ist jedoch noch weit davon entfernt, sich in der Praxis durchzusetzen. Dies zeigen z.B. aktuelle Arbeitspapiere der IBM-Benutzervereinigung GUIDE, die sehr viel unternimmt, um Prinzipien des Software Engineering zu verbreiten. Außerdem sind z.B. folgende Aspekte des prozeßorientierten Ansatzes nicht konstruktiv ausgearbeitet, die für eine praktische Anwendung geklärt sein müssen:

- Die Bildung von Teilsystemen für die schnelle Entwicklung von Versionen,
- die Beziehung zwischen Prototypen und Spezifikationen,
- der Einfluß von Werkzeugen auf den Entwicklungsprozeß,
- die Rolle der Phase Wartung bzw. Betreuung bei der Versionsplanung.

1.1.2 Werkzeuge

Prozeßorientierte Softwareentwicklung hat eine starke Wechselwirkung mit **Werkzeugen**. Die Kritik am statischen Phasenmodell zielte vor allem auch auf dessen Schwerfälligkeit. Projekte, die Jahre brauchten, bevor der Benutzer das erste implementierte Ergebnis zu sehen bekam, waren keine Seltenheit. Blum (82, Life Cycle, p. 18) charakterisiert diese Situation durch folgendes Bild:

'Development is like talking to a distant star: by the time you receive the answer, you may have forgotten the question.'

Das statische Phasenmodell ist um den Preis langer Entwicklungszeiten auch ohne Werkzeuge praktizierbar. Das prozeßorientierte Modell verliert seinen Sinn, wenn es ohne Werkzeuge angewendet wird. Wenn der Benutzer wegen zu langer Entwicklungszeiten seine Anforderungen ändert, gerät man in eine Endlosschleife von Versionen. Man gelangt nie zu dem Punkt, an dem eine vorzeigbare Software die Vorstellungen des Benutzers prägt und stabilisiert.

Werbung und Beiträge auf Fachtagungen suggerieren dem Praktiker, man brauche nur entsprechende Werkzeuge zu kaufen oder zu entwickeln, und schon stelle sich eine erhebliche Produktivitätssteigerung der Anwendungsentwicklung ein. Solche Darstellungen täuschen:

- Die meisten käuflichen Werkzeuge implizieren eine Methodologie. Der Versuch, eine andere als die von den Entwicklern des Werkzeuges unterstellte Methodik zu verwenden, führt zu massiven Problemen.
- Es gibt fertige strategische Werkzeuge, die kein Anwender qualifiziert und wirtschaftlich entwickeln kann. Hierzu gehören in unserem Zusammenhang vor allem ein Datenbanksystem und ein Datenlexikon (DATA DICTIONARY). Diesen Werkzeugen muß man sich methodisch anpassen.
- Die Integration untereinander inkonsistenter Werkzeuge kann sehr schnell teurer werden als eine behelfsmäßige Eigenentwicklung auf der Basis gekaufter strategischer Werkzeuge.

Eine Software-Produktionsumgebung, die den prozeßorientierten Ansatz und die Arbeit mit Prototypen methodisch zufriedenstellend unterstützt, ist nicht in Sicht. Ein Werkzeug, das nicht berücksichtigt, daß ein DATA DICTIONARY interaktiv mit dem verwendeten Datenbanksystem integriert sein muß, hat keinerlei Aussicht, in einer professionellen Umgebung praktisch benutzbar zu sein.

Beispiele:

- Sneed gibt für die billigste Lösung einer Software-Produktionsumgebung Entwicklungskosten von 1 000 000 $ an (Hausen 85, Produktionsumgebungen, S. 182).
- Eine vom Anwender entwickelte Übergabesoftware vom Entwicklungsrechner auf den Produktionsrechner kostete 250 000 DM. Sie verbindet zwei käufliche Werkzeuge: eine Programmbibliothek und ein DATA DICTIONARY. Das Werkzeug ist vergleichsweise simpel: Programme werden von einer Bibliothek in eine andere kopiert. Dabei wird im DATA DICTIONARY festgehalten, wer wann einen Zustandsübergang von Test nach Produktion oder zurück durchgeführt hat.

1.2 Prototyping, Konzept oder Mode?

Prototype wurden in anderen Ingenieurdisziplinen schon immer verwendet. Sie sind frühe Versionen des zu entwickelnden Produktes, die einige oder alle Leistungsmerkmale der Endversion enthalten. Prototype sind zu unterscheiden von **Modellen**. Ein Modell *enthält nicht* die Leistungsmerkmale des fertigen Produkts, es *bildet* sie nur *ab*.

Der prozeßorientierte Ansatz des Software Engineering sieht Prototypen in der Entwicklung vor, suggeriert zum Teil sogar, man könne ausschließlich mit Prototypen Software entwickeln (vgl. Floyd 81, Process Approach, p. 291). Mit dem Aufkommen neuer, in der Industrie entstandener Programmiersprachen, den sog. Sprachen der 4. Generation (4GL), geriet das Stichwort 'Rapid Prototyping' (ACM 82) in die Hände der Verkäufer. 'Rapid Prototyping' wurde als ein neues

Allheilmittel angepriesen, das Phasenmodelle und Spezifikationen überflüssig mache. Mittlerweile gab es nicht nur erfolgreiche, sondern auch gescheiterte Industrieprojekte, die nach dem traditionellen Ansatz des Software Engineering vorgegangen waren. Sie waren in Bergen von Dokumenten steckengeblieben, die niemand mehr lesen, geschweige denn auf Konsistenz prüfen konnte (vgl. Jones 79, Specifications).

Einen guten Überblick über die verschiedenen Erscheinungsformen des Prototyping gibt der von Budde et al. herausgegebene Sammelband von einer internationalen Tagung (Budde 84, Prototyping). In diesem Band ist auch die folgende Systematik von Floyd zum Prototyping enthalten:

Exploratives Prototyping. Mit Hilfe von Prototypen wird ein Kommunikationsmedium geschaffen, das die Ermittlung der wirklich relevanten Anforderungen erleichtert und beschleunigt. Die Prototype werden im Kommunikationsprozeß mit dem Benutzer eingesetzt.

Experimentelles Prototyping. Durch Versuche werden unbekannte Eigenschaften eines technischen Systems ermittelt. Das ist in der praktischen Entwicklung von Softwaresystemen schon immer üblich gewesen, ohne daß man dafür einen speziellen Begriff kannte.

Evolutionäres Prototyping. Ein System wird inkrementell in einem stufenweisen Übergang vom explorativen, sehr simplen Prototyp bis zum fertigen Produkt entwickelt. Diese Auffassung von Prototyping fällt mit dem prozeßorientierten Phasenmodell weitgehend zusammen. Softwareentwicklung ist dann gleich Prototyping.

Das Konzept, Prototypen in der Softwareentwicklung ebenso einzusetzen wie in anderen Ingenieurdisziplinen trägt zur Erhöhung der Wirtschaftlichkeit und zur Qualitätsverbesserung von interaktiver Software bei. Dies hat Boehm (84, Prototyping) empirisch nachgewiesen, der üblicherweise mit dem statischen Phasenmodell identifiziert wird. Beim Übergang auf eine Entwicklung mit Prototypen ist man allerdings gut beraten, entsprechend dem traditionellen Software Engineering weiterhin systematische Anforderungsermittlung zu betreiben und in definierbaren Schritten vorzugehen. Prototyping erhöht sogar die Möglichkeiten der Anforderungsermittlung beträchtlich.

Die prozeßorientierte Entwicklung mit Prototypen bringt einen tiefgreifenden Umbruch des traditionellen Software Engineering mit sich. Die Phase Softwareentwurf verlagert sich weitgehend aus der Anwendungsentwicklung heraus. Man entwirft *einmal* ein **universelles Prototyp- und Dialogwerkzeug** nach üblichen Kriterien des Software Engineering, z. B. Datenabstraktion und Geheimnisprinzip. Mit diesem Werkzeug kann man exploratives Prototyping betreiben und in den meisten Fällen Dialogsoftware inkrementell aus dem Prototyp entwickeln. Es wäre jedoch verfehlt, dieses Entwicklungsschema auf alle Typen von Software übertragen zu wollen.

1.3 Aufbau des Buches

1.3.1 Inhaltliche Fragen

Anhand eines durchgehenden Vorgehensmodells wird aufgezeigt, wie man administrative Softwaresysteme definiert, in Teilsysteme zerlegt und die Teilsysteme einsatzreif entwickelt und pflegt.

Die **Bildung von Teilsystemen** hat zunächst direkt nichts mit Prototyping zu tun. Sie ist aber Voraussetzung dafür, daß man überhaupt Software nach dem prozeßorientierten Ansatz entwickeln kann. Teilsysteme, die nur intuitiv gebildet werden, bergen bei der Integration die Gefahr von Inkonsistenzen und sachlichen Überschneidungen in sich. Die Bildung von Teilsystemen erfolgt auf der Basis eines Datenmodells. Nur so kann man **objektorientierte Teilsysteme** erhalten, in administrativen Systemen m. E. die einzig möglichen Bausteine, die langfristig stabil bleiben können. Die Objekte sind Objekttypen eines organisationsweiten Datenmodells.

Die erste Phase in der Entwicklung des einzelnen Teilsystems, die **Spezifikation**, benutzt intensiv Prototypen sowohl für experimentelle als auch für explorative Zwecke. Als wichtigste Entwurfsschritte werden in dieser Phase der Dialogentwurf, die Kommunikation mit Prototypen und die funktionale Spezifikation abgewickelt. Der **Dialogentwurf** steht gegenüber dem Entwurf von Batchsystemen stark im Vordergrund. **Prototype** auf der Basis des Dialogentwurfs werden als Mittel zur Kommunikation mit dem Benutzer verwendet, um die Fakten der Realwelt möglichst unverfälscht zu ermitteln.

Die **Kommunikation** spielt eine entscheidende Rolle für das Gebiet Software Engineering. Sie wird gesondert betrachtet, da das traditionelle Software Engineering eine Grundannahme macht, die den Erkenntnissen der Psychologie nicht standhält: Schriftliche Spezifikationen seien ein geeignetes Kommunikationsmedium zwischen Benutzer und Entwickler. Statt dessen werden Prototype als Kommunikationsmedium gezielt eingesetzt.

Prototyping und **funktionale Spezifikation** sind jedoch kein Gegensatz. Spezifikationen werden lediglich mit anderem Gewicht und in anderen Formen benutzt, als dies im traditionellen Software Engineering üblich ist. Am Beispiel administrativer Systeme wird gezeigt, wie differenziert man die Gegenstände betrachten muß, die zu spezifizieren sind, welche unterschiedlichen Spezifikationsmethoden man braucht, und wie Spezifikationen aussehen können, die auf der Basis eines systematischen Kommunikationsprozesses entstanden sind.

Die Phasen **Entwurf** und **Implementierung** werden nur überblickartig beschrieben. Der Softwareentwurf kann knapp behandelt werden, weil bei Dialogsystemen die wesentlichen Modularisierungsentscheidungen für die Programmstruktur durch das Dialogwerkzeug vorgegeben sind. In dieser Phase bleibt im wesentlichen nur noch der physische Datenbasisentwurf. Er hat keine durchgreifenden Rückwirkungen auf die bereits vorhandene Modulstruktur, wenn die logischen Sichten der physischen Datenbasis sich nicht allzu weit von den Sichten des Datenmodells entfernen. Dies ist mit heutigen Datenbanksystemen möglich.

Die Phase **Wartung** ist für einen prozeßorientierten Ansatz entscheidend und wird ausführlicher behandelt. Die Qualität der laufenden Betreuung einer Software entscheidet darüber, ob die Investition einer Entwicklung erhalten bleibt oder in wenigen Jahren durch unsachgemäße Eingriffe zerstört wird. Während der laufenden Betreuung wird eine **Versionsplanung** durchgeführt. Mit einer Version wird ein neuer Entwicklungszyklus begründet, der ein geändertes oder neues Teilsystem definiert.

Ohne **Werkzeuge** ist professionelles Prototyping unmöglich. Eine wesentliche Grundidee, die *Schnelligkeit*, würde konterkariert. Spezielle Werkzeuge (Produkte) sollen nicht vorausgesetzt werden. Es werden aber **Werkzeugtype** zugrundegelegt. Dies sind für administrative Software: Textverarbeitung, Datenbanksystem, DATA DICTIONARY. Behandelt wird das Einsatzkonzept für Textdokumente und für ein DATA DICTIONARY. Konkrete Datenbanksysteme werden nicht betrachtet.

1.3.2 Aufbau und Darstellung

Eine Konstruktionslehre muß die Abfolge der Entwicklungsschritte und die Übergänge zwischen den Teilergebnissen aufzeigen. Nach der Darstellung des **Phasenmodells** folgt das **Vorgehensmodell** in einer knappen Übersicht. Jede Phase wird als graphischer Ablauf gezeigt, danach folgt eine Kurzdarstellung. Auf das Vorgehensmodell folgen vertiefende Kapitel zur Konstruktion der wichtigen Phasen. Die Phasen **Zielfindung** und **Systemabgrenzung** bilden eine notwendige Voraussetzung für die Entwurfsschritte der Phase **Spezifikation**. **Prototyping** zieht sich durch die Entwurfsschritte dieser Phase wie ein roter Faden. Es ergibt sich aus dem konstruktiven Anspruch, daß die verschiedenen Erscheinungsformen des Prototyping im Entwicklungsablauf und nicht enzyklopädisch behandelt werden. Da die Phasen **Entwurf** und **Implementierung** nicht weiter verfeinert werden, sind sie in der Übersicht von Kap. 4 etwas ausführlicher und stärker praxisbezogen dargestellt.

Methoden und Darstellungsformen sind nach den Kriterien **Kommunizierbarkeit** und **Wirtschaftlichkeit** ausgewählt. Die graphischen Symbole sind an bekannten Darstellungsformen (DIN 66001) orientiert, ohne daß die dahinterstehende datenflußorientierte Methodik übernommen wird. Sie lassen sich auf allen zeichenorientierten Druckern drucken. Jeder PC mit einer Pseudographik oder ein System wie PET/MAESTRO kann benutzt werden. PET/MAESTRO ist mit einer rein zeichenorientierten Technik mit über 15 000 Arbeitsplätzen in der Industrie installiert. Als Textsoftware auf PCs reichen handelsübliche Textsysteme wie MS-Word oder WordStar aus, die es ermöglichen, eine Pseudographik in die Texte zu integrieren. Werkzeuge wie XEROX-Star oder SUN sind sicherlich erheblich komfortabler und signalisieren die industriellen Systeme der Zukunft. Sie sind jedoch für einen breiteren professionellen Einsatz heute (Anfang 1988) noch zu teuer.

2. Darstellungsmittel und Begriffe

In diesem Kapitel werden Darstellungsformen erläutert und wichtige Begriffe definiert wie

- Methode, Verfahren, Vorgehensmodell,
- Hilfsmittel und Werkzeug,
- Validation und Verifikation,
- Schnittstelle und Spezifikation.

Die Darstellungsformen werden sowohl in den Abbildungen dieses Buches verwendet als auch in dem hier entwickelten Vorgehensmodell empfohlen. Außerdem werden Validationsmethoden diskutiert, die bei professioneller Softwareentwicklung angewendet werden können.

2.1 Darstellungsmittel

Folgende grundlegenden **Darstellungsmittel** sind zu unterscheiden:

- graphische,
- verbal strukturierte ('well structured'),
- verbal schwach strukturierte ('ill structured').

Verbal strukturiert sind Tabellen, Pseudocodes, Codes, Entscheidungstabellen und vieles mehr. **Verbal schwach strukturiert** ist Prosa. Unter dem Aspekt der Kommunizierbarkeit ist die o.a. Reihenfolge eine Prioritätenliste. Viele Autoren betonen die Überlegenheit von **Graphiken** gegenüber verbalen Ausdrucksformen, wenn es um Kommunikation geht (z. B. Jones 79, Specifications, p. 96). Eigene Erfahrungen bestätigen dies. Ein Überblick ist bei Prosa schwer zu gewinnen, allerdings kann man auf Prosa nicht verzichten, wenn man inhaltliche Aspekte beschreiben will. Prosa ist auch unter dem Aspekt der Kommunikation der einzige allen beteiligten Personen gemeinsame Zeichenvorrat.

Eine **Darstellungsform** oder auch **Repräsentation** ist eine konkrete Ausprägung eines Darstellungsmittels, z. B. ein Programmablaufplan, ein Struktogramm oder ein Petri-Netz.

2.1.1 Graphische Darstellungsmittel

Graphische Darstellungen werden in diesem Vorgehensmodell benötigt für:

- **Arbeitsabläufe als organisatorische Datenflüsse**. Sie bilden manuelle Arbeitsabläufe ab.
- **Arbeitsabläufe als Zustandsdarstellungen** (Mensch-Maschine-Interaktion). Sie bilden computergestützte Arbeitsabläufe ab.
- **Hierarchische oder netzwerkartige Strukturen**. Dies sind Systeme mit Enthält-, Benutzt-, Weist-an- Beziehungen oder mit beliebigen Relationen, z. B. Stellenplänen (sog. Organigramme), Datenmodellen, Modul-Übersichten.

In allen graphischen Darstellungen wird nach Möglichkeit auf die Verwendung von Übergangsstellen (sog. Konnektoren, vgl. DIN 66001) verzichtet. Es werden Verfeinerungen angewendet, so daß in der Regel ein Diagramm auf eine Druckseite paßt. Aus diesem Grunde sind auch Anfangs- und Endsymbole entbehrlich. Die Symbole sind angelehnt an DIN 66001 und können jederzeit um dort enthaltene Symbole ergänzt werden. Die Symbole sind bewußt so gestaltet, daß sie als Pseudographik auf handelsüblichen zeichenorientierten Geräten zu verarbeiten sind (s. auch Abschn. 1.3.2).

Die Arbeitsabläufe für organisatorische Datenflüsse und für die Mensch-Maschine-Interaktion können miteinander verbunden werden. Sie bilden dann **Netze**, wie sie zunehmend als Beschreibungsmittel verwendet werden (vgl. Reisig 85, Netze).

2.1.1.1 *Arbeitsabläufe/ORG (organisatorischer Datenfluß)*

Arbeitsabläufe interessieren hier nur in Form von Daten- bzw. Informationsflüssen, nicht als Materialflüsse. Sie umfassen Stellen, Daten und Tätigkeiten des Menschen. Sie enden an der Benutzerschnittstelle zum Computer. Diese wird als Name eines Dialogs oder als Name eines Batchablaufs benannt (s. unten: <funktion>). Daten sind je nach Kontext manuell (auf Papier) oder maschinell gespeichert. Auch Entwicklungsergebnisse werden als Daten dargestellt.

Die Symbole:

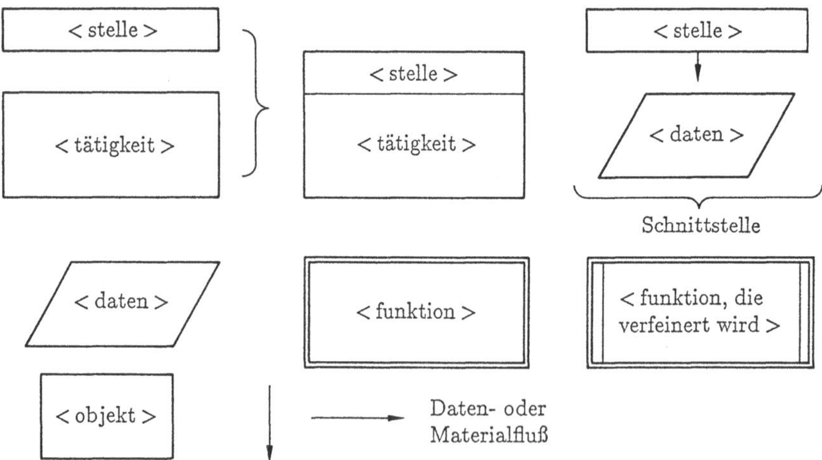

Abb. 2-1. Symbole für Arbeitsabläufe

Erläuterungen:

- Eine <funktion> ist eine durch den Rechner ausgeführte oder unterstützte Tätigkeit. Sie wird lediglich aus Gründen der Hervorhebung mit anderen Zeichen umrandet als <**tätigkeit**>.
- Eine <**funktion, die verfeinert wird**>, ist ein Dialog. Dieser wird als Arbeitsablauf/DIALOG in einer Verfeinerung des Arbeitsablauf/ORG beschrieben.
- Eine Funktion, die nicht weiter verfeinert wird, ist ein Batchablauf.
- Ein <objekt> ist im Kontext eines Arbeitsablaufes **Material**, da Daten ein eigenes Symbol haben. Es gibt Datenflüsse, bei denen der Materialfluß mitbetrachtet werden muß, weil das Material Träger von Daten ist, z. B. ein Kartonaufkleber. Im Kontext von Datenmodellen (s. Abschn. 2.1.1.3) wird das Objektsymbol für Datenobjekttypen benutzt.

Beispiel: Arbeitsablauf Pflege Personaldaten

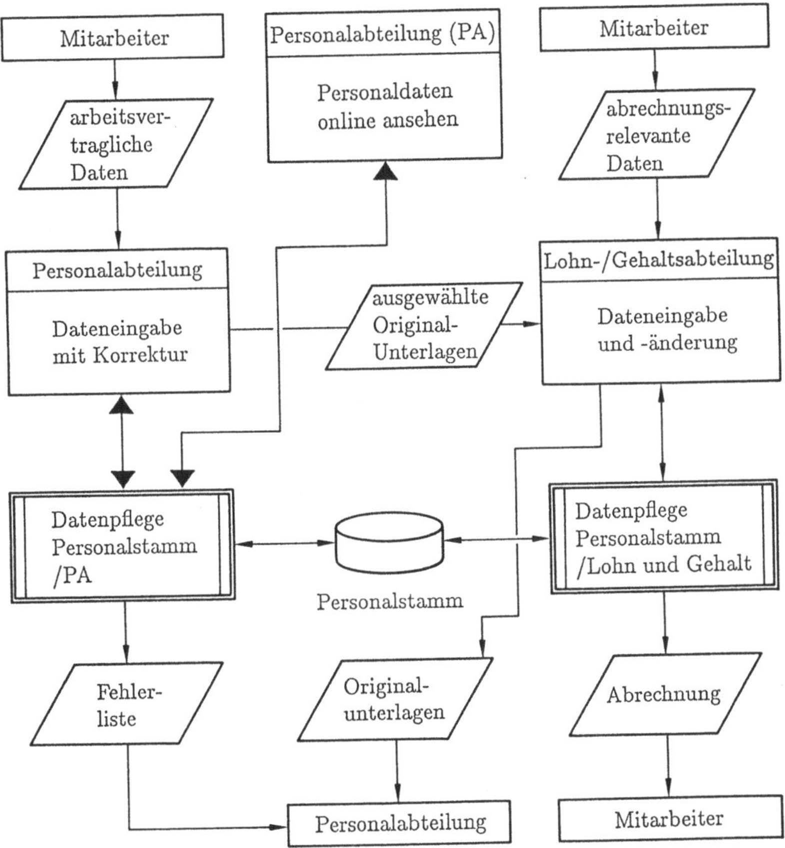

Abb. 2-2. Beispiel Arbeitsablauf mit Dialogschnittstelle

Erläuterung: Die Personalabteilung soll bei Einstellungen die Daten von Mitarbeitern eingeben, z. B. Daten der Steuerkarte. Danach darf sie Daten, die auch abrechnungsrelevant sind, nicht mehr ändern. Dies darf nur die Lohn- und Gehaltsabteilung, die für die Korrektheit der Daten verantwortlich ist. Zur Bedeutung der Pfeilspitzen s. Abschn. 2.1.1.4.

Anhand des Beispiels lassen sich einige *Regeln für Arbeitsabläufe* nachvollziehen:

- Im Normalfall werden alle Zustände eines Datenbestandes explizit gezeichnet. Dadurch entfallen weitgehend Zyklen in den Arbeitsabläufen/ORG.
- Fehlerfälle mit Rückweisung, erneuter Annahme und Prüfung eines Belegs werden üblicherweise weggelassen, bleiben also implizit. Das macht die Diagramme übersichtlich.
- Ist die Speicherung von Datenbeständen bekannt, kann die Kommunikation verbessert werden, wenn die Datenbestände explizit mit Symbolen aus DIN 66001 ausgedrückt werden (hier Symbol für einen Datenbestand auf Magnetplatten).

2.1.1.2   Arbeitsabläufe/DIALOG (Mensch-Maschine-Interaktion)

Die Beschreibung der Mensch-Maschine-Interaktion wird in Form von Interaktionsdiagrammen (IAD) vorgenommen (Denert 77, State Diagrams). Sie werden hier als Verfeinerung eines Arbeitsablauf/ORG eingesetzt und bewußt einfach gehalten. Sie werden für einen Dialogentwurf, für die Kommunikation über die Benutzerschnittstelle und für die Dokumentation des Dialogablaufs etwa in Benutzerhandbüchern verwendet. Das Symbol <**tätigkeit**> wird für eine Tätigkeit des Rechners benutzt. Diese Tätigkeit heißt **Funktion**. In den IAD entfällt der Grund für eine Hervorhebung durch ein besonderes Symbol (s. Abschn. 2.1.1.1), da es nur Tätigkeiten des Rechners als Funktion gibt.

Die Symbole: (es werden nur zu Abb. 2-1 zusätzliche erläutert)

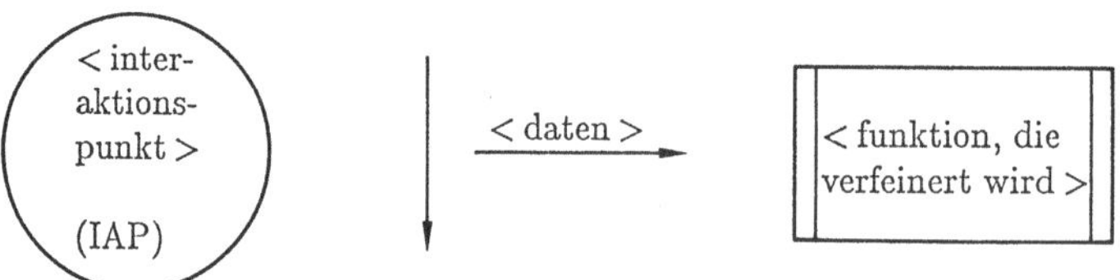

Abb. 2-3. Zusätzliche Symbole für Interaktionsdiagramme

Erläuterung: Die bei Zustandsübergängen mitgegebenen oder auslösenden Daten werden an die Kanten des Graphen geschrieben. Auch Funktionstasten werden als Daten behandelt, da sie eine dem Benutzer geläufige Darstellungsform von Steuerungsdaten sind.

Bei Interaktionsdiagrammen wechseln Wartezustände des Rechners (= <IAP>) ab mit Wartezuständen des Benutzers (= <funktion>). Wenn man die Zustandsübergänge sinnvoll mit den auslösenden oder transferierten Daten beschriftet, braucht man sich *nicht* dogmatisch an eine strikte Symbolfolge <IAP> → <funktion> → <IAP> zu halten. <funktion> kann wegfallen, wenn der Kontext des Diagramms eindeutig ist (s. unten: Abb. 2-4).

Interaktionsdiagramme beginnen mit einem **Hauptmenü**, das in seinen Ein-
stiegspunkten als **Untermenü** verfeinert wird. Der Begriff Menü soll nichts über
die Realisierung aussagen, dies kann sowohl eine Maske mit Auswahlpunkten
als auch eine Kommandoschnittstelle sein. Die folgenden Beispiele für ein IAD-
Hauptmenü und ein IAD-Untermenü illustrieren, daß pragmatische Verkürzun-
gen in der Darstellung die Diagramme vereinfachen und die Kommunikation mit
dem Benutzer erleichtern.

Beispiel für ein IAD-Hauptmenü:

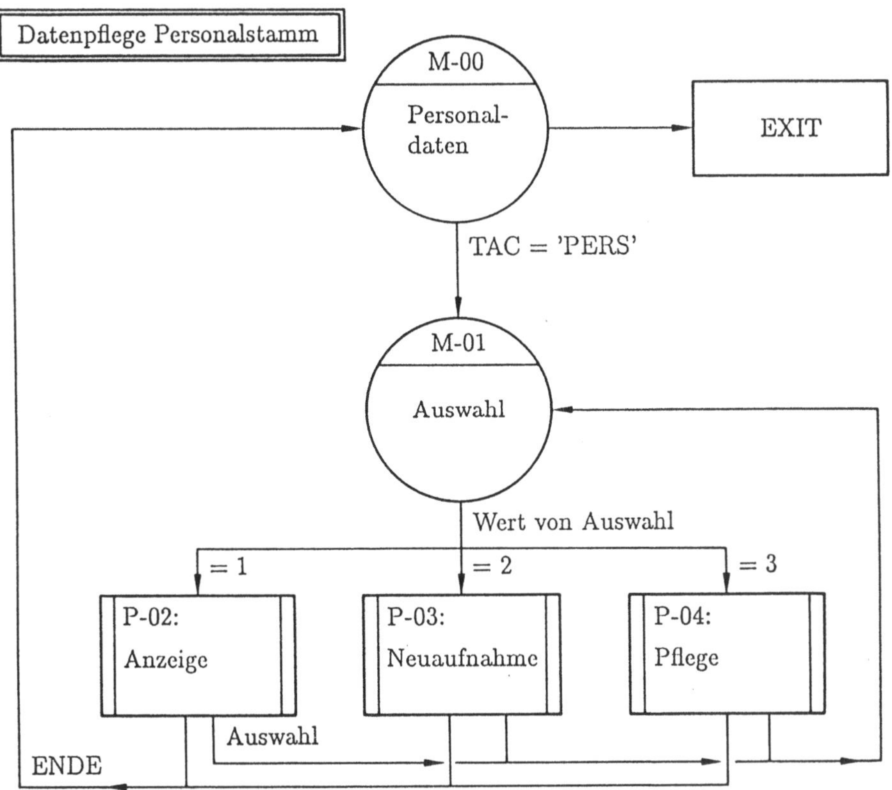

Abb. 2-4. Beispiel IAD-Hauptmenü

Erläuterungen: TAC = Transaktionscode.
IAP werden mit M (= Maske) bezeichnet, da sie in aller Regel genau einer Maske entsprechen.
Sie erhalten eine Nummer (M-nn), um sie referenzierbar zu machen. Funktionen erhalten
ebenfalls eine korrespondierende Nummer (F-nn).
Eine Maske M-x wird von einer Funktion F-x angezeigt, stellt also beim Übergang vom Haupt-
zum Unterdiagramm den Anschlußpunkt in der Verfeinerung dar. Ausgänge aus den IAP
werden nur in der zugehörigen Funktion dargestellt.

Beispiel für ein IAD-Untermenü: „Pflege Personaldaten"

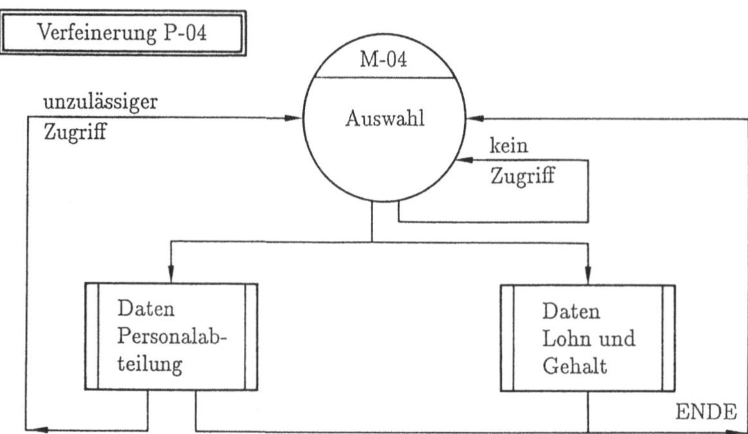

Abb. 2-5. Beispiel IAD-Untermenü

Erläuterung: „Kein Zugriff" ist ein verweigerter Zugriff, bei dem ein unbefugter Benutzer zugreifen will. Ein „unzulässiger Zugriff" liegt vor, wenn ein befugter Benutzer versucht, Daten zu ändern, die er zwar lesen, aber nicht ändern darf. Der Zweig „Kein Zugriff" ist ein Beispiel für einen eindeutigen Zustandsübergang, bei dem die Aktivität des Rechners nicht gezeichnet wird.

2.1.1.3 Baum- und Netzstrukturen

Bei Baum- und Netzstrukturen steht meist die Darstellung von Relationen zwischen Objekten bzw. Objekttypen im Vordergrund und nicht die Tätigkeit mit und auf Daten. Daher wird das Symbol für Objekt benutzt und die Kante mit dem Namen der Relation benannt, wenn dies erforderlich ist. Strukturen, bei denen alle Objekte durch den gleichen Typ von Relation verknüpft sind, brauchen nicht benannt zu werden. Relationen sind z. B. „ist untergeordnet zu / ist weisungsbefugt an" bei Organigrammen.

Der komplizierteste Fall einer Netzstruktur ist ein Datenmodell, bei dem die Komplexitätsgrade der Relationen (1:N, N:M, usw.) angegeben sind. Die Notation weicht formal (= in der **Darstellungsform**) nicht aber methodisch von der Darstellung üblicher Entity-Relationship-Diagramme ab. Das folgende Beispiel ist aus Gründen der Vergleichbarkeit Chen (76, Entity-Relationship, p. 19) entnommen:

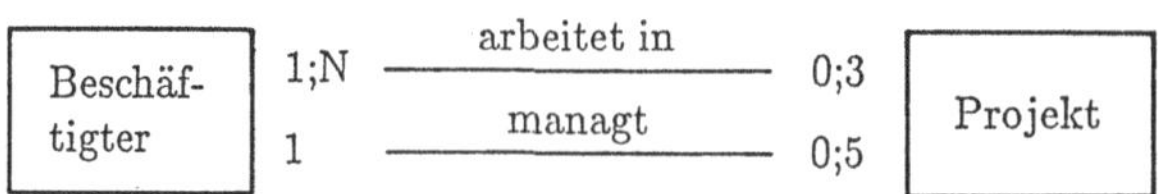

Abb. 2-6. Daten-Strukturmodell nach Chen mit Komplexitätsgraden

Die an den Kanten angegebenen Komplexitätsgrade sind in einer (Min-;Max-)Notation geschrieben und folgendermaßen zu lesen:

- Mindestens 1; höchstens N Beschäftigte arbeiten in mindestens 0; höchstens 3 Projekten.
- 1 Beschäftigter managt entweder keines oder maximal 5 Projekte.

Wenn Minimum = Maximum, kann Maximum fehlen.

Ausführliche Beispiele für Datenstrukturdiagramme, Organigramme und andere Baum- oder Netzstrukturen finden sich in Kap. 6.

2.1.1.4 Graphen als Darstellungsmittel

In diesem Buch müssen Graphen aus den verschiedensten Disziplinen miteinander in Einklang gebracht werden. Dabei sind Syntax und Semantik von Knoten und Kanten kontextabhängig. Bei den Knoten ergibt sich die Semantik implizit aus den Beschriftungen. Kanten sind jedoch häufig *nicht* beschriftet und können mißinterpretiert werden. Darum wird versucht, die Syntax von Kanten durchgängig zu regeln, und zwar wie folgt:

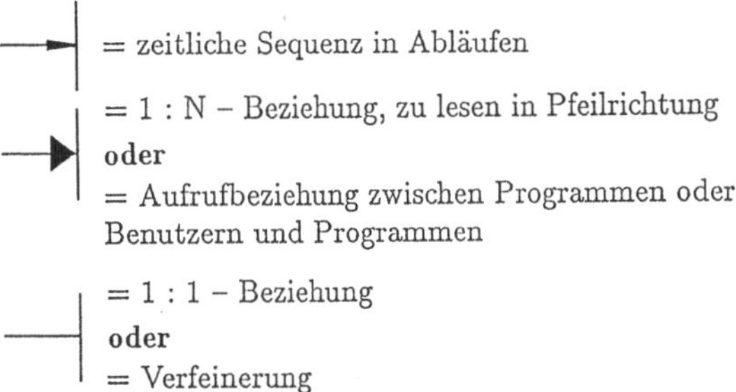

= zeitliche Sequenz in Abläufen

= 1 : N – Beziehung, zu lesen in Pfeilrichtung
oder
= Aufrufbeziehung zwischen Programmen oder Benutzern und Programmen

= 1 : 1 – Beziehung
oder
= Verfeinerung

Kantenbezeichnungen werden kontextabhängig geregelt und erklärt.

2.1.2 Verbal strukturierte Darstellungsmittel

Die Spanne der verbal strukturierten Darstellungsmittel reicht weit. Sie werden als bekannt vorausgesetzt:

- Matrizen bzw. Tabellen (Spezialform: Entscheidungstabellen),
- Formulare (Belege, Bildschirmmasken, Listen),
- halbformale, strukturierte Texte (Pseudocodes),
- formale Texte (Programmiersprachen, Formelsprachen u. ä.).

Der Vorteil verbaler Darstellungsmittel gegenüber graphischen liegt in der höheren Informationsdichte und der Möglichkeit, spezielle Sachverhalte explizit auszudrücken, die bei Graphiken häufig implizit bleiben.

Wenn man bei Graphiken versucht, Besonderheiten der intuitiven Interpretation zu entziehen, muß man die Graphik mit vielen Sondersymbolen befrachten, um spezielle Fälle explizit darzustellen. Sie wird dann unübersichtlich.

Unübersichtliche Graphiken behindern die Kommunikation und sind teuer in der Erstellung und Pflege.

Als einziges verbal strukturiertes Darstellungsmittel sei hier die benutzte Notation für das Relationenmodell aufgeführt:

Tab. 2-1. Benutzte Syntax des Relationenmodells

<relation> (<primärschlüssel>,<attribut-liste>)

<primärschlüssel>	::= name# <zusammengesetzter schlüssel>
<zusammengesetzter schlüssel>	::= name#, <zusammengesetzter schlüssel>
<attribut-liste>	::= <sekundärschlüssel>,<fremdschlüssel>, <attribut>,<attribut-liste>
<sekundärschlüssel>	::= name#S
<fremdschlüssel>	::= name#
<attribut>	::= name

Erläuterungen: Ein Sekundärschlüssel kann eine Nummer für einen zusammengesetzten Primärschlüssel sein. Er wird dann in anderen Relationen als Fremdschlüssel benutzt. Ein Fremdschlüssel ist ein Attribut, das Schlüssel in einer anderen Relation ist.

Rollennamen:
Bei Struktur-Relationen werden ggf. die Rollennamen zur Qualifizierung gleicher Teilschlüsselnamen verwendet.

Beispiel:

TEIL (*teil#*, *name*, ...)
STUECKLISTE (*MAST.teil#*, *KOMP.teil#*, *stücklisten#S*, *menge*)
ARBEITSGANG (*arbeitsgang#*, *stücklisten#*, ...)

Die in Kap. 6 ausführlich behandelten und als durchgängiges Spezifikationshilfsmittel verwendeten **Vorgangsketten** sind ebenfalls ein verbal strukturiertes Darstellungsmittel. Bei den Vorgangsketten wird eine spezielle Schreibweise des Relationenmodells um funktionale und organisatorische Aspekte erweitert.

2.2   Begriffe zur Methodik

Eine allgemeingültige Definition der Begriffe **Methode**, **Verfahren** und **Vorgehensmodell** gibt es nicht. Dazu werden sie zu verschieden und zu widersprüchlich benutzt. Die Begriffe werden nicht axiomatisch sondern aus ihrer fachsprachlichen Verwendung für den Gebrauch in diesem Buch definiert. Ihre Verwendung wird an Beispielen demonstriert. Dies empfiehlt die sog. Erlangener Schule um Wedekind (81, DB-Systeme I). Bei den Definitionen wird allerdings der Wedekindsche Formalismus nicht benutzt.

Intuitiv werden Methode und Verfahren entweder als gleichgeordnet und synonym oder als einander untergeordnet gesehen. Beide Varianten, die Begriffe zu benutzen, kommen vor und vertragen sich mit dem umgangssprachlich/fachsprachlichen Gebrauch. Der Begriff Vorgehensmodell ist in der wissenschaftlichen Literatur relativ unüblich. Intuitiv sieht man diesen Begriff als zu Methode/Verfahren übergeordnet an.

2.2.1 Eine Hierarchie von Methoden

Mit den Begriffen Methode, Verfahren und Vorgehensmodell werden folgende Sachverhalte angesprochen, die einander hierarchisch untergeordnet sind:

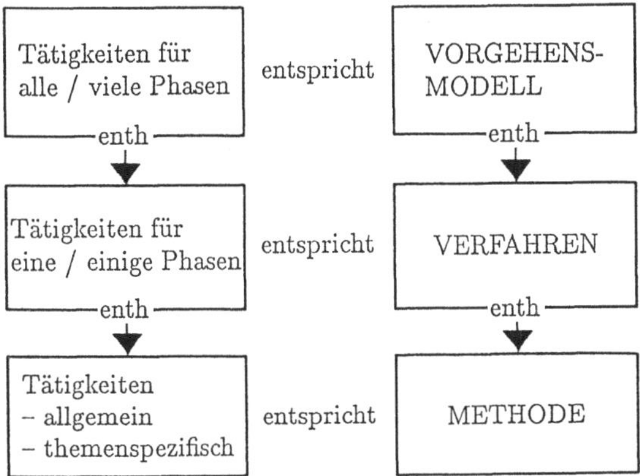

Abb. 2-7. Die Hierarchie methodischer Begriffe
s. Abschn. 2.1.1.4, enth = enthält

2.2.2 Definitionen und Beispiele

Methode ist eine anwendungsneutrale, systematische Folge von Tätigkeiten, die zur Lösung einer Aufgabe kreative Zwischenschritte erfordert. Die Folge dieser Zwischenschritte muß vermittelbar sein, also lehr- und lernbar. Die Vermittelbarkeit darf nicht von den Fähigkeiten eines Einzelnen oder Weniger abhängen.

Dies bedeutet nicht, wie gelegentlich formuliert, daß die bei der Anwendung einer Methode erzielten Ergebnisse personenunabhängig sind. Methoden erfordern die kreative Anwendung eines Grundstockes an Fachwissen. Sie sind keine automatisierbaren Algorithmen. Das schließt nicht aus, daß man durch neue Erkenntnisse nicht einzelne Methoden durch Algorithmen ersetzen kann.

Als Methoden im Sinne der genannten Definition werden einige wichtige ohne nähere Erläuterung aufgezählt:

Disziplinübergreifende Methoden

- Schrittweise Verfeinerung,
- Top-Down-Entwurf,
- systematische Begriffsdefinition (Begriffskalkül),

- Input- / Output-Abgleich,
- black-box-Methode,
- Review / Inspektion,
- Interview / Fragebogen.

Informatikspezifische Methoden

- Datenabstraktion (es gibt Zusammenhänge mit der black-box-Methode),
- 'information hiding',
- axiomatisches Beweisen,
- Normalisierung von Relationen,
- strukturierte Programmierung,
- Jackson-Methode.

Verfahren ist eine systematische Anwendung von Methoden in einer definierten Reihenfolge mit ergänzenden Zwischenschritten. Ein Verfahren muß einen Entwicklungsschritt von definierten Voraussetzungen in die gewünschten und fixierten Resultate überführen (s. hierzu Abb. 2-7).

Beispiel: SADT ist in diesem Sinne ein Verfahren. Es enthält die Methoden
- schrittweise Verfeinerung,
- Input- / Output-Abgleich,
- mehrdimensionale Sichten ('technical, operational, economical viewpoint'),
- multipersonelle Sichten (Autor-Kritiker-Zyklus; Inspektion).

Die einzelnen Methoden von SADT werden durch Übergangs- und Ausführungsvorschriften zum Verfahren kombiniert. Solche Vorschriften sind etwa:
- Benennung von Tätigkeiten durch Verben, Benennung von Daten durch Substantive,
- strikte Hierarchie, d.h. kein Überspringen von Ebenen,
- Numerierungsschemata für Aktivitäten.

Vorgehensmodell ist eine systematische Folge von Verfahren mit ergänzenden Vorschriften. Ein Vorgehensmodell muß es ermöglichen, ein *Produkt* von der Benennung der Anforderungen bis zum praktischen Einsatz herzustellen und in Betrieb zu halten.

Meist steht hinter einem Vorgehensmodell – oft auch hinter einem Verfahren – ein Konzept, eine grundlegende Annahme, die die Kombination und Auswahl der Methoden bestimmt. Zum Beispiel steht hinter JSP (**Jackson Structured Programming**) die Annahme, daß die Programmstruktur mechanisch aus der Datenstruktur ableitbar sei.

Eine Reihe von Verfahren (im hier definierten Sinn) für die Anforderungsdefinition werden im Verbund mit Modularisierungsmethoden als Vorgehensmodell benutzt. So empfehlen die Autoren von ISAC selbst die Kombination ISAC + JSP, an anderer Stelle wird SA + SD empfohlen (IBM 76, VT). Eine derartige Verkettung heterogener Verfahren führt oft zu Strukturbrüchen zwischen Sachlogik (= funktional-statische Struktur) und DV-Technik (= dv-technisch-dynamische Struktur). Hierauf weisen übrigens die „Erfinder" von SA/SADT selbst hin (Ross 77, SADT, p. 8).

2.2.3 Darstellungsform und Methode

Bei verschiedenen Verfahren oder Methoden werden Darstellungsform und Methode fest miteinander gekoppelt. Es führt zu Schwierigkeiten, wenn sie aufgrund von Mengengerüsten nur noch werkzeugunterstützt anwendbar sind. Fest vorgeschriebene Repräsentationen, für die es keine Werkzeugunterstützung gibt, sind dann hinderlich.

Ein bekanntes Beispiel hierfür ist SA/SADT. Folgende Darstellungsform ist – neben vielen anderen Formalien – vorgeschrieben:

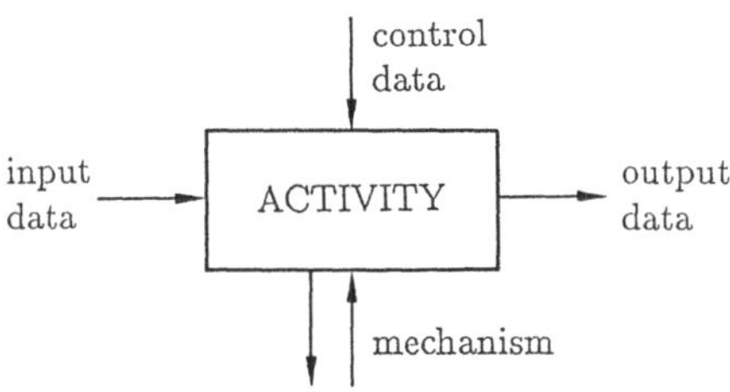

Abb. 2-8. Tätigkeit in SADT (Yeomans 81, SADT, p. 214)

Methodisch handelt es sich bei SADT um eine schrittweise Verfeinerung von Funktionen und Daten mit Input- / Output-Abgleich für jede Verfeinerung. Sie könnte ebenso in anderen Graphiken oder in Tabellen dargestellt werden. Ohne Werkzeugunterstützung ist SADT für realistische Mengengerüste gerade noch für einen Erstentwurf anwendbar. Im Änderungsfall ist der Aufwand ohne Werkzeug nicht mehr beherrschbar.

Im hier entwickelten Vorgehensmodell werden die Aspekte Darstellungsmittel, Darstellungsform und Methode voneinander getrennt. Es werden bewußt alternative Darstellungsformen benutzt, wenn sie vom Kontext her anschaulicher sind. Dadurch wird der Ansatz für zukünftige Entwicklungen offener und der Leser erfährt, daß Verständlichkeit bei einem kommunikationsorientierten Ansatz höher zu gewichten ist als formale Starrheit. Natürlich dürfen dabei Übersicht und Konsistenz nicht verlorengehen.

2.3 Begriffe zur Konstruktion

2.3.1 Hilfsmittel und Werkzeug

Die Grenze zwischen Hilfsmittel und Werkzeug ist fließend. Umgangssprachlich werden die Begriffe synonym verwendet.

Hilfsmittel sind vorgefertigte Darstellungsformen oder Anleitungen für eine Folge von Arbeitsschritten, z. B.:

- Formulare,
- Checklisten,

- Standard-Inhaltsverzeichnisse (sog. Dokumentenmuster),
- Programmierrichtlinien,
- Zeichenschablonen,
- usw..

Werkzeuge sind Hilfsmittel, die durch Software oder Hardware automatisch unterstützt oder bereitgestellt werden.

In unserem Zusammenhang geht es fast ausschließlich um Softwarewerkzeuge, der Einfachheit halber nur Werkzeuge genannt. Werkzeuge sind meist von zwei Seiten zu sehen:

- Von der Benutzerschnittstelle her, von außen,
- als Softwareprodukt, von innen.

Die Benutzerschnittstelle ist die normale Sicht für einen Entwickler. In der Regel wird nur sie hier betrachtet. Genau genommen ist sie das Hilfsmittel, das das Werkzeug bereitstellt, etwa ein Online-Formular. In Kap. 11 wird jedoch auch ein Softwarewerkzeug von innen betrachtet, und zwar ein Prototypwerkzeug, das relativ einfach mit jedem Basissystem entwickelt werden kann.

2.3.2   Validation und Verifikation

Beim Übergang von einem Problem der realen Welt zu einem Programm gibt es folgende Zwischenschritte, deren Richtigkeit nachzuweisen ist (vgl. Floyd 81, Process Approach):

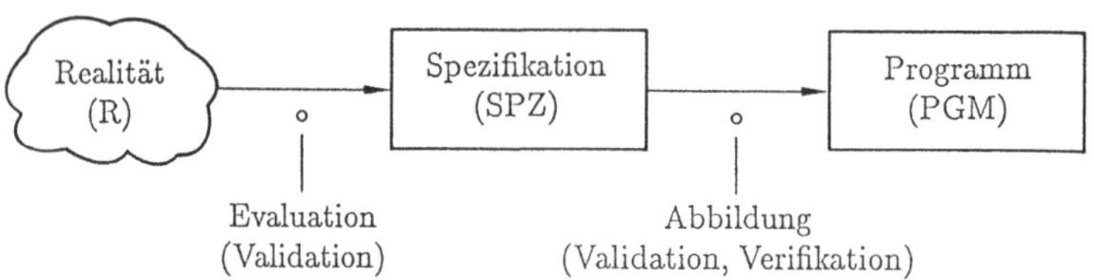

Abb. 2-9. Überprüfung der Korrektheit eines Programms

Der Übergang von der Realität zur Spezifikation ist eine **Evaluation** der Realität. Der sich anschließende Übergang ist völlig anderer Natur. Je nach Spezifikation (informal/formal) findet entweder teilweise oder vollständig eine *Abbildung* auf demselben linguistischen Niveau statt, wenn man auf der Basis einer Spezifikation ein Programm erstellt. Dementsprechend stellt sich auch das Problem, die Korrektheit der Übergänge zu beweisen: Nach heutigem Wissen ist die Korrektheit einer Evaluation grundsätzlich nicht beweisbar. Korrekt beweisbar ist nur der Übergang von einer formalen Spezifikation in ein Programm, oder auch allgemeiner, der Übergang von einer Abbildung in eine andere (vgl. Lehmann 80, Life Cycles). In diesem Kontext sind die Begriffe Validation und Verifikation zu sehen:

Validation ist der Nachweis, daß eine Abbildung der Realität korrekt ist oder daß der Übergang zwischen zwei verschiedenen Abbildungsformen desselben Sachverhalts korrekt ist. Sie erfolgt durch eine Kombination aus informalen, formalen und enumerativen Verfahren (= Tests). Eine Validation läßt sich im günstigsten Fall empirisch belegen.

Verifikation ist ein Korrektheitsbeweis einer formalen Spezifikation. Ein Formalismus in einer Spezifikation trägt für sich noch nichts zur Korrektheit bei, er erleichtert lediglich Übersicht und Handhabbarkeit. Hinter den Formalismen stehen immer intuitive Grundannahmen, die nicht beweisbar sind (vgl. Naur 82, Formalization).

Bei Verifikationsverfahren spielen Konsistenzprüfungen eine wichtige Rolle. Formale Spezifikationsverfahren können die *Konsistenz* einer Spezifikation sicher beweisen. Die *Vollständigkeit* einer Abbildung gegenüber der Realität ist nicht beweisbar. Wenn man jedoch unterstellt, daß die Realität eine faktische Konsistenz aufweist (sie funktioniert real), lassen Konsistenzfehler in der Spezifikation in gewissem Umfang auch auf Abbildungsfehler R → SPZ (s. Abb. 2-9) schließen.

2.3.3 Prüfmethoden zur Validation

Der Begriff **Prüfmethoden** soll deutlich machen, daß die Überprüfung der Korrektheit eines Ergebnisses explizit erfolgen sollte. Man sollte sich jedoch bewußt sein, daß alle Prüfmethoden gleichzeitig auch Entwicklungsmethoden sind.

Die bekannteste Prüfmethode zur Validation von Programmen ist der **Test**. Er wird hier nicht weiter behandelt.

Weniger verbreitet sind Prüfmethoden, die auch im Bereich des Übergangs von der Realität zur Spezifikation Verwendung finden können, um die *Korrektheit einer Evaluation* festzustellen:

Inspektion ist die Durchsicht von Entwürfen/Produkten ohne Diskussion mit schriftlicher Stellungnahme durch eine oder mehrere Personen, die nicht mitentwickelt haben.

Review ist die Durchsicht von Entwürfen/Produkten durch mehrere Personen mit unterschiedlichen Perspektiven in offener Diskussion. Die Reviewer haben selbst nicht mitentwickelt.

Mitarbeit ist die Mitarbeit von Vertretern des Benutzers bzw. der sog. *Fachabteilung* im Projektteam. Die fachwissenschaftliche Fundierung (s. Abschn. 2.2.3) kann so am besten gewährleistet werden. Es ist bisher nicht üblich, Mitarbeit als Validationsmethode zu sehen. Daß dies jedoch berechtigt ist, wird in Kap. 5 bis 10 deutlich.

Prototyping ist in seiner explorativen Form (s. Abschn. 1.2) eine weitere Prüfmethode aus dem Bereich der Evaluation. Sie enthält Review und Mitarbeit, bringt jedoch darüberhinaus noch Elemente einer geplanten Visualisierung in den Validationsprozeß ein. Mehr darüber in Kap. 9.

Konsistenzprüfung ist ein schematischer Abgleich verschiedener Bestandteile eines Entwurfs auf formale Plausibilität. Klassische Konsistenzprüfungen sind der Input-/Output-Abgleich oder die Prüfung der Stimmigkeit einer schrittweisen Verfeinerung. Konsistenzprüfungen lassen sich häufig maschinell mit **Software-werkzeugen** durchführen. Werkzeuggestützte Konsistenzprüfungen werden bei der Skizzierung der Validation der einzelnen Phasenergebnisse in Kap. 4 mit *WZ* gekennzeichnet. Die *maschinelle Ausführung von Spezifikationen* wird auch als (experimentelles) **Prototyping** bezeichnet (s. Kap. 10). Methodisch handelt es sich dabei um eine Konsistenzprüfung.

2.4   Technologische Begriffe

2.4.1   Schnittstelle

Schnittstelle ist ein zentraler Begriff der Softwaretechnik. Da er kontextabhängig benutzt wird, ist eine klärende Diskussion angebracht.

Im IEEE Glossary of Software Engineering (IEEE 82, Glossary, p. 21) wird **interface** als 'shared boundary' definiert und auf **Hardwareschnittstellen** bezogen. V.24-, V.25-Schnittstellen dürften zumindest als Bezeichnungen für derartiges bekannt sein. Diese Art von Schnittstellen ist hier nicht gemeint. Erschöpfend erscheint die Definition von **Softwareschnittstellen** von Hesse/Keutgen/Luft/Rombach:

Schnittstelle ist die „Nahtstelle eines Bausteins X, [und zwar die] Menge von Informationen, die (1) X anderen Bausteinen des Systems oder seiner Umgebung zur Verfügung stellt, um mit ihnen in Beziehung zu treten, (2) X von anderen Bausteinen des Systems oder seiner Umgebung benötigt, um mit ihnen in Beziehung zu treten. X heißt im Fall (1) ‚Exporteur' und im Fall (2) ‚Importeur' der Schnittstelle." (Hesse 84, Begriffssystem, S. 207).

Diese Definition umfaßt nicht nur Programm-Programm-Schnittstellen, sondern auch sog. Benutzerschnittstellen, das sind Dialogoberflächen, Listen, Erfassungsbelege u. ä.. Von **Benutzerschnittstelle** wird gesprochen, wenn die Schnittstelle noch allgemein und wenig konkretisiert ist oder in Papierform besteht. Beim Dialogentwurf drückt dagegen der Begriff **Benutzeroberfläche** die weit größere Komplexität aus, die beim Dialog zu beachten ist. Mit Benutzeroberfläche sind sowohl die exportierten Leistungen der Software als auch die der Hardware angesprochen.

Der Begriff Schnittstelle spielt im organisatorischen Kontext eine mindestens ebenso wichtige Rolle wie im hardware- und softwarebezogenen. Ersetzt man in der Definition von Hesse et al. Baustein X durch Teilsystem Y, so paßt die Definition auch auf organisatorische Schnittstellen.

Im Sinne dieser modifizierten Definition sind **organisatorische Schnittstellen** die Daten, die die Stellen einer Organisation einander planmäßig übermitteln.

Dies kann rechnergestützt erfolgen oder mit manuellen Hilfsmitteln. Nur die formal festgelegten Informationen sind als organisatorische Schnittstellen zu sehen, nicht etwa die informell übermittelten Nachrichten, die es in jeder Organisation gibt. Rechnergestützt ausgetauschte Daten sind Objekte oder Objekttype der zentralen Datenbasis, einzelne Elemente aus ihnen oder aus den gespeicherten Primärdaten abgeleitete Ergebnisse. Verkürzend wird auch ein Empfänger (= **Importeur**) oder ein Sender (= **Exporteur**) als Schnittstelle bezeichnet, wenn die übermittelten Daten aus dem Kontext ersichtlich sind.

Kennzeichen einer organisatorischen Schnittstelle ist, daß ihre Daten in einem Organisationsbereich oder einem Software-Teilsystem erzeugt und in einem anderen weiterverwendet werden. Das Ziel sauber strukturierter Informationssysteme muß sein, daß jedes Datum nur in genau einem Teilsystem erzeugt und verändert wird. Damit werden organisatorische Verantwortlichkeiten geschaffen, denn für die Korrektheit der an den Benutzerschnittstellen eingegebenen Daten sind Organisationseinheiten zuständig. Die Weitergabe von Schnittstellendaten sollte nur unter Kontrolle des verantwortlichen Systems erfolgen. Dies kann man durch entsprechende Teilsystembildung, Nutzersichten und weitere technische Maßnahmen rechnergestützt sicherstellen.

Die Schnittstellendefinition legt *implizit* ein Modularisierungskonzept nach (abstrakten) Datentypen zugrunde (Guttag 77, Data Types). Es besagt, daß Datentype nur mit Hilfe von Operationen manipulierbar sein dürfen. Der Exporteur bietet Daten an, die der Importeur über Operationen anfordern muß. Der Importeur ist nicht in der Lage, sich Daten zu holen.

Dieses Schnittstellenkonzept ist durchgängig tragfähig, sowohl für das organisatorische Umfeld als auch für die Datenbasis und die in diese beiden Komponenten eingebettete Software. Nach diesem Konzept praktisch realisierte Systeme sind z. B. START (vgl. Denert 80, Projektmodell) und eine verteilte Projektbibliothek (vgl. Spitta 83, Projektbibliothek).

Im Zusammenhang mit der Teilsystembildung (Kap. 6) und dem Entwurf eines Dialogwerkzeugs (Kap. 11) wird das Konzept der Datenabstraktion wieder aufgegriffen.

2.4.2 Spezifikation

Spezifikation ist wie Schnittstelle ein zentraler, aber auch schillernd benutzter Begriff. IEEE (82, Glossary, p. 34) setzt Spezifikation, bezogen auf einen Entwurf, mit der gesamten Dokumentation gleich und nennt die Untertypen **design specification, functional specification, requirements specification**. Auch im deutschen Sprachraum sind entsprechende Übersetzungen dieser Untertypen üblich. Dieser breit angelegten Definition steht eine einengende von Hesse et al. entgegen (sinngemäß):

„[Spezifikationen sind] ... Aussagen darüber ..., *was* [ein] Baustein tut bzw. tun soll, nicht *wie* dies zu geschehen hat. Das bedeutet eine Abstraktion von der beabsichtigten Realisierung des Bausteins. Insbesondere gehört zur Spezifikation eines Bausteins die Beschreibung seiner Schnittstellen." (Hesse 84, Begriffssystem, S. 206)

Die Unterscheidung in WAS und WIE wird häufig benutzt. Sie geht auf Boehm (76, Engineering) zurück, ist jedoch zu unscharf und in konkreten Fällen auch unrichtig.

Beispiele:

- Es ist nicht möglich, ein System unabhängig davon zu spezifizieren, ob es im Batch- oder Dialogbetrieb ablaufen soll.
- Die Wahl eines komplexen Algorithmus, der auf große Datenbestände zugreift, bestimmt ganz maßgeblich dessen technische Realisierbarkeit.
- Der Umgang mit einer Dialogoberfläche ist gravierend durch die verfügbare Hardware beeinflußt. Soll der Benutzer bei der Abstimmung über das WAS seiner Problemlösung von dieser Oberfläche ferngehalten werden? Sicher nicht.

Die Definition von Hesse et al. prägt das Denken vieler Softwareingenieure. Sie ist zu stark auf Programmeinheiten ausgerichtet. Es ist sicher *nicht* wünschenswert, zu spezifizieren, ob ein Stack als Hauptspeichertabelle, als Datei oder als verkettete Liste realisiert wird. Es ist jedoch notwendig, alle Annahmen über Abstraktionen der Realität mit dem Benutzer oder Fachvertreter abzustimmen und *diese* zu spezifizieren. Darum wird hier folgendes Verständnis von Spezifikation unterstellt:

Eine **Spezifikation** enthält alle *Annahmen* darüber, wie ein *Realitätsausschnitt* aus Sicht eines Fachvertreters *abgebildet* und durch den Benutzer *gehandhabt* werden muß. Abbildung und Handhabung beziehen sich auf die Nachbildung des Ausschnittes in einem Computersystem. Zur Spezifikation gehören auch die Schnittstellen des Realitätsausschnittes (s. Abschn. 2.4.1). Ein Realitätsausschnitt muß nach dieser Definition abgrenzbar gegen seine Umgebung sein. Er kann ein Teilsystem eines Softwaresystems mit organisatorischen Schnittstellen oder auch ein physischer Modul eines Programmsystems mit Parametern sein.

Aus der Definition läßt sich ableiten, daß eine Spezifikation nicht ohne Kenntnis des Benutzertyps erstellbar ist. Sie wird anders aussehen müssen, wenn der Benutzer ein Sachbearbeiter aus der Fachabteilung oder ein Programmierer ist. Bezogen auf dieses Buch bedeutet dies: *Eine Spezifikation für ein Dialogsystem zur Pflege von Daten* (s. Kap. 10) *muß anders aussehen, als eine Spezifikation für das benutzte Dialogwerkzeug* (s. Kap. 11). Entsprechend der oben gegebenen Definition wird Phase 2 (Näheres in Kap. 3) **Spezifikation** genannt. Innerhalb der Phase Spezifikation wird der letzte Entwurfsschritt **funktionale Spezifikation** genannt.

3. Phasenmodell

Ein zyklisches Phasenmodell anstelle eines statischen reicht für administrative Systeme nicht aus, wenn sie unter Verwendung von Prototypen entwickelt werden sollen. Daher wird das zyklische Phasenmodell (Floyd 81, Process Approach) um eine planmäßige Bildung von Teilsystemen erweitert. Solche Teilsysteme sind die Voraussetzung dafür, daß man gemäß den Ansprüchen des Prozeßmodells in Versionen entwickeln kann. In diesem Kapitel werden behandelt:

- Anforderungen des evolutionären Entwicklungsansatzes,
- die Rolle von Teilsystemen in diesem Zusammenhang,
- das erweiterte Phasenmodell,
- ein erster Überblick über das objektorientierte Vorgehensmodell.

3.1 Evolutionäre Softwareentwicklung

3.1.1 Evolution von Standardsoftware

Softwareprodukte sind Softwaresysteme, die so entworfen sind, daß sie nennenswerte Installationszahlen erreichen können. Sie entwickeln sich langfristig immer evolutionär. Die ursprüngliche Konzeption wird in Folgen von **Generationen** der technischen Entwicklung angepaßt (vgl. Lehmann 80, Life Cycles). Kurzfristig erscheinen **Releases** (Synonym: **Versionen**), in denen Fehler korrigiert, Verbesserungen eingebracht und überflüssige Funktionen gestrichen werden. Nachfolgend zwei *Beispiele*:

Als empirisches Material für Gesetzmäßigkeiten des Release- und Generationenwechsels benutzt Lehmann das Betriebssystem der IBM-Rechnerlinie 360 → 370 → 30xx : OS/MVS. Die Generationenwechsel dieses Systems hatten u. a. folgende Stationen:

- OS 360: Multiprogramming Batch System; ca. 1968,
- OS/VS 370: Multiprogramming Virtual Storage System; ab 1974,
- MVS 370: Multi Virtual Storage System; ab 1975,
- MVS/XA: MVS-Extended Architecture; ab 1983.

Über administrative Anwendungssoftware werden keine Angaben publiziert. Es ist jedoch bekannt, daß etwa das Fertigsteuerungssystem COPICS sich über ebensolche Qualitätsstufen in Generationen entwickelt hat:

- BOMP: Bill of Material Processor, bandorientiert; ca. 1960,
- DBOMP: Disk Bill of Material Processor, plattenorientiert; ca. 1966,

- PICS: Production Information and Control System, batchorientiert; ca. 1970,
- COPICS: Communication Oriented Production Information and Control System, dialogorientiert auf Basis Datenbank; 1974.

Software, die der Anwender selbst entwickelt, erreicht über Jahrzehnte hinweg keine solche Zahl von Generationen. Es fehlt der Druck des Kunden, häufig auch die Finanzdecke. Vom Anwender geschriebene Software wird nur ein- oder wenige Male eingesetzt, so daß ein geringerer Zwang als bei Fertigsoftware besteht, in sorgfältig geplanten Ausbaustufen vorzugehen. Von dieser nicht so systematisch gepflegten Art ist die Mehrzahl der von Anwendern selbst entwickelten Softwaresysteme. In vielen Firmen sieht man immer wieder das gleiche Bild: Riesige Softwarebestände, durch Programmkopien aufgebläht, in denen geringe Änderungswünsche nur mit unverhältnismäßig hohem Aufwand zu erfüllen sind. *Generationenwechsel und Releasewechsel sind unmöglich.*

Ehe man das Fernziel Generationenwechsel für Anwendungssoftware anstrebt, sollte man zunächst das Nahziel Releasewechsel ins Auge fassen. Ein prozeßorientiertes Phasenmodell kann der mangelnden Systematik abhelfen, da es auf Releasewechsel abzielt. Der Releasewechsel ist aber genau das Problem des Anwenders bei der Pflege seiner Software: *Die Evolution der Organisation verlangt eine Anpassung der Software. Es gibt aber keine Methoden, Releases zu handhaben.*

3.1.2 Statisches Phasenmodell und Anwendungssoftware

Für die Entwicklung der vom Anwender für eigene Zwecke erstellten Software wird heute in der Praxis überwiegend noch das statische Phasenmodell zugrundegelegt. Es unterstellt die einmalige, gründlich recherchierte Entwicklung eines Softwareproduktes in sechs Phasen. Ein fertiggestelltes Produkt befindet sich in einer siebten Phase: Betrieb und Wartung. Den Phasen entsprechen als Zwischenergebnisse Dokumente, Datenbankschemata und Programme.

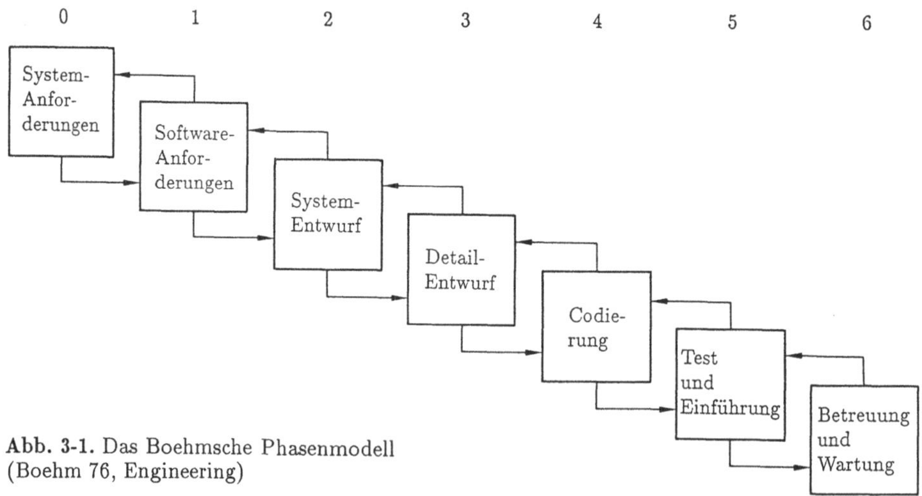

Abb. 3-1. Das Boehmsche Phasenmodell (Boehm 76, Engineering)

Diese Vorgehensweise macht folgende implizite Annahmen:

- *Die Anforderungen lassen sich a priori vollständig feststellen* und verändern sich nicht oder nur sehr langfristig. Der Benutzer wird am Anfang bei der Erhebung der Anforderungen und am Ende zur Abnahme mit dem Ergebnis der Entwicklung konfrontiert. Dahinter steht: *Der Benutzer ist statisch.*
- *Die den Phasen entsprechenden Zwischenergebnisse bilden die Dokumentation* des Softwareproduktes. Dahinter steht: *Die Dokumentation ist redundanzfrei;* und: *Diese Dokumentation wird mit den Programmen gewartet.* Dies ist offensichtlich praxisfremd und realitätswidrig. Es ist nicht geklärt, welche Dokumente nur der Qualitätserhöhung des Produktes als Zwischenstufen dienen und was Bestandteil des Endprodukts ist. Dies führt in der Praxis regelmäßig dazu, daß die hochgradig redundante Dokumentation überhaupt nicht gewartet wird.
- *Alle Dokumente sind strukturell gleichwertig.* Diese Annahme übersieht, daß es Phasenergebnisse gibt, die integrierenden Charakter haben und andere, die additiven Charakter haben. Integrierende Ergebnisse für ein Softwaresystem sind:
  - Systemanforderungen (Phase 0),
  - Systementwurf (Phase 2),
  - zentrale Programme (Teilergebnisse Phase 4).

  Additiv zusammengesetzte Phasenergebnisse sind:
  - Softwareanforderungen (Phase 1),
  - Detailentwurf (Phase 3),
  - die meisten Programme (Phase 4).

Ergebnisse, die das Gesamtsystem strukturell prägen, muß man integriert entwickeln. Additiv zusammengesetzte Komponenten kann man auch additiv entwickeln. Insbesondere die Annahme einer strukturellen Gleichbehandlung der Ergebnisse führt zu der Konsequenz: *Die Systeme/Projekte werden groß und schwerfällig.*

Bei den unterschiedlichen Typen von Software ist der Anteil integrierender und additiver Bestandteile jeweils sehr verschieden. Bei Systemsoftware und Softwarewerkzeugen ist der integrierende Anteil an den Leistungen des Gesamtsystems hoch. Man denke an Komponenten wie file management, restart/recovery, deadlock-Behandlung, Dialogmonitor. Solche Komponenten entfallen bei administrativer Anwendungssoftware, da sie Bestandteil des Basissystems sind. Wenn aber die additiven Bestandteile und Dokumente prozentual schwer wiegen, muß es möglich sein, auch additiv zu entwickeln: *Viele kleine statt wenige große Systeme sind gefragt.*

3.1.3 Prozeßorientiertes Phasenmodell

Anhand der Kritikpunkte am Boehmschen Phasenmodell entwickelte Floyd ein prozeßorientiertes dynamisches Modell, das sie als Erweiterung des statischen Ansatzes versteht. Die Kernpunkte sind:

- Einbeziehung der zukünftigen Benutzer in die Entwicklungsteams, insbesondere zur Verbesserung der Evaluation, dem Übergang von der Realwelt zur Spezifikation,
- Entwicklung als Folge von Versionen,
    - die Anforderungsermittlung bezieht sich auf die Anforderungen für die zu erstellende *Version*,
    - eine neue Version besteht aus einer Mischung von ungeänderten, geänderten und neuen Moduln,
    - die erste Version kann auch ein Prototyp sein,
- die Dokumentation lebt, sie wird mit jeder Version aktualisiert.

Software wie auch die Organisation der Benutzer dieser Software werden dynamisch und nicht mehr statisch gesehen: *Die Benutzer als prägende Elemente der Organisation verändern ihre Haltungen und Wünsche mit der Zeit. Eine* Ursache für Veränderungen ist die Software selbst. Anlaß für die Erstellung einer Version 2 sind zum Teil die Veränderungen, die Version 1 in der Organisation und beim Benutzer hervorgerufen hat. Dies ist gegenüber dem Boehmschen Modell ein völlig neuer Aspekt: *Software verändert und prägt die Haltungen der Benutzer.*

Das prozeßorientierte Phasenmodell bringt eine Regelkreisbetrachtung mit sich. Es gibt Rückkopplungen zwischen Software, Benutzer und Organisation. Das zentrale Problem der Entwicklung administrativer Software ist *nicht* die Erstellung einer widerspruchsfreien Spezifikation und deren korrekte Umsetzung in ein Programm, sondern die Wechselwirkung zwischen Realität und Programm.

3.1.4 Wechselwirkungen zwischen Realität und Software

Das Problem der Abbildung von Realitätsausschnitten durch Software mit den daraus resultierenden Wechselwirkungen hat Lehmann (80, Life Cycles) detailliert untersucht. Seine Ergebnisse sind noch heute grundlegend und viel zu wenig in der Praxis verbreitet, obwohl sie aus der Praxis empirisch ermittelt wurden. Lehmann befaßt sich mit dem Problem, ob Software als Modell der Realität so spezifizierbar ist, daß ein Programm die Realität beweisbar abbildet. Lehmanns knappe Formulierung deutet die Vielschichtigkeit des Abbildungsproblems an (p. 1061): '*A program is a model of a model within a theory of a model*'.

Lehmann bildet folgende Programmtypen:

Legende:
R   = Realität   → = exakter (beweisbarer) Übergang möglich
SPZ = Spezifikation   ⇒ = nur näherungsweiser Übergang möglich
PGM = Programm

S-programs (specifiable programs) sind exakt spezifizierbare und implementierbare Programme. Es ist beweisbar, daß die Spezifikation die Realität und das Programm die Spezifikation exakt abbildet:

$$R \rightarrow SPZ \rightarrow PGM.$$

Beispiele: Stack, kleinster gemeinsamer Teiler.

Betrachtet man die Beispiele genauer, stellt man fest, daß die Realität solcher Probleme *immer Modelle* sind. Eine 'queue' kann als Modell eines hochdisziplinierten Bürokraten gesehen werden, der Vorgänge exakt nach der fifo-Regel (first in, first out) bearbeitet. Ein 'stack' wäre analog das Modell einer absurden Verwaltungsorganisation. Ein Lagerhaltungssystem kann in der Realität *nur* mit Unterstützung von Automaten (i. d. R. Programme) exakt nach der fifo-Regel funktionieren.

P-programs (problem solution programs) sind entweder nicht exakt spezifizierbare oder nicht exakt implementierbare Programme:

$$R \Rightarrow SPZ \rightarrow PGM \text{ (Fall 1)},$$
$$\text{oder } R \rightarrow SPZ \Rightarrow PGM \text{ (Fall 2)}.$$

Beispiele:
>Wettervorhersage, Problem des Handelsreisenden (Fall 1);
>Schach, viele numerische Probleme (Fall 2).

Im Fall (2) macht ein exakt spezifiziertes Programm keinen praktischen Sinn mehr, da es entweder nicht exakt implementierbar oder nicht in vertretbarer Zeit berechenbar ist. Es wird dann auf Heuristiken zurückgegriffen.

E-programs (embedded programs) sind nicht exakt spezifizierbare Programme, die auf die Realität, in die sie eingebettet sind, in einem Rückkopplungsprozeß einwirken:

$$R \Longrightarrow SPZ \Longrightarrow PGM,$$
$$\text{oder } R \Longrightarrow SPZ \longrightarrow PGM$$

Beispiele sind alle Programme, die menschliches Verhalten abbilden. Das sind z. B. viele administrative Dialoganwendungen, aber auch Betriebssysteme, Software-Werkzeuge. (In Dialoganwendungen macht die Software Annahmen darüber, wie der Benutzer reagiert.)

Bei dieser Einteilung muß beachtet werden, daß **Softwaresysteme**, die in die Kategorie E fallen, durchaus eine Reihe von 'S-programs' enthalten können. Bemühungen um formale Beweise von Programmen sind also angebracht, lösen aber nur einen kleinen Teil des Validierungsproblems von E-Software.

Der Status des prozeßorientierten Ansatzes läßt sich folgendermaßen zusammenfassen:

- E-Software wirkt auf die Realität zurück, die sie modelliert (Lehmann),
- die Entwicklung solcher Software ist kein Schöpfungsakt, sondern eine Evolution als Folge von Versionen (Floyd).

Software wird nicht nur in eine Organisation (= Realität R) eingebettet, sondern in der Regel auch in ein Umfeld existierender Software. Wenn der Benutzer sich mit der Zeit verändert, ist die Veränderung um so größer, je länger die Entwicklung einer Version dauert. Diese Zeitspanne ist abhängig von Größe und Komplexität des zu entwickelnden Systems/Teilsystems. Zu beantworten und zu lösen ist also die Frage: *Wie bilde ich Teilsysteme und wie bette ich sie in Organisation und Softwareumfeld ein?* Diese Frage mag bei numerischer oder technisch-wissenschaftlicher Software keine große Rolle spielen, bei administrativer Software mit zentraler Datenbasis ist sie entscheidend für Erfolg oder Mißerfolg einer Neuentwicklung.

3.2 Bildung und Einbettung von Teilsystemen

Der prozeßorientierte Entwicklungsansatz beinhaltet, daß Entwicklungszyklen möglichst schnell durchlaufen werden, soweit dies nicht die Qualität des Produktes beeinträchtigt. Soll der Benutzer die gleichen Vorstellungen über das System haben, die er zum Zeitpunkt der Spezifikation hatte, darf kein allzu großer Zeitraum bis zur Fertigstellung vergehen. Die in einem Stück implementierten Einheiten sollten klein, in sich stabil und einfach zu erstellen und einzubetten sein.

Ein größeres Anwendungssystem muß in Teilsysteme zerlegt werden. Jedes Teilsystem kann für sich in Form von Versionen weiterentwickelt, mit anderen Teilsystemen integriert und dann erst in eine neue Version einbezogen werden. Es muß weitgehend unempfindlich gegen Anforderungsänderungen sein, bzw. Änderungen dürfen sich möglichst nur lokal auswirken. Dahinter steht das softwaretechnische Prinzip: **Maximale Bindung**. Außerdem soll es möglichst wenige und transparente Schnittstellen zur umgebenden Organisation und zur umgebenden Software aufweisen nach dem softwaretechnische Prinzip: **Minimale Kopplung** (vgl. hierzu etwa: Balzert 82, Entwicklung).

Wenn diese Prinzipien, insbesondere die minimale Kopplung, nicht beachtet werden, wenn intuitiv Teilsysteme definiert und realisiert werden, drohen Störungen durch unklare Verantwortlichkeiten für die Korrektheit von Daten und durch unnötige Komlexität des administrativen Informationswesens. Solche Störungen sind kein akademisches Scheinproblem, sondern immer wiederkehrende betriebliche Praxis. Die Bildung von Teilsystemen auf einer integrierten Datenbasis im Rahmen einer Organisation stellt eine methodische Aufteilung des zunächst als Ganzes betrachteten Realitätsausschnittes dar. R ist die Organisation und die in sie eingebettete Software. R enthält also bereits in Form von Software *modellierte Realität*. Neu zu entwickelnde Software soll minimale, kontrollierbare Schnittstellen (= Kopplung) erhalten. Außerdem soll sie organisatorisch so eingebettet werden, daß die Anwender zustandsverändernder Operationen auch die organisatorische Verantwortung für die Korrektheit der veränderten Daten tragen. Dies läßt sich durch folgendes Bild verdeutlichen:

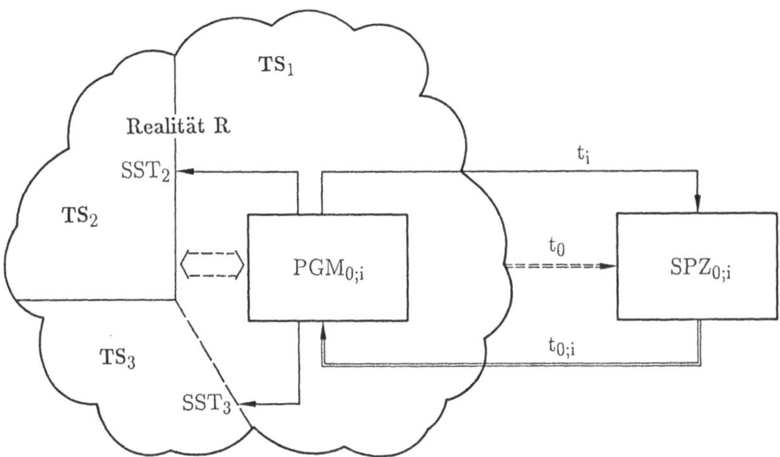

Abb. 3-2. Teilsysteme als Realitätsausschnitte mit Schnittstellen untereinander

Abkürzungen aus Abschn. 3.1.4 und: $\langle \overline{} \rangle$ = Wechselwirkungen PGM $\leftrightarrow$ R
TS = Teilsystem, t_0 = Zeitpunkt der Ersterstellung,
SST$_j$ = Schnittstelle j (j = 1, 2, ..., m), t_i = Release i zum Zeitpunkt i (i = 1, 2, ..., n)

Die nach außen gerichteten Pfeile für die Schnittstellen SST$_j$ zeigen an, daß das Programmsystem in TS$_1$ Leistungen und Daten nach außen nur über Schnittstellen anbieten soll. Ein abzugrenzendes und zu entwickelndes Teilsystem wird sowohl die Datenbasis betreffen als auch organisatorische Veränderungen nach sich ziehen. Die Methodik zur Bildung von Teilsystemen wird in Kap. 6 ausgeführt.

3.3 Erweitertes prozeßorientiertes Phasenmodell

In Abb. 3-3 werden die Phasen als Überblick mit Bezug zu den Entwicklungsdokumenten gezeigt. Die Inhalte der Phasen werden in Kap. 4 skizziert und in Kap. 5 ff. vertieft.

In der Phase Systemabgrenzung erfolgt die Definition der Teilsysteme TS$_1$, TS$_2$, ... in *einer* **Systemspezifikation**. Die Teilsysteme werden je nach verfügbarer Entwicklungskapazität und sachlichen Reihenfolgebedingungen parallel oder nacheinander bearbeitet. Für jedes Teilsystem gibt es eigenständige Dokumente und Programme für die Phasen Spezifikation und Implementierung.

Die Dokumente **Entwurf** und **Versionsplan** werden zur besseren Systemintegration als zentrale Dokumente gepflegt und fortgeschrieben (s. hierzu auch Abschn. 3.1.2). Das Dokument **Wartungslogbuch** wird als zentraler Datenbestand des Wartungsmanagements gehalten, und zwar nach Möglichkeit in einer online gepflegten Datenbank.

Für jedes Teilsystem kann es zum Zeitpunkt t_1 weitere Versionen geben. Es ist aber auch möglich, daß man die Systemabgrenzung noch einmal überdenkt,

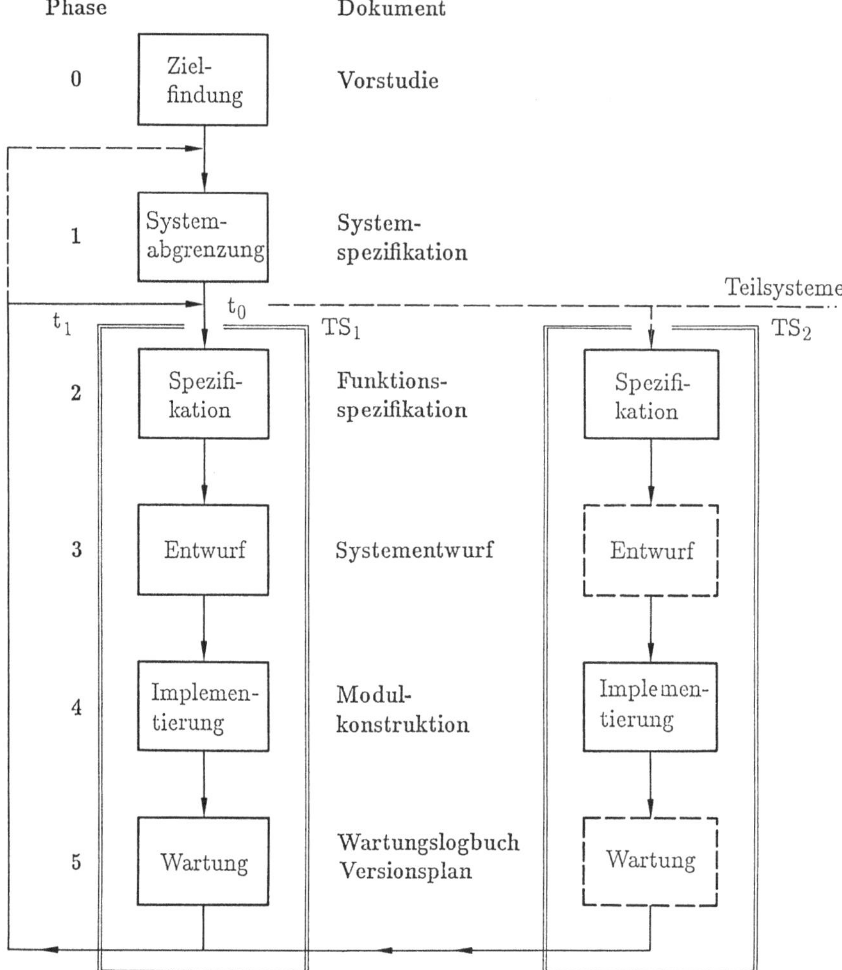

Abb. 3-3. Erweitertes prozeßorientiertes Phasenmodell

bevor man neue Versionen auflegt. Dann reicht der Zyklus zurück bis Phase 1.
In diesem Fall werden separat entwickelte Teilsysteme aus Gründen einer ver-
einfachten Wartung und Versionsplanung mit schon vorhandenen additiv zusam-
mengelegt.

In der Phase Wartung werden Fehlerkorrekturen und kleine Änderungen
mit geringem Verwaltungsaufwand durchgeführt. Daneben werden größere Änderungswünsche erfaßt und ihr Aufwand geschätzt. Auf der Basis gesammelter Änderungswünsche wird eine **Versionsplanung** durchgeführt. In einer Versionsplanung wird entschieden, ob eine neue Version aufgelegt oder ein neues Teilsystem
erstellt wird. Dabei muß die Integrität des Entwurfs erhalten bleiben.

3.4 OBAS, ein Vorgehensmodell im Rahmen des Phasenmodells

Das Vorgehensmodell dieser Konstruktionslehre heißt:

OBAS = **OB**jektorientierter Entwurf **A**dministrativer **S**ysteme.

Die Objektorientierung ist die für die Systemstruktur der Teilsysteme vorherrschende Methodik, da auf einem Datenmodell mit Objekttypen aufgesetzt wird. Folgende Punkte werden behandelt:

- Einordnung von OBAS in die vorhandene Methodenlandschaft,
- Charakterisierung des Vorgehensmodells bezüglich seiner Schwerpunkte, Implikationen und Sichtweisen,
- kurzer Überblick über die Entwurfsschritte der Phasen.

3.4.1 Vorhandene Ansätze

In Kap. 1 wurden bereits die gängigen Softwareentwicklungsmethoden bzw. Vorgehensmodelle SA, PSL, RSL, SADT, ISAC genannt. Es gibt eine Vielzahl von abgeleiteten Varianten, die strukturell gleichartig aufgebaut sind. Alle diese Vorgehensmodelle arbeiten mit den impliziten Annahmen des Boehmschen Phasenmodells. Daneben gibt es eine Reihe von Methoden, die sich auf Softwareentwurf und -implementierung beziehen, nach unserem Modell also auf die Phasen 3 und 4. Die bekanntesten sind Structured Design (Yourdon 76, SD) und Jackson Structured Programming (JSP). Sie werden hier nicht dargestellt, da sie allgemein bekannt sind.

Eine Reihe von Methodenvergleichen und eigene Erfahrungen in der Industrie lassen sich in folgender Mängelliste zusammenfassen (vgl. auch Floyd 84, Methoden):

- Keine Durchgängigkeit der Methode über alle Phasen, obwohl dies in den meisten Fällen behauptet wird (SADT, SA + SD, ISAC + JSP, RSL, PSL),
- Strukturbrüche zwischen funktionalem und Softwareentwurf,
- fehlende, mangelhafte oder zu teure Werkzeugunterstützung,
- manuell oft schon bei kleinen Beispielen nicht mehr einsetzbar,
- Unbestimmtheiten durch mangelnde Kriterien, wie eine gleichzeitige Verfeinerung von Funktionen und Daten vor sich gehen soll (Henne-Ei-Problem),
- keine Unterstützung eines Dialogentwurfs; die Methoden sind weitgehend batchorientiert,
- keine Datenmodellierung,
- kein modularer Entwurf im Sinne des Geheimnisprinzips,
- keine Bildung von Teilsystemen,
- häufig eine Vermischung zwischen Methode, Darstellungsform und Werkzeug. Vor allem durch Darstellungsformen werden unnötige Zwänge geschaffen, die die Arbeit behindern.

Ein firmeninterner Review im Hause SCHERING über den Piloteinsatz einer solchen Technologie (vgl. Frölich 83, SET) erbrachte weitgehend die gleichen Mängel. Dort war das SOFTLAB-Projektmodell um fehlende Elemente der IBM-Verfahrenstechnik zur Modellierung von Funktionen und Daten ergänzt worden.

Ein neues Vorgehensmodell mit dem Namen STEPS (**S**oftwaretechnik für evolutionäre, **p**artizipative **S**ystementwicklung) befindet sich an der TU Berlin in der Entwicklung (vgl. Floyd 85, Große Systeme). STEPS ist auf den prozeßorientierten Ansatz der Softwareentwicklung zugeschnitten und rückt die sog. funktionale Rolle des Benutzers beim Arbeiten mit dem System in den Vordergrund.

3.4.2 Charakterisierung von OBAS

Kein Vorgehensmodell und keine Methode des Software Engineering ist universell einsetzbar. Folgende Aspekte jeder Methode sollten offengelegt werden:

- Anwendungsbereich: *Wofür?*
- Perspektive: *Welcher Blickwinkel?*
- Verfahren: *Welche Methoden/Verfahren?* (s. hierzu Abschn. 2.2)

Der *Anwendungsbereich* von OBAS ist die Entwicklung administrativer (Dialog-) Software. Dieser Anwendungsbereich wird unter folgenden *Perspektiven* betrachtet:

- **Datenbasis**: Als zentrales Informations- und Arbeitsmittel soll eine integrierte Datenbasis unterstützt und deren Entwicklung gefördert werden.
- **Organisation**: Die Bearbeitung von Vorgängen führt zu Schnittstellen zwischen organisatorischen Aufgabenbereichen und definiert Verantwortlichkeiten zur Pflege von Daten.
- **Kommunikation**: Die Kommunikation der am Entwicklungsprozeß Beteiligten ist wesentlich für eine verläßliche Abbildung der vorhandenen und der gewollten Realität.

In Phase 1 (Systemabgrenzung) liegt eine starke Betonung auf den Perspektiven Organisation und Datenbasis, in Phase 2 (Spezifikation) auf Kommunikation bzw. Prototyping. Folgende *Methoden* werden angewendet (Näheres s. Kap. 4 ff.):

- Organisationsanalyse,
- Datenanalyse,
- Aufgabenanalyse,
- Vorgangskettenanalyse,
- Dialogentwurf,
- Prototyping,
- Datenabstraktion,
- Modularisierung nach dem Geheimnisprinzip.

Implementierungstechniken wie strukturierte Programmierung und methodisches Testen sind heute so selbstverständlich, daß sie einer Behandlung als Methode hier nicht bedürfen.

3.4.3 Überblick

3.4.3.1 *Lösungsansatz und Prämissen*

OBAS geht von vier methodischen Grundkonzepten aus, die die oben genannten
Perspektiven berücksichtigen:

(1) Fachbezogene **Datenmodellierung,**
(2) Objektorientierter **Systementwurf,**
(3) **Benutzerbeteiligung** als Evaluationsbasis,
(4) **Prototyping** als Evaluationsmethode.

(1) Datenmodellierung. Die **zentrale Datenbasis** ist strukturbestimmend für die
Datenverarbeitung innerhalb der Organisation. Also kommt dem **Datenmodell**
eine zentrale Bedeutung zu. Es wird auf rekonstruierten Fachbegriffen aufgebaut
(vgl. Wedekind 81, DB-Systeme I).

(2) Systementwurf. Das Kriterium der **Datenabstraktion** kann bereits bei der
Aufgabenanalyse mit bekannten Methoden der Betriebswirtschaftslehre berücksichtigt werden, wenn man die Datenobjekttypen kennt, die zu bearbeiten sind.
Damit ist bei administrativer Software der größte Teil aller Funktionen model-
lierbar und ohne Strukturbruch implementierbar. Hierzu werden Aufgaben bei
der Analyse unter dem Blickwinkel *Operationen auf Daten* betrachtet. Der
überwiegende Teil aller Funktionen eines administrativen Softwaresystems ope-
riert auf Daten der Datenbasis oder leitet Daten aus Grunddaten ab (z. B. Verdichtungen nach Regionen oder Produkten, Bedarfsermittlung durch Stücklisten-
auflösung). Die Verbindung des Datenmodells mit der Aufgabenanalyse führt zu
einer **objektorientierten Sicht** des administrativen Informationssystems. Diese
Sicht erlaubt eine Bildung objektorientierter Teilsysteme, die wiederum objektorientiert softwaretechnisch modularisiert werden können, falls sie es durch die
vorherige Analyse nicht schon sind.

(3) Benutzerbeteiligung. Benutzerbeteiligung bei der Entwicklung ist für die
Evaluation der Realität notwendig. Dies wirkt sich auf die *Darstellungsformen*
aus, die *kommunizierbar* sein müssen, und auf die Projektorganisation. Es ist
häufig sehr schwer, den Organisationsbereich des Benutzers, die sog. Fachabteilung, zu einer aktiven Mitarbeit zu bewegen. Oft *kann* sich der Benutzer
auch nicht beteiligen, selbst wenn er es will. Der Wunsch nach Software ist bestimmt durch personelle Engpässe. Die Software soll Routinetätigkeiten übernehmen, von denen man sich befreien möchte. Gerade in solchen Situationen ist
die Kommunizierbarkeit von Methoden besonders wichtig. Mit Methoden und
Darstellungsformen, die ohne Schulungsaufwand verstanden werden, läßt sich
der Benutzer eher zu einer aktiven Mitarbeit bewegen, als mit ihm fremden und
unverständlichen Formalismen. In gewissem Sinne muß dem Benutzer „verkauft"
werden, daß *seine* Sache zur Entwicklung ansteht und nur er selbst die Qualität
maßgeblich erhöhen kann. Dies ist allerdings nur durch aktive, qualifizierte Mitarbeit und nicht durch passive Teilnahme an Präsentationen möglich. Es trägt
nicht zum Gelingen eines Projektes bei, wenn schwache Benutzer mitarbeiten.

(4) Prototyping. Prototyping ist eine wesentliche, die Spezifikationsmethoden ergänzende und verändernde Methode. Für kommunikative Zwecke eingesetzt, spielt sie eine wichtige Rolle, für technische Zwecke eingesetzt, umfaßt sie seit langem praktizierte Konzepte. Weitere Punkte hierzu s. Kap. 1.

3.4.3.2   Verfahrenseigenschaften

OBAS orientiert sich in seinen Einzelschritten an folgenden *Verfahrenseigenschaften des Software Engineering*:

- **Komplexitätsreduktion.** Die Verfeinerung von Daten, insbesondere von Ist-Daten, ohne abgesicherte Kriterien wirkt stark komplexitätserhöhend. Istanalysen sind ohne Perspektive über das Sollkonzept nicht möglich. Eine Datenmodellierung reduziert die Komplexität des Istzustandes, indem sie redundante Daten eliminiert. Die Menge der Ist-Daten in einer gewachsenen Organisation ist so extrem groß, daß ihre Analyse erheblich mehr Nachteile und Kosten als Erkenntnisse bringt. Die Ist-Daten brauchen nach der Erstellung des Datenmodells nicht mehr betrachtet zu werden. Komplexitätsreduzierend wirken:
  - Kein gleichzeitiges Verfeinern von Funktionen und Daten,
  - Modellierung auf der Basis von Soll-Daten,
  - Minimierung und Kontrollierbarkeit von Schnittstellen.

  In Kap. 6 folgt dazu ein Praxisbeispiel.

- **Transparenz des Entwurfs**
  - explizite Bildung von Teilsystemen,
  - methodisch abgesicherte Definition von Daten,
  - operationale Schnittstellen.

- **Offenheit**
  - weitgehende Freiheit in der Wahl von Einzelmethoden oder Werkzeugen,
  - Zulassung von Unbestimmtheiten.

- **Kommunizierbarkeit**
  - für Benutzer und Entwickler verständliche Dokumente,
  - Benutzung von Prototypen anstelle von ausschließlich schriftlichen Spezifikationen.

- **Lösungsorientierung** und **Wirtschaftlichkeit.** Es darf nur auf der Basis gesicherter Fakten und operationalen Wissens entwickelt werden. Dem steht die Lehre vom top-down-Entwurf oft entgegen. Top-down-Entwurf ist eine wichtige *prinzipielle* Entwurfsmethode, die die Komplexität beherrschbar macht. Wird sie jedoch dogmatisch angewendet, wirkt sie kontraproduktiv, weil sie nur wirkt, wenn man die Basis *kennt*. Hieraus folgt:
  - Kein Zwang zu reinem top-down-Entwurf, wenn Details des Basissystems unklar sind.
  - Frühzeitige, explizite Entwurfsentscheidungen, sofern dadurch nicht Freiheitsgrade für die Implementierung unnötig früh vergeben werden (siehe auch Transparenz des Entwurfs).

- **Systemorientierung.** Berücksichtigung der Umgebung der Software. Dies sind Benutzer und existierende Softwaresysteme.
- **Fachwissenschaftliche Fundierung.** Administrative Software modelliert Organisationen, die maßgeblich von Menschen gebildet und getragen werden. Daher dürfen Aspekte der Betriebswirtschaftslehre und der Psychologie nicht allein intuitiv behandelt werden.

3.4.3.3 Entwurfsschritte

Die folgende stichpunktartige Beschreibung der Entwurfsschritte der Phasen soll zunächst eine ganz grobe Vorstellung zu der Frage vermitteln: *Was kommt wann?*

Die Schritte sind als Sequenzen notiert und an manchen Stellen auch nur in einer Folge zu bearbeiten. Das heißt nicht, daß es keine Rückbezüge und Iterationen gibt. Dies wird aus Darstellungsgründen jedoch nicht explizit ausgedrückt. Die verwendeten Methoden, evtl. Paralleltätigkeiten und die Übergänge zwischen den Schritten werden in den Phasenbeschreibungen von Kap. 4 erläutert. Die Darstellung der meisten Schritte enthält, wie bei der Formulierung von Algorithmen üblich, jeweils ein Endekriterium nach dem Schema:

> **tue** <tätigkeit>
>   **bis** <endekriterium erfüllt ist>,
> **oder**   **für alle** <objekt>.

0. Zielfindung

0.1 Benutzerwunsch und -ziel formulieren
    bis der Benutzer bestätigt: „Das will ich".
0.2 Organisationsweite Abstimmung mit Formulierung von Alternativen
    bis Abgleich von Interessen erreicht.
0.3 Übergreifende Bewertung und Entscheidung, was getan werden soll.

1. Systemabgrenzung (für System)

1.1 Ablauforganisation (= Informationsfluß) skizzieren
    für alle Stellen/IST.
1.2 Datenmodell erstellen/ergänzen
    für alle Objekttypen und Attribute.
1.3 Vorgangsketten spezifizieren;
    – bei Datenerzeugung: **für alle** Attribute,
    – bei Datenversorgung: **für alle** Stellen.
1.4 Aufgabenmodell erstellen
    bis Objekttype referenziert werden.
1.5 Sollzustand festlegen
    für alle Stellen/SOLL
    bis alle Attribute bearbeitet sind.
1.6 Teilsysteme bilden
    bis alle Funktionen und Objekttype erfaßt sind.

2. Spezifikation (für Teilsystem)

2.1 Verarbeitungsart und Basissystem überprüfen
für alle Funktionen.
2.2 Dialoge und Listen entwerfen
für alle Masken/Listen.
2.3 Prototyp erstellen und benutzen
bis Einigkeit herrscht **oder**
bis entscheidbare Fakten vorliegen.
2.4 Elementarfunktionen spezifizieren
für alle Operationen auf Objekttypen **und für alle** Testfälle.

---

3. Entwurf (für System und/oder Teilsystem)

3.1 Datenbasis entwerfen
für alle Objekttypen/Vorgangsketten.
3.2 Test-Datenbasis erstellen.
3.3 Funktionen und Datentypen modularisieren;
– bei Dialogsystemen: Überprüfung des Dialogentwurfs,
– bei Batchsystemen: Überprüfung ggf. Umstrukturierung des Funktionsmodells
  (zentrale Funktionen)
für alle Elementarfunktionen.
3.4 Testentwurf des Systems erstellen,
Test-Subsysteme festlegen.
3.5 Einführungsplan erstellen
für alle Subsysteme.

---

4. Implementierung (für Teilsystem)

4.1 Physische Moduln realisieren
(= Entwurf, Codierung, Test).
4.2 Integrationstest,
Subsystemtest,
Systemtest.
4.3 Schulungsvorbereitung.
4.4 Optimierung.
4.5 Installation (Übergabe an Produktion).
4.6 Abnahmetest (gegen Spezifikationen aus 2.4),
Wartungslogbuch anlegen.
4.7 Benutzerschulung und -betreuung.

---

5. Wartung (für System oder Teilsystem)

5.1 Anlegen Versionsdokumentation.
5.2 Fehlerbehebung und -protokollierung.
5.3 Detailänderungen und -protokollierung.
5.4 Versionsplanung.

---

4. Das Vorgehensmodell OBAS

Entsprechend der Schwerpunktsetzung dieses Buches gibt es folgende Zuordnungen zwischen Phasen und verfeinernden Kapiteln:

Tab. 4-1. Phasen und ihre verfeinernde Beschreibung

| Phase | | Verfeinerung | |
Nr.	Name	Kap.	Inhalt
0	Zielfindung	5	Zielfindung und -bewertung
1	Systemabgrenzung	6	Bildung von Teilsystemen
2	Spezifikation	7	Klärung des Basissystems
		8	Dialogentwurf
		9	Kommunikation und Prototyping
		10	Funktionale Spezifikation
3	Entwurf	11	Prototyp- und Dialogwerkzeug
4	Implementierung	–	
5	Wartung	12	Softwarepflege und -evolution

Jede Phase wird als graphischer Ablauf der Entwurfsschritte dargestellt und nach einem gleichbleibenden Schema beschrieben: *Ziele, Voraussetzungen, Entwurfsschritte, Methoden und Verfahren, Werkzeuge, Ergebnisse, Validation.*

Die Entwurfsschritte haben Nummern, auf die Bezug genommen wird. Die Beschreibungen zu den Phasen 0, 1, 2 und 5 sind in diesem Kapitel knapp gehalten, da diese Phasen in den Folgekapiteln verfeinert werden. Die Phasen 3 und 4 sind in Kap. 4 etwas ausführlicher beschrieben, da sie nicht weiter verfeinert werden. Sie sind stark auf praktische Softwareentwicklung bezogen. Zu Phase 3 gibt es ein größeres Beispiel (s. Kap. 11). Durch die mehrfache Verfeinerung von Abschn. 3.3, nach Abschn. 3.4, über Kap. 4 zu den Kap. 5ff. läßt sich eine gewisse Redundanz in der Darstellung nicht vermeiden. Wegen der allgemein üblichen, bei 0 beginnenden Phasennumerierung wird in diesem Abschnitt von 0 an numeriert. Abkürzend werden in *diesem* Kapitel *Methode* und *Verfahren* synonym benutzt.

4.0 Phase 0: Zielfindung

Ausgangspunkt von Phase 0 ist eine als problematisch empfundene Situation, die durch die Entwicklung oder Beschaffung von Software geändert werden soll: Ein

Konflikt in der Organisation, durch den das „Erreichen von **Zwecken**" behindert wird oder ein Mangel, der sich im Fehlen geeigneter **Mittel** äußert (vgl. Wedekind 81, DB-Systeme I, S.71). Phase 0 soll die Fragen beantworten: *Was ist das Problem, welche Zwecke werden behindert und welche Mittel werden gewünscht?*

Die Fragen weisen darauf hin, daß ein Problem bei umfassender Betrachtung eine völlig andere Bewertung erhalten kann als zunächst unter einem lokalen Blickwinkel.

4.0.1 Ablauf

Graphisch läßt sich Phase 0 so darstellen (Zyklen und Iterationen werden nicht dargestellt):

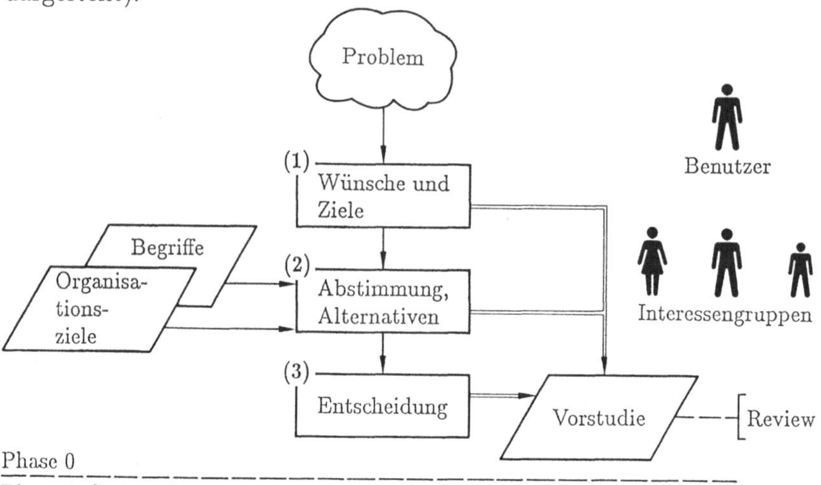

Abb. 4-1. Schematischer Ablauf von Phase 0
(1), (2), (3) = Nr. der Entwurfsschritte,
⇒ = erzeugt,   → = ist Voraussetzung von,   – – = wird geprüft mit

Wünschenswerte *Vorbedingung* für die Bearbeitung eines Softwareprojektes sind die Ergebnisse einer umfassenden Analyse der Gesamtorganisation. Dies ist in der Praxis häufig nicht gegeben. Die folgenschwersten Fehler bei Softwareprojekten werden gemacht, wenn man glaubt, eine ganzheitliche Analyse einsparen zu können (Näheres s. Kap. 5). *Ergebnis* von Phase 0 ist eine zwischen den Interessengruppen abgestimmte Vorstudie.

4.0.2 Kurzfassung

4.0.2.1 Ziele

Zielsetzung von Phase 0 ist es, eine Entscheidungsgrundlage für das Management zu erarbeiten, um den Wunsch der Auftraggeber (Benutzer oder Management) nach Softwareunterstützung bewerten zu können.

4.0.2.2   Voraussetzungen

Die Benutzerwünsche sollten an globalen Zielen der Organisation gemessen und in einen existierenden oder aufzubauenden **Problemkatalog** eingeordnet werden können. Es sollte ein zentraler **Begriffskatalog** existieren, der eine einheitliche Terminologie erleichtert. Existiert er nicht, wird mit seinem Aufbau anhand des ersten Projektes begonnen, das nach OBAS abgewickelt wird. Im Rahmen einer umfassenden **Organisationsanalyse** werden globale Ziele, Problemkatalog, globale Prioritäten und zentrale Begriffsdefinitionen bearbeitet. Die Organisationsanalyse ist der wichtigste Teil des Vorgehensmodells ISAC (Information Systems Work and Analysis of Changes) der sog. Skandinavischen Schule um Langefors (80, Infological Models; Lundeberg 79, ISAC). Als Überblick über ISAC hier nur folgende Skizze:

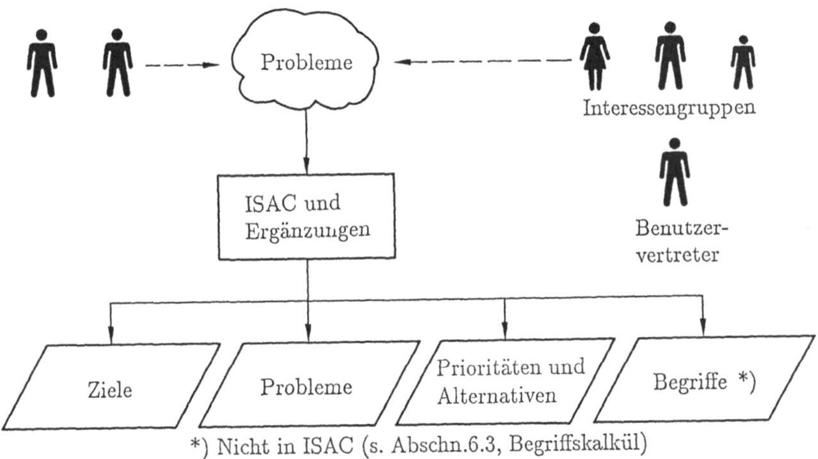

Abb. 4-2. Separate Organisationsanalyse als Vorstufe zur Definition von Softwareprojekten

Die genannten Voraussetzungen für die Phase 0 eines Softwareprojektes können auch nach jeder anderen Methodik geschaffen werden. Häufige, wenn auch nicht anzustrebende Praxis ist es, Ziele und allenfalls noch Prioritäten ohne nähere Untersuchung ad hoc zu benennen.

4.0.2.3   Entwurfsschritte

Auf der Basis der Ergebnisse der Gesamtanalyse wird die zu bearbeitende Problemstellung konkretisiert und bewertet. Im einzelnen werden

- das Problem des Benutzers beschrieben,
- seine Wünsche ausformuliert,
- Lösungsideen und Alternativen benannt,
- die vom Benutzer genannten Ziele schriftlich festgehalten und an globalen Organisationszielen gespiegelt,

- in Diskussionen die nicht explizit genannten Ziele des Benutzers transparent gemacht, z.B. Sicherung von Einfluß, Informationsmonopole u.ä.,
- der Entwicklungswunsch des Benutzers klassifiziert, um den Wunsch in eine organisationsweite Prioritätenfolge einordnen zu können. Die Kriterien für die Einordnung sind Aufwand, Nutzen und Grad der Unterstützung des Organisationszieles (Geschäftsstrategie).

4.0.2.4 Methoden

Es gibt nur wenige Methoden für die Phase Zielfindung, die konstruktiv angewendet werden können:

- ISAC, die auch hier bevorzugt wird,
- ETHICS (= Evolution of Technical and Human Information and Control Systems; Mumford 79, ETHICS),
- Teile der Entscheidungstheorie des Operations Research, insbesondere
  - Nutzwertanalyse (vgl. Zangemeister 76, Nutzwertanalyse),
  - Zielanalyse (vgl. Heinen 85, Industrie-BWL).

Die verfügbaren Methoden klassifizieren die Problemstellungen, von denen sie Übersichten anlegen, stellen Rangreihen der Probleme und Ziele nach bestimmten Kriterien auf und bewerten die Ziele und Lösungsalternativen.

Keine der genannten Methoden deckt alle zu berücksichtigenden Aspekte genügend ab: Bei ISAC ist die Zielanalyse und die in ETHICS stark betonte Synthese aus Benutzerwünschen und technisch-ökonomischen Wünschen wenig ausgearbeitet (vgl. Lundeberg 79, ISAC). ETHICS vernachlässigt den organisatorischen Aspekt (vgl. Mumford 84, Benutzerbeteiligung). Die Entscheidungstheorie arbeitet mit sehr restriktiven Annahmen, die eine praktische Anwendbarkeit in Frage stellen oder die Gefahr falscher Schlußfolgerungen in sich bergen (Heinen 85, Industrie-BWL, Kap. III.3). Es können aber wichtige Aspekte aus jeder dieser Methoden für die Erstellung und Abstimmung einer Vorstudie verwendet werden.

Die Darstellungsform sollte in Phase 0 nicht vorgeschrieben werden. Eine solche Vorgabe übt einen kanalisierenden Einfluß auf die Denkstrukturen und Ausdrucksformen des Benutzers aus. Es liegt schon darin eine Methode, den Benutzer anzuhalten, seine Wünsche schriftlich zu formulieren. Dies ist für viele Benutzer neu und kann Schwierigkeiten bereiten, führt aber auch zu Lernprozessen und Klärungen.

Als durchgängiges Verfahren zur Bearbeitung von Phase 0 eignet sich am besten ISAC, an dem sich auch der Ablauf in Abb. 4-1 orientiert. Dabei sollten solche Darstellungsformen verwendet werden, die der Situation angemessen sind und von vorhandenen Werkzeugen unterstützt werden.

4.0.2.5 Werkzeuge

Für Phase 0 reichen noch sehr universelle Werkzeuge aus:

- Ein leistungsfähiger Texteditor mit Formatier- und Dokumentenerstellungs-funktionen (z.B. Inhaltsverzeichnisse, Indizierung bestimmter Textteile),
- Pseudographik für Ablauf- und Baumdiagramme (echte Graphik ist zwar schöner, verlangt aber meist zusätzliche Hardware),
- eine einfache Verbindung Texteditor – Pseudographik.

Nützlich ist eine Entwicklungsdatenbank zur Verwaltung der Dokumente (Projektbibliothek).

4.0.2.6   Ergebnisse

Die Arbeit aus Phase 0 mündet in das Dokument *Vorstudie* ein, das folgende Abschnitte enthält:

Vorstudie

---

1. Ziele
   - Was soll erreicht werden?
2. Benutzermodell
   - Welche Qualifikationsprofile haben die Benutzer?
   - Wieviele Benutzer sind es?
3. Benutzerwünsche
   - Welche Leistungen fordert der Benutzer vom System?
4. Technische Wünsche
   - Welche Technik sollte benutzt werden?
   - Welche wirtschaftlichen Kriterien sind zu erfüllen?
5. Lösungsalternativen
   - Welche Lösungswege gibt es?
   - Welchen meßbaren Nutzen verspricht man sich?
6. Aufwandschätzung
   - Welchen Aufwand schätzt man auf der Basis des verfügbaren Wissens?
7. Bewertung
   - Wie werden Ziele und Lösungsalternativen gewichtet?
8. Entscheidung
   - Was wird entschieden und warum?

4.0.2.7   Validation

Die Validation der Vorstudie kann im Rahmen der Kurzfassung nur mit Stichworten benannt werden. Sie ist nach einem einheitlichen Schema dargestellt, das in allen Phasen verwendet wird:

- *Wogegen* wird das Validationsobjekt geprüft?
- *Worauf* (welches Kriterium) wird geprüft?
- *Mit welcher Methode* wird geprüft? (s. Abschn. 2.3.3).

Validationsobjekt: **Vorstudie**

gegen	auf	mit
reale Sachverhalte	Richtigkeit	Review
Meinungen und Interessen	Relevanz (lokale und globale)	Review, Beteiligung
	Priorität	Review, Beteiligung
	Konsistenz der Ziele	Review, Beteiligung
	Wirtschaftlichkeit	Review, Beteiligung

4.1   Phase 1: Systemabgrenzung

Für Phase 1 wird eine Methode vorgestellt, mit der Teilsysteme mit hohem Zusammenhalt und geringer Bindung an die Umgebung gebildet werden. Sie beruht auf der Bildung und Analyse sog. Vorgangsketten. **Vorgangsketten** sind Folgen von Tätigkeiten bei der Bearbeitung logisch zusammengehöriger Datenmengen. Die Voraussetzungen für die Bildung von Vorgangsketten werden durch die Analyse von **Arbeitsabläufen** (Organisationsanalyse), die Erstellung eines **Datenmodells** (Datenanalyse) und ein **Aufgabenmodell** (Aufgabenanalyse) geschaffen.

Auf der Basis der Ergebnisse der Entwurfsschritte werden Teilsysteme gebildet. Phase 1 ist ein in sich geschlossenes Verfahren, das aus einer Folge von Einzelmethoden besteht (s. Abschn. 2.2, Begriffe). Es eignet sich gleichermaßen für eine Eigenentwicklung wie für die Abgrenzung des Einsatzbereichs von Fertigsoftware und wurde auch für beide Fälle eingesetzt. Zentrale Fragestellung dieser Phase ist: *Welches System soll entwickelt oder beschafft werden?*

4.1.1   Ablauf

Abb. 4-3 liefert einen ersten Überblick, wie Entwurfsschritte und Ergebnisse zusammenhängen.

4.1.2   Kurzfassung

4.1.2.1   Ziele

Ziel von Phase 1 ist die Bildung von Teilsystemen, die bezüglich ihrer Struktur stabil bleiben und möglichst wenige Schnittstellen aufweisen.

4.1.2.2   Voraussetzungen

Eine organisationsweit abgestimmte Vorstudie sollte vorliegen. *Technisch* geht es zwar auch ohne diese, dann drohen aber die weiter unten (s. Abschn. 5.1) diskutierten Gefahren („das falsche Projekt mit viel Akribie").

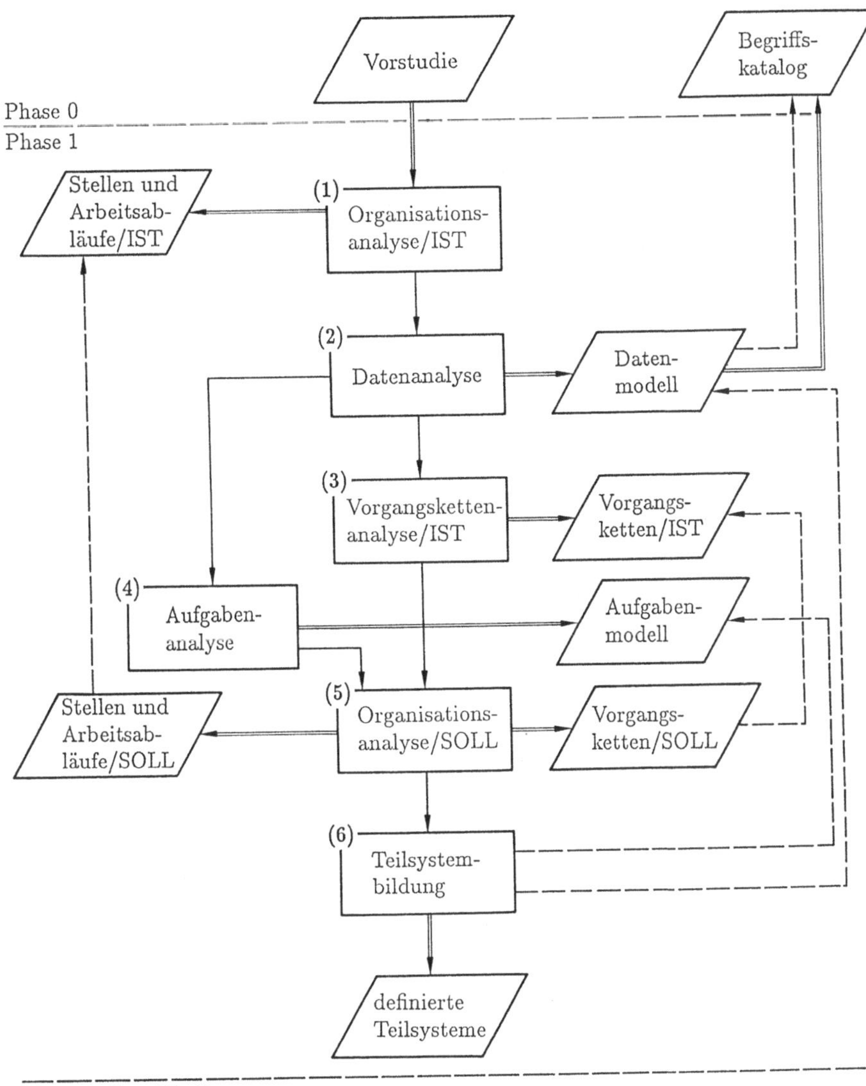

Abb. 4-3. Ablauf, Entwurfsschritte und Ergebnisse von Phase 1
s. Abb. 4-1; ← — = wird geprüft gegen.

4.1.2.3   Entwurfsschritte

(1) Organisationsanalyse/IST. Die Organisationsanalyse des Istzustandes ist
eine stark eingeschränkte Analyse. In diesem Schritt soll nur ein Überblick über
den Istzustand erhoben werden. Eine umfassende Analyse der gesamten Organisation wird nicht durchgeführt. Erhebungen über Details werden bei Bedarf
im Zuge des Entwurfs der Sollkonzeption gemacht. Folgende Schritte sind zu
bearbeiten. Sie bauen als Verfeinerungen aufeinander auf:

(1.1) Organigramm des Benutzerbereichs (meist existiert es),

(1.2) Tätigkeitsprofile für jede Stelle des Organigramms (davon gibt es eins oder mehrere je Stelle),

(1.3) Liste der **Arbeitsabläufe** für jedes Tätigkeitsprofil,

(1.4) Informationsfluß für jeden Arbeitsablauf, bei Bedarf in Verbindung mit dem Materialfluß. Als *Hilfsmittel*, die relativ unabhängig von der o.a. Reihenfolge erstellt werden können, sollte man sich schaffen:

- Datenträgerverzeichnis (= Masken, Listen, Belege); der Informationsfluß (Schritt (1.4)) referenziert genau die im Verzeichnis standardisierten Belegnummern oder -bezeichnungen,
- Schwachstellenübersicht,
- Schnittstellenübersicht (organisatorische Exporteure/Importeure).

(2) Datenanalyse. Der Begriffskatalog wird im Verlauf dieses Schrittes fortgeschrieben. Er klärt den semantischen, fachwissenschaftlichen Gehalt der verwendeten Daten. Auf der Basis des Begriffskatalogs und mit Hilfe von Informationen des Istzustandes werden **Objekttype** gebildet, **Relationen** modelliert und **Attribute** zugeordnet und mit dem Benutzer auf fachbezogene Richtigkeit der Abbildungen geprüft. Das Ergebnis ist ein **Datenmodell**, das für eine Eigenentwicklung ebenso wichtig ist wie für die Prüfung der Einsetzbarkeit von Fertigsoftware. Bei Fertigsoftware besteht die Gefahr, daß man das dort unterstellte Datenmodell für vollständig in Bezug auf die abzubildende Realität der Organisation hält, auch wenn es das nicht ist. Im Zuge der Entwicklung des Datenmodells werden **Mengengerüste** je Objekttyp erhoben.

(3) Vorgangskettenanalyse/IST. Unter einem Vorgang versteht man in der administrativen Praxis einen funktional zusammengehörenden Bestand von Daten, der durch Weitergabe von Stelle zu Stelle bearbeitet wird, oder auch die Folge von Tätigkeiten, den Datenbestand zu bearbeiten. Der Datenbestand läßt sich in Form von Objekttypen des Datenmodells beschreiben. Häufig werden nicht einzelne Objekttype bearbeitet, sondern mehrere logisch zusammenhängende. Über eine Vorgangskette lassen sich *alle* an der Bearbeitung von Objekttypen beteiligten Stellen finden. Sie deckt die organisatorische Einbindung der Objekttypen auf.

Beispiele:

Teilestammdaten		Bestellung
und	oder	und
Stücklisten		Lieferschein
		und
		Rechnung
		(mit jeweiligen Positionen).

In der Vorgangskettenanalyse/IST werden die Vorgangsketten mit den Tätigkeiten des Istzustandes aufgelistet. Sie läuft in folgenden Schritten ab:

(3.1) Aufstellen von Vorgangsketten. Es werden zusammengehörige Objekttype gesucht und ihre Bearbeitungsreihenfolge bestimmt.

(3.2) Ermitteln der Tätigkeiten und Stellen, durch die Attribute von Objekttypen erzeugt oder verändert werden. Die Tätigkeiten und Stellen werden den Attributen der Objekttypen zugeordnet. Dies sind bei einzelnen Attributen so viele Tätigkeiten, wie es Bearbeitungszustände im Zeitablauf gibt. Die Tätigkeitsbezeichnungen sind normiert.

Beispiel einer Vorgangskette in Tabellenform: Sie bildet skizzenhaft die Erzeugung eines Teilestamms mit Stückliste ab. Das Beispiel **Pflege Teilestammdaten** wird im folgenden als *durchgängiges Beispiel* in allen Entwurfsschritten der Phasen verwendet:

Objekttyp	Attribut	Rolle	Tätigkeit	Stelle
TEIL			definieren	Verkauf
	teil#		festlegen	Normstelle
	bezeichnung		festlegen	Entwicklung
	*DIN-Nr**		ergänzen	Normstelle
	mengeneinheit		festlegen	Entwicklung
	.		.	.
	.		.	.
TEIL-STRUKTUR				
	teil#	'master'	notieren	Entwicklung
	teil#	'komp'	notieren	Entwicklung
	menge		notieren	Entwicklung

* Die Schreibweise ist syntaktisch nicht stringent, aber sofort verständlich.

Damit sind alle Stellen erfaßt, die an der Bearbeitung der *relevanten* Daten des Istzustandes beteiligt sind. Nicht-relevant sind die redundanten Daten des Istzustandes. Sie sind im Datenmodell nicht enthalten. Alle nachfolgenden Schritte bei der Ergänzung von Vorgangsketten befassen sich nur noch mit dem Sollzustand.

(4) Aufgabenanalyse. Die Aufgabenanalyse ist eine schrittweise verfeinerte Zerlegung von **Aufgaben** in **Teilaufgaben**, diese werden wiederum zerlegt in Teilaufgaben usw., bis zu einer untersten Ebene von **Elementaraufgaben**. Eine Elementaraufgabe ist ein Aufgabenkomplex, den eine Person alleine in der zur Verfügung stehenden Zeit bearbeiten kann. Der Umfang ist stark abhängig von den Hilfsmitteln und der Qualifikation der Person.

Die Zerlegung von Aufgaben wird vorwiegend nach *Tätigkeiten auf Datenobjekten* durchgeführt. Tätigkeit beinhaltet hier, daß die Datenobjekte verändert, also nicht nur gelesen werden. Sie werden einmal erzeugt und anschließend geändert. Die Zerlegung wird beendet, wenn Objekttype des Datenmodells von einer zeitlich zusammenhängenden Tätigkeit bearbeitet werden. Die Tätigkeit bezieht sich auf genau einen (gedachten) Aufgabenträger. Eine Vollständigkeitskontrolle ergibt sich durch Prüfung der Arbeitsabläufe des Istzustandes (Schritt (1.4)): Die Aufgabenanalyse muß alle Arbeitsabläufe erfassen. Das Aufgabenmodell dient bei der Überprüfung von Fertigsoftware als Prüfraster.

(5) Organisationsanalyse/SOLL. Die Organisationsanalyse für das Sollkonzept setzt ein mit dem Entwurf der Vorgangsketten und wird beendet mit der Konzeption von Arbeitsabläufen, die sich aus den Vorgangsketten ergeben. Die aufbauorganisatorischen Schritte aus dem Istzustand (Organigramm aufstellen und Tätigkeitsprofile ermitteln) werden bewußt weggelassen. Dies sind Schritte, die sich aus der Softwareentwicklung ergeben, ihr aber nicht vorangehen.

(5.1) Vorgangsketten/SOLL. Die Vorgangsketten/SOLL werden analog zu den Vorgangsketten/IST aufgezeichnet. Als zweckmäßig hat sich folgende kompakte Darstellung erwiesen:

Die Tätigkeiten des Sollzustandes und die dazugehörigen Stellen werden in Tabellenform neben die Vorgangsketten/IST notiert. Dies spart Schreibaufwand und erhöht die Vergleichbarkeit (IST/SOLL). Im Sollzustand ergänzt werden Empfänger, die ein Datum vom Erzeuger erhalten. Dies ist im Gegensatz zum Holen von Informationen oft ein Hinweis auf eine problematische Schnittstelle. Meist wird ein angeliefertes Datum vom Empfänger auch geändert. Ändert die empfangende Stelle Daten eines zur Vorgangskette gehörenden Objekttyps, gehört sie zur Vorgangskette dazu, darf also nicht Schnittstelle sein. Die Daten weitergebende Stelle kann auch der Rechner sein.

Beispiel:

Vorgangskette (VgK): **Pflege Teilestammdaten**

Objekttyp/ Attribut	Rolle	IST		SOLL		
		Tätigkeit	Stelle	Tätigkeit	Sender	Empfänger
TEIL		definieren	VK	definieren	VK	
typ#	'eza'	definieren	VK	anzeigen	R	VK
		–	–	lesen	VK	
teil#		festlegen	NO	anlegen	VK	
bezeichnung		festlegen	EW	festlegen	VK	
DIN-Nr		ergänzen	NO	ergänzen	EW	
datum		notieren	EW	anzeigen	R	
mengeneinheit		hinzufügen	EW	festlegen	EW	
bezugsart#		festlegen	EW	festlegen	EK	
herstellkosten		hinzufügen	BH	ergänzen	BH	EK
TEIL-STRUKTUR						
teil#	'mast'	notieren	EW	anzeigen	R	
teil#	'komp'	notieren	EW	eingeben	VK	EW
menge		notieren	EW	eingeben	EW	

Abkürzungen:

BH = Buchhaltung	VK = Verkauf	'mast' = übergeordnetes Teil (Master)
EK = Einkauf	OT = Objekttyp	'komp' = untergeordnetes Teil (Komponente)
EW = Entwicklung	'eza' = Einzelartikel	R = Rechner
NO = Normstelle		# = Nummer = Schlüssel

Erläuterungen: Im SOLL wird die Rolle von TEIL ('Einzelartikel') über einen technisch geeigneten Mechanismus im Dialog festgelegt, so daß der Benutzer keine langen Zeichenketten einzugeben braucht. Datenverantwortlichkeiten werden zu Stellen verlagert, die die Daten erzeugen. Der Fremdschlüssel *bezugsart#* verweist auf ein Schlüsselverzeichnis.

(5.2) Arbeitsabläufe/SOLL. Die Arbeitsabläufe/SOLL zeigen den geplanten Informationsfluß bis zur Rechnerschnittstelle. Die Rechnerschnittstelle selbst wird erst in Phase 2 modelliert. Die Arbeitsabläufe greifen die Verlagerung von Datenverantwortlichkeiten auf, die durch die Vorgangsketten ermittelt wurden. Die Abläufe sind ein Hilfsmittel bei Abstimmungen über organisatorische Veränderungen. Bei Fertigsoftware wird man sich stark an den durch die Software vorgegebenen Abläufen orientieren. Es müssen jedoch auch organisations- und branchenspezifische Abläufe modelliert werden.

(5.3) Revision Aufgabenmodell. Aus Gründen der Übersichtlichkeit wurde die Revision des Aufgabenmodells in Abb. 4-3 nicht dargestellt. Wenn sich anhand der Vorgangskettenanalyse zeigt, daß einige Aufgaben zu bereichsspezifisch gesehen wurden und daß einige Datenverantwortlichkeiten aus der Sicht der Gesamtorganisation anders aufgeteilt werden müssen, ist die Aufgabenanalyse noch einmal nachzuvollziehen. Analog zur Revision des Aufgabenmodells gibt es weitere Iterationen, die hier nur angedeutet werden:

- Die Vorgangskettenanalyse wirkt zurück auf Aufgabenmodell (andere Stellen), Arbeitsabläufe (andere Stellen und Daten) und Datenmodell (zusätzliche Attribute),
- die Arbeitsabläufe wirken zurück auf Aufgabenmodell (andere Teil- und Elementaraufgaben) und Datenmodell (zusätzliche Attribute),
- das Aufgabenmodell wirkt zurück auf Arbeitsabläufe (andere Stellen).

(6) Teilsystembildung. Teilsysteme werden unter Benutzung der Vorgangsketten nach folgenden Regeln gebildet:

1. Jedes Teilsystem umfaßt in der Regel nur geschlossene Vorgangsketten (Abweichungen s. unten, Punkt 3.).
2. Die Reihenfolge der Realisierung von Teilsystemen kann sachlogisch vorgegeben oder durch Entscheidungen festgelegt sein.

Beispiele: Eine Arbeitsplanverwaltung kann man nicht sinnvoll vor einer Stücklistenverwaltung entwickeln. Zwischen einer Auftragsauskunft und einer Rechnungserstellung gibt es keine sachliche Reihenfolge.

3. Wenn Teilsysteme zu groß werden, kann man sie für eine stufenweise Einführung noch einmal unterteilen. Die kleinste Einheit ist jedoch eine Rolle eines Objekttyps des Datenmodells. Im Falle einer solchen Unterteilung wird das einer Vorgangskette entsprechende Teilsystem stufenweise entwickelt. Der dem Vorgang entsprechende Leistungsumfang steht erst am Schluß zur Verfügung.

Beispiel: Der Vorgang „Stücklistenpflege" kann in den folgenden Teilsystemen entwickelt werden:

Pflege

A	oder	**B**
(1) Stammdaten,		(1) Stamm- und Strukturdaten für den Vertrieb,
(2) Strukturdaten		(2) Stamm- und Strukturdaten für die Produktion

Eine umgekehrte Reihenfolge bei Alternative A ist nicht möglich, da die Strukturdaten die Beziehungen zwischen den Stammdaten abbilden.

4.1.2.4 Methoden

In Tab. 4-2 werden die Methoden zusammengestellt, die den oben ausgeführten Entwurfsschritten aus verschiedenen Disziplinen zugrundeliegen.

Tab. 4-2. Methoden in der Phase Systemabgrenzung

Entwurfsschritt	vorherrschende Methode	Fachgebiet[1]
Organisationsanalyse	Stellenbeschreibung (Schwarz)	BWL
	Informationsflußanalyse (in vielfältigen Formen z.B. SA) (Ross)	BWL/INF-SE
Datenanalyse	Begriffskalkül (Ortner)	INF-DB
	Entity-Relationship-Ansatz (Chen)	INF-DB
	Relationenmodell (Codd)	INF-DB
Vorgangkettenanalyse	Datenabstraktion (Guttag)	INF-SE
Aufgabenanalyse	Aufgabenanalyse (Kosiol)	BWL
Teilsystembildung	Datenabstraktion (Guttag)	INF-SE

[1] Abkürzungen:

BWL = Betriebswirtschaftslehre
INF = Informatik
SE   = Software Engineering
DB   = Datenbanken

4.1.2.5 Werkzeuge

Zusätzlich zu den schon genannten Werkzeugen (s. Abschn. 4.0.2.5) benötigt man ein DATA DICTIONARY mit mächtigen strukturellen Verknüpfungen und der Möglichkeit zur redundanzfreien Speicherung aller Elemente und ihrer Beschreibungen. Es sollte über schnelle und einfache Abfragemöglichkeiten und gute Editier- und Druckaufbereitungsfunktionen verfügen.

Das Strukturmodell für das DATA DICTIONARY sieht folgendermaßen aus:

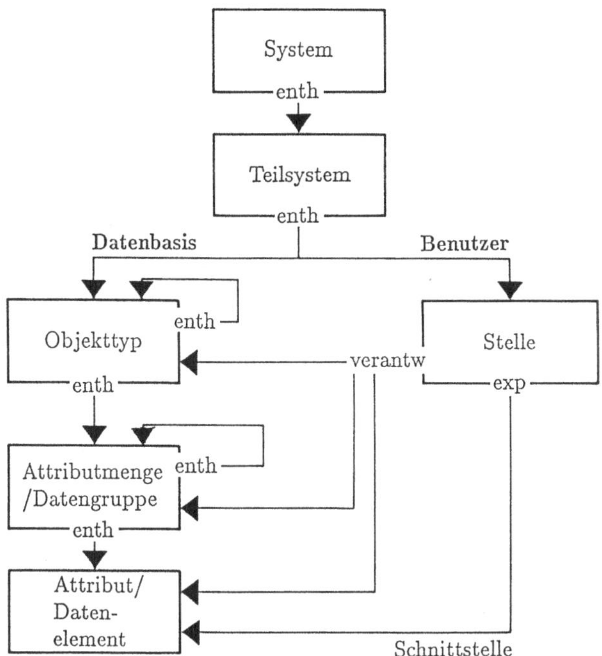

Abb. 4-4. Strukturmodell des DATA DICTIONARY für Phase 1
→ = 1:N-Beziehung (s. Abschn. 2.1.1.4),
enth = enthält,   verantw = verantwortet,   exp = exportiert (Daten).

Erläuterung: Der im Strukturmodell gezeigte Typ Attributmenge/Datengruppe hat keine Schlüsseleigenschaft gegenüber den untergeordneten Elementen, verletzt also nicht die 2NF des Relationenmodells. Er ermöglicht jedoch eine einfache Bezugnahme auf eine Menge gleich behandelter Attribute und außerdem die Abbildung eines Typkonzeptes.

Beispiel: Der Typ DATUM wird als solche Gruppe abgebildet. Er enthält die Elemente *tag, monat, jahr*. Man kann über die Datengruppe die Rolle des Datums ausdrücken, z. B. *von-datum, gültig-ab-datum, liefertermin*.

4.1.2.6   Ergebnisse

Dokument für Phase 1 ist die Systemspezifikation, in der das in Teilsysteme zu zerlegende System grob spezifiziert wird. Als roter Faden der Entwicklung sollte diese Spezifikation als gedrucktes, lesbares Dokument existieren. Es enthält ggf. Referenzen auf Inhalte des DATA DICTIONARY. Die Systemspezifikation folgt im wesentlichen der Abfolge der Entwurfsschritte. Lediglich bei der Darstellung der Vorgangsketten werden Ist- und Sollzustand tabellarisch nebeneinandergestellt. Dies macht den Überblick über evtl. ablauforganisatorische Änderungen einfacher. Die folgende Gliederung enthält noch einige Detailpunkte, die keiner weiteren Erläuterung bedürfen.

Systemspezifikation

1. Organisation
1.1 Aufbauorganisation
1.2 Tätigkeitsprofile und Übersicht der Arbeitsabläufe
1.3 Datenträgerverzeichnis
1.4 Arbeitsabläufe/IST
1.5 Schnittstellenliste
1.6 Schwachstellen

2. Datenmodell
2.1 Fachbegriffe
2.2 Strukturmodell
2.3 Objekttypen mit Attributen

3. Vorgangsketten
3.1 Übersicht
3.2 Details

4. Aufgabenmodell

5. Arbeitsabläufe/SOLL

6. Teilsysteme

4.1.2.7 Validation

Die Validationen in Phase 1 werden in den folgenden Tabellen etwas detaillierter ausgeführt. Die in Kap. 2 erläuterten Validationsmethoden Inspektion, Review, Beteiligung und Mitarbeit sollten die Benutzervertreter durchführen, da es in dieser Phase vor allem um die fachinhaltliche Korrektheit von Abbildungen geht. Überwiegt die kommunikative Komponente einer Überprüfung oder sind verschiedene Meinungen gefragt, ist nur eine **Review** sinnvoll. Eine **Inspektion** ist sinnvoller, wenn es um eine eher schematische Prüfung eines umfangreichen Ergebnisses geht, die hohe Konzentration erfordert.

Validationsobjekt: **Arbeitsabläufe/IST**

gegen	auf	mit
Stellenpläne, Stellenbeschreibungen	Richtigkeit	Review
Datenträgerverzeichnis	Vollständigkeit	
Ablauflogik (Wechsel von Tätigkeiten und Daten)	Konsistenz	Inspektion; WZ[1]
Realitätssicht des Benutzers	Richtigkeit	Beteiligung, Review

[1] Konsistenzprüfung mit Scannerprogramm (= WerkZeug) automatisierbar.

Prüffragen:
• Werden alle Datenträger in den Abläufen referenziert?
• Sind alle Stellen berücksichtigt?
• Sind das „unsere" Arbeitsabläufe?

Validationsobjekt: **Datenmodell**

gegen	auf	mit
Begriffskatalog	Richtigkeit	Review
Datenträger/IST	Vollständigkeit	Inspektion
Realitätssicht des Benutzers	Richtigkeit	Beteiligung, Review
Vorgangsketten/IST	Vollständigkeit	Beteiligung, Review, Inspektion
Normalisierungsregeln	Konsistenz, Review[1]	WZ: Datendesigner,

[1] Es gibt käufliche Werkzeuge für einfache Konsistenzprüfungen

Prüffragen:
- Sind alle Felder der Belege berücksichtigt?
- Sind die Relationen realitätsgerecht?
- Sind in den Vorgangsketten noch zusätzliche Attribute enthalten?

Validationsobjekt: **Vorgangsketten/IST**

gegen	auf	mit
Stellen und Arbeits- abläufe/IST	Vollständigkeit	Inspektion durch Benutzer

Die Vorgangsketten selbst dienen zur Vollständigkeitsprüfung des Datenmodells.

Validationsobjekt: **Aufgabenmodell**

gegen	auf	mit
Datenmodell	Vollständigkeit	Inspektion
Organigramm Stellen/Ist	Konsistenz	Mitarbeit, Review
Stellenbeschreibungen, Geschäftsverteilungs- pläne u. ä.	Vollständigkeit, Konsistenz	Mitarbeit, Review
Datenträgerverzeichnis	Konsistenz	Mitarbeit, Review

Prüffragen:
- Sind alle Stellen funktional abgedeckt, sind sie im Zusammenhang plausibel?
- Ist das Modell plausibel in bezug auf die genannten Unterlagen? (Dies heißt nicht, daß diese nicht geändert werden können.)
- Werden qualitativ alle vorhandenen Informationen abgedeckt oder begründet nicht mehr erzeugt?

Validationsobjekt: **Vorgangsketten/SOLL**

gegen	auf	mit
Vorgangsketten/IST	Vollständigkeit	ergibt sich konstruktiv (IST/SOLL in 1 Tabelle)
Arbeitsabläufe/SOLL	Konsistenz	Inspektion
Datenmodell	Vollständigkeit	ergibt sich konstruktiv

Prüffragen:
- Sind die Datenverantwortlichkeiten sinnvoll auf Stellen aufgeteilt?
- Wie viele Exportschnittstellen hat jede Kette?

Validationsobjekt: **Arbeitsabläufe/SOLL**

gegen	auf	mit
Arbeitsabläufe/IST	Vollständigkeit	Mitarbeit, Review
Leistungsbeschreibung (bei Fertigsoftware)	Vollständigkeit	Inspektion
Leistungsumfang Basissoftware (bei Eigenentwicklung)	Konsistenz	Review
Aufgabenmodell	Vollständigkeit	Mitarbeit

Prüffragen:
- Ist die gewünschte Softwareleistung prinzipiell zu erbringen?
- Woher kommen die in einem Ablauf erzeugten Daten (= organisatorische Importschnittstellen)?

Validationsobjekt: **Teilsystem-Definition**

gegen	auf	mit
Datenmodell	Vollständigkeit	Inspektion
Aufgabenmodell	Vollständigkeit	Review, Inspektion
Vorgangsketten/SOLL	Konsistenz	

Prüffragen:
- Ist die Teilsystembildung ohne Bruch zwischen Vorgangsketten erfolgt?
- Gibt es viele Exportschnittstellen? Wenn ja:
- Gibt es andere Grenzen für Teilsysteme mit weniger Schnittstellen?

4.2   Phase 2: Spezifikation

Die Phase Spezifikation wird für jedes Teilsystem ausgeführt (s. Skizze des Phasenmodells in Abb. 3-3). Die in *Phase 1* implizit getroffene Vorentscheidung für eine bestimmte Betriebsart – heute in der Regel Dialog und nicht Batch – wird in *Phase 2* auf ihre Machbarkeit überprüft, bevor in detaillierte Spezifikationen Mittel investiert werden. Danach folgen die Schritte:

- Dialogentwurf,
- Benutzerkommunikation (unterstützt durch Prototyping),
- funktionale Spezifikation.

Die zentrale Frage für Phase 2 ist: *Welche Funktionen sind für ein benutzergerechtes Teilsystem zu implementieren?* Hierzu werden mit Prototypen die Fachinhalte des Benutzers evaluiert, um eine empirisch tragfähige Basis für die funktionale Spezifikation zu erhalten.

Falls Phase 2 keine Neuentwicklung, sondern die Bearbeitung einer Version oder die Implementierung von Fertigsoftware ist, sind die Schritte sinngemäß zu durchlaufen.

4.2.1   Ablauf

Der Ablauf entsprechend Abb. 4-5 auf der nächsten Seite ist analog zu dem von Phase 1 zu interpretieren. Zur Legende s. Abb. 4-3.

4.2.2   Kurzfassung

4.2.2.1   Ziele

Phase 2 hat zum Ziel, eine funktionale Spezifikation für jedes Teilsystem zu erstellen, die die Wünsche und Bedürfnisse des Benutzers möglichst genau trifft. Die *Wünsche* des Benutzers orientieren sich an dem, was er kennt. Einige seiner *Bedürfnisse* kennt er möglicherweise (noch) nicht: *Dem Benutzer müssen technische Möglichkeiten nahegebracht werden, die er noch nicht kennt und die ihm voraussichtlich die Arbeit erleichtern*, z. B. komfortable Dialogschnittstellen.

4.2.2.2   Voraussetzungen

Die Teilsysteme sollten systematisch abgegrenzt sein. Außerdem sollte eine technische Mindestausstattung für die effiziente Erstellung von Prototypen der Benutzerschnittstelle (Dialoge, Listen) zur Verfügung stehen.

4.2.2.3   Entwurfsschritte

(1) Klärung des Basissystems. Die Entscheidung, ob *Dialog- oder Batchbetrieb*, ist durch **technische Prototypen** auf Machbarkeit zu überprüfen. Die Prototype werden für das Endprodukt nicht weiterverwendet.

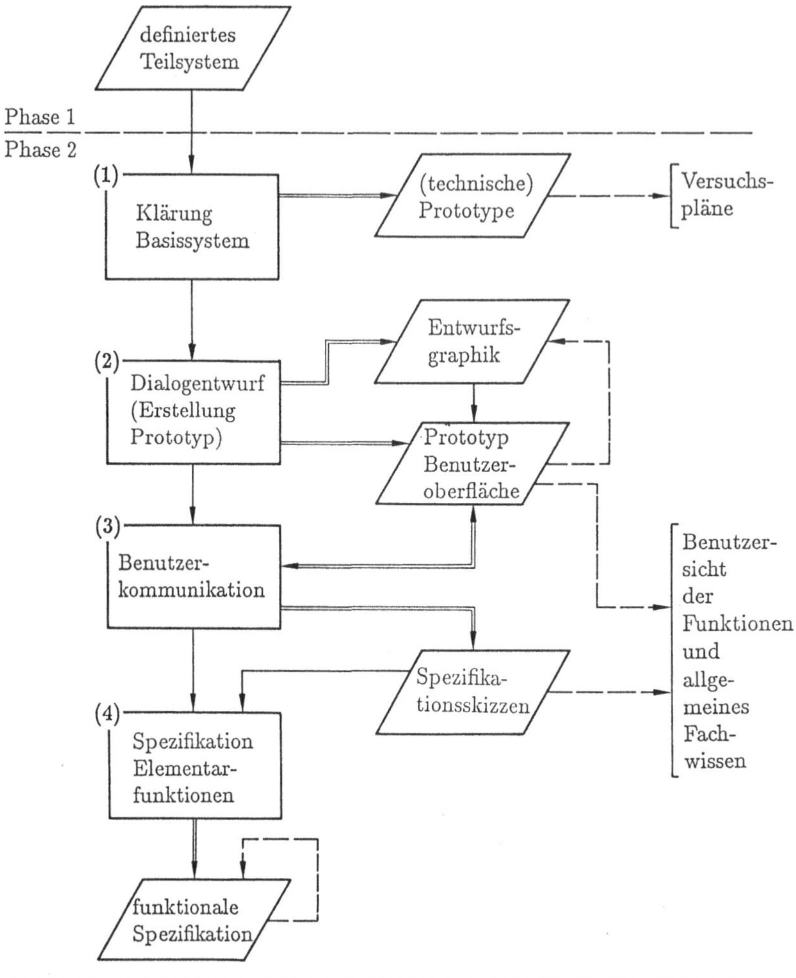

Abb. 4-5. Ablauf, Entwurfsschritte und Ergebnisse der Phase 2

Erläuterung: Die Prüfung der funktionalen Spezifikationen gegen sich selbst beinhaltet eine Konsistenzprüfung.

(2) Dialogentwurf. Eigentlich ist die Bezeichnung Dialogentwurf nicht präzise. Sie bezieht sich auf den Entwurf der **Benutzerschnittstelle**, also auch auf Eingabebelege und Listen bei Batchsystemen. Der Name *Dialogentwurf* scheint jedoch angebracht, da der Entwurf von Listen und Belegen ein einfach gelagerter Sonderfall des Dialogentwurfs ist. Außerdem besteht für den Dialogentwurf ein methodischer Nachholbedarf.

Bei Dialogen ist gegenüber Batch-Schnittstellen eine höhere Qualität der Benutzeroberfläche gefordert. Bei Batchsystemen werden einzelne (statische) Formulare entworfen. Bei Dialogsystemen entsprechen den oben erwähnten Formularen die Masken. Dazu ist jedoch noch eine dynamische Schnittstelle zu entwerfen, die erheblich komplexer ist: Der Funktionsbaum eines Dialogs und die Art der Zustandsübergänge zwischen den Blättern des Baumes, die Dialogsteuerung. Diese Steuerung wird *nicht* anläßlich einer Anwendungsentwicklung entworfen, sondern als Werkzeug gekauft oder in einem Infrastrukturprojekt selbst entwickelt, das sowohl Prototyp- als auch Dialogwerkzeug ist. In Kap. 8 und 11 wird dieses Werkzeug ausführlich dargestellt. Die weiteren Schritte des Dialogentwurfs setzen ein solches Werkzeug voraus. Folgende Einzelschritte laufen ab:

(2.1) Entwurf des Funktionsbaumes. Hierzu werden die Arbeitsabläufe, das Aufgabenmodell und die Vorgangsketten herangezogen. Die Vorgangsketten bilden einen roten Faden beim Entwurf. Zunächst wird die Bearbeitung aller Objekttypen auf der Basis der Vorgangsketten im Funktionsbaum vorgesehen. Es ergeben sich logische Sichten je Benutzergruppe. Auf allen Objekttypen werden lesende Operationen geplant, die in der Vorgangskettenanalyse nicht betrachtet worden waren. Dann werden die Funktionen, die abgeleitete Daten ermitteln, in den Menübaum eingebaut. Sollten sie sich im späteren Entwurf als zu zeitintensiv für einen Dialog erweisen, werden sie im Dialog lediglich abgerufen und asynchron im Batch bearbeitet. Der Entwurf des Funktionsbaumes wird mit Interaktionsdiagrammen dokumentiert.

(2.2) Entwurf der Masken. Die Masken werden nach Möglichkeit in maschinenausführbarer Form entwickelt.

(2.3) Herstellung eines Prototyps. Der Funktionsbaum wird mit Hilfe eines entsprechenden Werkzeuges und unter Verwendung der Masken als maschinell ablauffähiger Prototyp implementiert. Der Prototyp ist i.d.R. eine Simulation der Benutzerschnittstelle und zeigt die Layouts der Masken und den Dialogablauf.

(3) Benutzerkommunikation. Der Funktionsbaum wird im Gespräch mit den Benutzervertretern schrittweise durchgesprochen. Anhand des Prototyps wird der Dialog mit dem Benutzer im Ablauf durchgespielt und ggf. geändert, bis Entwickler und Benutzer meinen, daß die Handhabung optimal sei. Der Benutzer führt den Dialog selbst. Jede einzelne Maske wird abgestimmt und ggf. das Layout verbessert. Zu jeder Maske wird durchgesprochen:

- Jedes Datenelement,
- das Layout,
- die möglichen Eingabefehler, daraus resultierende Fehlermeldungen und -prüfungen,
- die Verarbeitung jedes Datenelements.

Fehlermöglichkeiten und Verarbeitung werden als Protokoll notiert. Das Ergebnis des Abstimmungsprozesses wird am Schluß jeder Sitzung festgehalten. Die Abstimmung bei einem Batchsystem verläuft mittels einer Simulation der Listen analog. Einzelschritte im Rahmen der Benutzerkommunikation sind:

(3.1) Simulation,

(3.2) Abstimmungsprozeß,

(3.3) Protokollierung.

Die Schritte laufen nicht sequentiell, sondern stark ineinander verzahnt ab. Auf der Grundlage der Protokolle und der mit den Benutzern abgestimmten Prototypen kann dann die Spezifikation der Elementarfunktionen (= funktionale Spezifikation) erfolgen.

(4) Funktionale Spezifikation

Fall 1: *Spezifikation von Dialogfunktionen*. Je Elementarfunktion – dies entspricht in der Regel einem Datentyp – wird folgendes spezifiziert:

(4.1) Angesprochener Objekttyp mit Operationen, dazu der **Ablauf**, wenn er für die Problemlösung relevant ist, insbesondere **Reihenfolgebedingungen** von Operationen.

(4.2) Art der Prüfung jedes vom Benutzer eingegebenen Datenelements, zunächst in Form von **Testfällen**, dann als **Integritätsbedingungen**.

(4.3) Beziehung der Datenelemente in den Masken zu den **Attributen** in den Objekttypen, insbesondere die Berechnung von abgeleiteten Daten.

Fall 2: *Spezifikation von Berechnungsfunktionen*. Berechnungsfunktionen erzeugen **abgeleitete Daten** im Gegensatz zu den bisher Dialogfunktion genannten Funktionen, die **primäre Daten** erzeugen (Näheres s. Kap. 10). Bei Berechnungsfunktionen sind **Prozesse** statt der Integritätsbedingungen zu spezifizieren. Prozesse sind **Algorithmen** und fachwissenschaftlich begründete **Rechenverfahren**. Berechnungsfunktionen werden, wenn fachinhaltlich möglich, als Operationen auf dem Objekttyp notiert, aus dem die wesentlichen Primärdaten stammen. Berechnungsfunktionen sind also ebenfalls einem Datentyp zuzuordnen.

Je Elementarfunktion gibt es eine funktionale Spezifikation. Die Spezifikation der Elementarfunktionen bezieht sich auf die Struktur des *Datenmodells*, nicht auf eine reale Datenbasis.

4.2.2.4   Methoden

Für keine andere Phase bestehen, gemessen am Stand der Forschung, so starke Disparitäten bei den Methoden wie für Phase 2. Für die ersten drei Entwurfsschritte gibt es so gut wie keine allgemein anerkannten Methoden, allerdings viele Ansätze, die sich im Experimentierstadium befinden. Sie werden in Kap. 8 im einzelnen aufgegriffen. Der vorliegende Beitrag systematisiert Methoden, die im industriellen Einsatz erprobt sind.

Für den Entwurfsschritt (4) – Funktionale Spezifikation – liegen wiederum sehr viele Methoden vor. Die Literatur enthält eine kaum noch überschaubare

Vielfalt von Spezifikationsmethoden und -sprachen (s. Kap. 10). Es gibt vier prinzipiellen Möglichkeiten, eine funktionale Spezifikation auszuführen:

- Informal,
- halbformal,
- formal,
- ausführbar.

In OBAS wird eine halbformale Methode benutzt. Sie ist unter dem Gesichtspunkt der praktischen Anwendbarkeit entwickelt und muß auf die verfügbaren Werkzeuge abgestimmt werden. Zur Entwicklung komplexer, vor allem im Batch zu verarbeitender Algorithmen können herangezogen werden:

- Varianten formaler, **algebraischer Spezifikationen** (vgl. z. B.: Bauer 84, Programmentwicklung; Jones 86, VDM),
- **prädikatenlogische**, z.B. mit PROLOG ausgeführte **Spezifikationen** (vgl. z.B.: Schnupp 83, Prolog),
- **algorithmische Spezifikationen** (vgl. z.B.: Koch 79, SPEZI).

4.2.2.5 Werkzeuge

Methoden, die Prototypen verwenden, sind in hohem Maße auf Werkzeuge angewiesen. Ohne eine schnelle Erstellung bringt der Einsatz von Prototypen keinen Nutzen. Die Herstellung der Prototypen dauert zu lange und behindert den Kommunikationsprozeß. Ohne Werkzeuge wird die Prototyperstellung zu teuer.

Man benötigt in Phase 2 für

- die **Klärung des Basissystems** (Schritt (1)):
  - Eine flexibel erstell- und änderbare Datenbasis,
- **Dialogentwurf und Benutzerkommunikation** (Schritte (2) und (3)):
  - Editierunterstützung für graphische Darstellungen, z. B. von Interaktionsdiagrammen,
  - einen Masken- bzw. Listengenerator,
  - eine einfache Formuliersprache mit einfachen Zugriffen auf die Datenbasis,
  - ein Dialogwerkzeug, das Maskengenerator und Formuliersprache mit Möglichkeiten zur Dialogsteuerung integriert. Es sollte komplette Dialoge simulieren können, in denen alle Standardfunktionen verfügbar sind (z.B. Hilfetexte, Querbewegungen im Dialogbaum, Fehlerlogging, „Kummerkasten" für die Benutzer),
  - ein DATA DICTIONARY, das die fachinhaltlichen Begriffsdefinitionen der Datenelemente aus Phase 1 bereits enthält.
- die **funktionale Spezifikation** (Schritt (4)):
  - Einen syntaxgesteuerten Editor, der die gewählte Spezifikationssprache unterstützt,
  - ein DATA DICTIONARY, das zur Verwaltung der Beziehungen zwischen Teilsystem, Funktionen und funktionalen Spezifikationen benutzt wird.

Das Strukturmodell für das DATA DICTIONARY erweitert sich dadurch wie folgt (s. Abb. 4-4 in Abschn. 4.1.2.5):

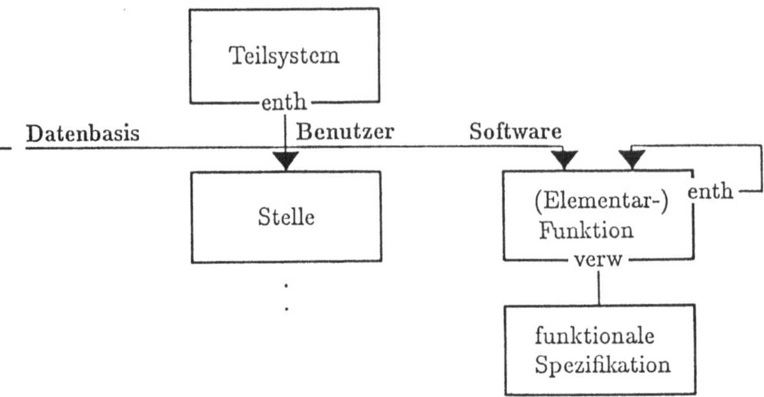

Abb. 4-6: Erweiterung des Strukturmodells des DATA DICTIONARY in Phase 2
— = 1:1 - Beziehung,   enth = enthält,   verw = verweist auf

4.2.2.6   Ergebnisse

Ab Phase 2 ist es nicht mehr möglich, alle Ergebnisse in einem geschlossenen Dokument zu halten. Dies hat methodische und technische Gründe. Zum einen entstehen mit Prototypen ausführbare Programme. Zum anderen gibt es im Bereich üblicher administrativer Rechnersysteme (IBM: S/36, S/38, S/370: VM, MVS; SIEMENS: BS 2000) derzeit (= Anfang 1988) keine DATA DICTION-ARIES, die über akzeptable Textverarbeitungsfunktionen verfügen. Daher werden Ergebnisse, die methodisch ins DATA DICTIONARY gehören, in Dokumente auf Textverarbeitungssystemen (Typ TXT) ausgelagert. Im DICTIONARY (Typ DICT) werden lediglich die Strukturen und Referenzen auf Dateien des Textsystems gehalten. Es wird unterstellt, daß die Textdokumentation den roten Faden über alle Phasenergebnisse darstellt, indem sie Referenzen auf die übrigen Ergebnisse (Quellprogramme, DATA DICTIONARY-Einträge) enthält. Man kann ebensogut das DICTIONARY als roten Faden benutzen. Allerdings sind Ausdrucke und Auswertungen (Typ REPort) beim heutigen Stand der Technik für den Benutzer schlecht lesbar.

Eine Projektbibliothek, die die Textdokumentation nach OBAS unterstützt, wurde an der Universität Münster entwickelt (vgl. Höping 88, Projektbibliothek). Sie wurde in den Stufen *Prototyp* (PASCAL), *Einplatzversion* unter MS-DOS 3.2 (C), *Mehrplatzversion* (= Einplatzversion in einem Ethernet-LAN) entwickelt.

(1) Textdokumentation (TXT)

Funktionsspezifikation

---

1. Basissystem
   - Versuchspläne und Ergebnisse der Prototypen
   - Entscheidungsgründe, insbes. bei Batchbetrieb
2. Dialogentwurf
2.1 Dialogbaum
   - graphische Darstellung, z. B. mit Interaktionsdiagrammen
2.2 Benutzerprofile
   - Datenschutzregelungen. Wer darf welche Operationen auf welchen Datentypen ausführen (ändern, anlegen)?
2.3 Mengengerüste
   - Zahl der Objekte je Objekttyp, Benutzungshäufigkeiten von Teilmenüs oder von Elementarfunktionen
3. Funktionale Spezifikation
3.i Spezifikation Datentyp i
   - Prüfung der Attribute je Objekttyp
   - Reihenfolge der Operationen je Typ
   - Algorithmen für Berechnungen

Es hängt vom Werkzeug ab, ob die Spezifikationen der Datentypen in einem oder vielen Dokumenten abgelegt werden. Kriterium ist die Handhabbarkeit für die spätere Wartung der Software.

(2) **DATA DICTIONARY** (DICT). Entsprechend dem Strukturmodell aus Abb. 4-6 sind dort (mindestens) alle strukturellen Verknüpfungen einzutragen. Für die Erstentwicklung ist ein DATA DICTIONARY meist weniger nützlich als für die spätere Pflege und Weiterentwicklung.

(3) **Programmbibliothek** (Typ PGM). Je nach endgültiger Programmiersprache und Prototypwerkzeug liegt entweder ein neu zu codierender Prototyp oder eine Vorabversion der endgültigen Software vor. Bei der Vorabversion muß der Prototyp so gespeichert sein, daß eine problemlose Weiterentwicklung möglich ist.

4.2.2.7 Validation

Validationsobjekt: **technischer Prototyp**

gegen	auf	mit
Versuchsplan	Korrektheit der Abbildung	Review, Inspektion

Prüfragen:
- Bildet der Prototyp den Versuchsplan richtig ab?
- Beantwortet der Prototyp die mit dem Plan gestellten Fragen?

Validationsobjekt: **Dialogentwurf**

gegen	auf	mit
Aufgabenmodell, Vorgangs- ketten, Arbeitsabläufe	Vollständigkeit, Konsistenz	Beteiligung, Prototyping Review

Prüffragen:
- Sind Aufgabenmodell, Vorgangsketten und Arbeitsablauf vollständig und konsistent abge-
  bildet?
- Sind alle lesenden Funktionen berücksichtigt?*
- Ist die Berechnung abgeleiteter Daten vorgesehen?*

* Sie wurden in Phase 1 nicht betrachtet.

Die oben aufgelisteten Fragen betreffen nur die Korrektheit des Dialogentwurfs.
Nicht davon erfaßt ist die Frage der Angemessenheit, bei der es kein *wahr* oder
falsch gibt. Durch Prototyping wird jedoch auch diese Frage beantwortet, soweit das überhaupt möglich ist. Endekriterium bei der Beurteilung der Angemessenheit ist der Konsens zwischen Entwicklern und Benutzern.

Validationsobjekt: **Funktionale Spezifikation**

gegen	auf	mit
Aufgabenmodell	Vollständigkeit	Review, Inspektion
Fachwissen – des Benutzers – der Fachwissenschaft	Richtigkeit, Konsistenz	Prototyping, Beteiligung Review
„sich selbst" (die Spezifikation)	Richtigkeit, Konsistenz	Beweisverfahren, Review

Prüffragen:
- Sind alle EDV-gestützten Funktionen aller Aufgaben abgebildet?
- Sind die Integritätsbedingungen und die Prozesse fachlich korrekt wiedergegeben?
- Ist die funktionale Spezifikation in sich widerspruchsfrei?

Eine formale Spezifikation kann bei einfachen Problemstellungen als in sich richtig und konsistent bewiesen, bzw. bereits mit diesen Eigenschaften konstruiert
werden. Ob die Spezifikation jedoch gegenüber der Realität richtig und konsistent
ist, entzieht sich einer formalen Kontrolle (s. hierzu Abschn. 2.3.2).

4.3 Phase 3: Entwurf

Die Phase Entwurf wird entweder für ein Teilsystem separat ausgeführt oder
ein vorhandener Entwurf wird im Zuge der Entwicklung eines zusätzlichen Teilsystems erweitert (s. Abb. 3-3). Die für die Struktur eines Softwaresystems entscheidenden Entwurfsschritte sind **Datenbasisentwurf** und **Modularisierung**. Bei

Dialogsystemen steht die Modularisierung aus Phase 2 im wesentlichen fest. Es fallen nur noch Detailentscheidungen. Bei Batchsystemen ist mehr zu tun. Die Funktionsstruktur aus Phase 2 ist softwaretechnisch zu überprüfen, und es ist eine geeignete Modulstruktur zu finden. Die Schlüsselfrage für Phase 3 ist: *Welche Programme und Datenbankstrukturen entsprechen der Spezifikation und dem Datenmodell?*

Neben den eigentlichen Entwurfsschritten sind Arbeiten auszuführen, die der Systemeinbettung und der Projektabwicklung dienen.

4.3.1 Ablauf

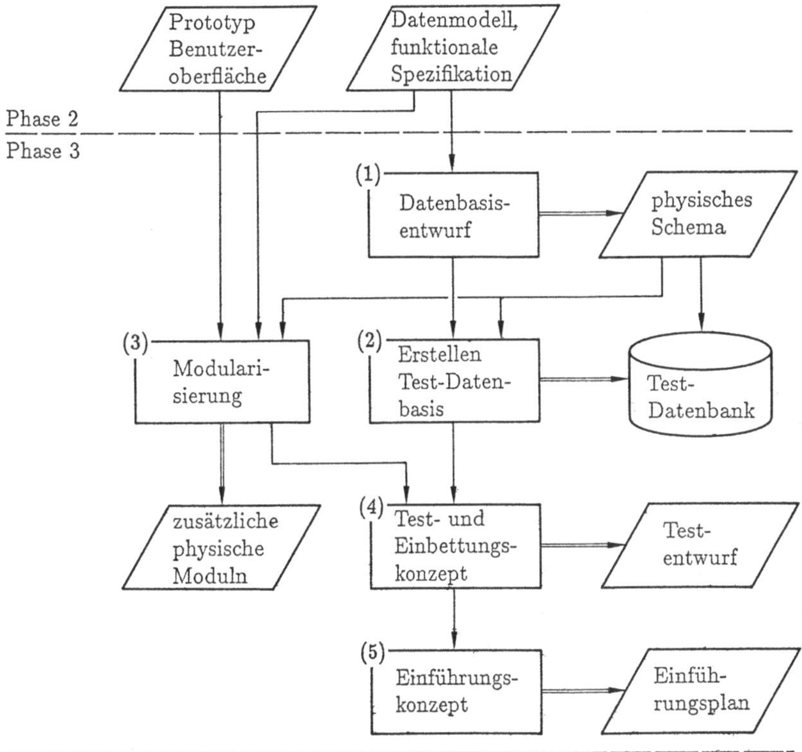

Abb. 4-7. Ablauf, Entwurfsschritte und Ergebnisse von Phase 3

Anmerkung: Die Konsistenzprüfung von Ergebnissen gegeneinander wie in den Phasen 1 und 2 ist hier *nicht* möglich.

4.3.2 Kurzfassung

4.3.2.1 Ziele

Mit der Phase Entwurf werden zwei Ziele verfolgt.

- Ziel 1 ist kurzfristig: Für den weiteren Projektablauf werden die Voraussetzungen für eine effiziente, arbeitsteilige Implementierung geschaffen.
- Ziel 2 ist langfristig: Es soll ein wartungsfreundliches, vom Basissystem unabhängiges System entworfen werden, das während der Lebensdauer des Systems in seinen funktionalen Anforderungen erweitert, geändert oder verringert werden kann.

4.3.2.2   Voraussetzungen

Voraussetzung ist ein nach Phase 2 spezifiziertes Teilsystem mit einem lauffähigen Prototyp der Benutzeroberfläche (Vorabversion). Darüberhinaus müssen Systemdesigner und Systementwickler über fundierte Kenntnisse des Basissystems verfügen (s. Phase 2, Entwurfsschritt (1)). Wenn *jetzt* erst angefangen wird, sich in ein neues Basissystem einzuarbeiten, kann von einer effizienten Entwicklung keine Rede mehr sein.

4.3.2.3   Entwurfsschritte

(1) Datenbasisentwurf. Aus dem Datenmodell (= logisches Schema) wird ein physisches Schema erstellt und mit Werkzeugen des Datenverwaltungssystems (Näheres hierzu s. Abschn. 7.1) im Rechner abgelegt. Die Entwurfskriterien sind stark abhängig vom verwendeten System (vgl. z. B. Schlageter 83, DB-Systeme, Kap. 7). In jedem Fall werden Unterlagen und Lehrgänge des Datenbasisherstellers benötigt. Es sei eindringlich davor gewarnt, ein Relationenmodell ohne Kenntnis des physischen Zielsystems 1:1 in ein physisches Schema umzusetzen. Schwerste Performance-Einbußen sind zu erwarten. In der Praxis werden solche gravierenden Designfehler dann als prinzipielle Mängel eines bestimmten Systems kolportiert. Es hat sich bisher immer ausgezahlt, beim Einsatz eines neuen DB-Systems eine Review des physischen Schemas durch externe Spezialisten durchführen zu lassen, selbst wenn man glaubt, über Fachleute zu verfügen. Engpässe sind auf üblichen kommerziellen Rechnern die Kanäle zu den Platten, auf denen die Datenbestände liegen. Hier lassen sich ggf. auch nach dem Entwurf durch eine Verteilung der Datenbestände die Zugriffszeiten verbessern.

(2) Erstellen der Testdatenbasis. Die Testdatenbasis ist das zentrale Arbeitsmittel für alle Entwickler während der Implementierung. Sie muß vor der Implementierung der Moduln in Phase 4 realisiert sein. Verzögerungen behindern das ganze Projekt.

Entwurfsschritt (2) ist ein sehr aufwendiger Teilschritt. Für die Erstellung von Testdaten sind **Übernahmeprogramme** zu schreiben, die zunächst die Test- und später die Echtdaten aus dem Altsystem übernehmen. Fast immer wird heute ein neues Teilsystem als Ersatz oder Ergänzung eines existierenden Systems erstellt. Es müssen sog. Alt-Datenbestände in die neu entworfene Datenbasis maschinell überführt werden. Die Alt-Datenbestände sind fast immer mit erheblichen Inkonsistenzen, funktionalen Abhängigkeiten und Fehlern behaftet. Es ist eine schlechte Lösung, die Daten mit einem UTILITY-Programm des Datenbasisherstellers in die Test-Datenbasis einzuspielen. Datenfehler würden in das neue System übernommen. Vielmehr müssen Übernahmeprogramme spezifiziert und implementiert werden. Die inhaltlichen Mängel der alten Datenbasis sind meist nur in der Fachabteilung bekannt und werden im Altsystem durch geschickte Eingaben umgangen. In der Praxis kommen alle denkbaren Zuordnungen der alten Datenbasis zur neuen vor:

Fall 1:   DE-alt : DE-neu = 1 : n   (DE = Datenelement)

Fall 1 ist sehr häufig und tritt bei klassifizierenden Schlüsseln des Altsystems auf. Er wird noch komplizierter, wenn im Altsystem Wertebereichsschlüssel verwendet werden. Dies ist immer dann der Fall, wenn mehrere Attribute in einem Datenelement verschlüsselt sind.

Fall 2:   DE-alt : DE-neu = 1 : 1

Dies ist der einzig unkritische Fall.

Fall 3:   DE-alt : DE-neu = m : 1

Fall 3 ist meist die Folge historisch gewachsener Strukturen: Längenattribute im Altsystem reichten nicht aus. Wegen vielfacher Programmabhängigkeiten konnten aber die Felder nicht mehr erweitert werden.

Fall 4:   DE-alt : DE-neu = m : n

Fall 4 ist besonders verworren und nur über eine Zuordnungstabelle aller vorkommenden Werte programmtechnisch zu behandeln. Er tritt in der Praxis häufig auf. Die Daten müssen auf der Ebene von Werten einander zugeordnet werden.

Die Umsetzung muß exakt spezifiziert und so codiert sein, daß die korrekte Implementierung durch Codeinspektion überprüfbar ist. Ein Übernahmeprogramm ist zwar ein Wegwerfprogramm, hat aber weitreichende Konsequenzen für die Integrität einer Datenbasis.

Beispiel: Einführung einer neuen Lohn- und Gehaltsabrechnung.

Problem: Die Personalstammsätze von 13 000 Mitarbeitern mußten in ein neues System überführt werden. Ca. 20 Mitarbeiter der Unternehmensbereiche Personal und Datenverarbeitung verfügten über das Wissen um die richtige Zuordnung. Sechs Mitarbeiter einer 10-köpfigen Projektgruppe hatten bereits ein halbes Jahr lang versucht, das Problem mit Hilfe eines DATA DICTIONARY zu lösen.

Lösung: Mit einem prototyp-ähnlichen Programm wurden mit 10 Manntagen Aufwand alle Datenelemente des alten und des neuen Systems auf einem PC in eine DBASE-Datenbasis eingespielt. Ein Erfassungsprogramm erlaubte zu jedem DE-neu die Eingabe eines oder mehrerer DE-alt am Bildschirm. Das Programm unterstützte einen gelenkten Kommunikationsprozeß. In einer 1,5-tägigen Sitzung, bei der der PC als Protokollinstrument diente, waren bis auf drei Sonderfälle alle Elemente einander zugeordnet. Die anschließende Spezifikation und Implementierung des Übernahmeprogramms in PL/1 benötigte noch einmal 0,5 Mannjahre. Darin waren viele Detailkorrekturen an den Altdaten enthalten, die zu Differenzen zwischen Alt- und Neusystem geführt hatten.

(3) Modularisierung. Modularisierung ist die Zerlegung eines Softwaresystems in Moduln. **Moduln** sind gedankliche oder physische Bausteine (vgl. Denert 79,

Modularisierung). Ein **logischer Modul**, z. B. ein abstrakter Datentyp, besteht aus einem oder mehreren physischen Moduln. Ein physischer Modul *muß* für praktische Anwendungen ein getrennt übersetzbares Programm sein, um z. B. eine arbeitsteilige Entwicklung zu ermöglichen (vgl. im Gegensatz dazu Yourdon 76, SD; dort werden interne Prozeduren als Modul bezeichnet). **Programm** und **physischer Modul** werden hier synonym benutzt.

Logische Moduln bilden Funktionen ab, die eine Leistung anbieten, z. B. Datentypen mit Operationen. Beim Entwurfsschritt Modularisierung muß zwischen Dialog- und Batchfunktionen unterschieden werden. Bei Dialogfunktionen gibt es wenig zu modularisieren, *wenn* die Spezifikation objektorientiert ausgeführt *und wenn* ein geeignetes Dialogwerkzeug für den Dialogentwurf benutzt wurde. Bei Batchfunktionen ist evt. mehr zu tun (Näheres s. unten).

Dialogfunktionen sind zu trennen in Steuermoduln und Anwendungsmoduln. **Steuermoduln** sind anwendungsneutral. Sie werden für ein Dialogwerkzeug genau *einmal* konzipiert und dann für den Entwurf der Funktionsstruktur, die Erstellung eines Prototyps und die Implementierung des Produktionsystems lediglich *benutzt*. Die Anforderungen an ein solches Werkzeug und dessen Realisierung werden in Abschn. 8.5 und Kap. 11 dargestellt. **Anwendungsmoduln** sind anwendungsabhängig. Sie laufen *im Dialog* ab. Der Benutzer erwartet in einer sehr kurzen Antwortzeit ein Ergebnis auf seine Eingaben. Hinter der Benutzeroberfläche steht genau ein physischer Modul, der zwingend evt. untergeordnete Moduln aufruft:

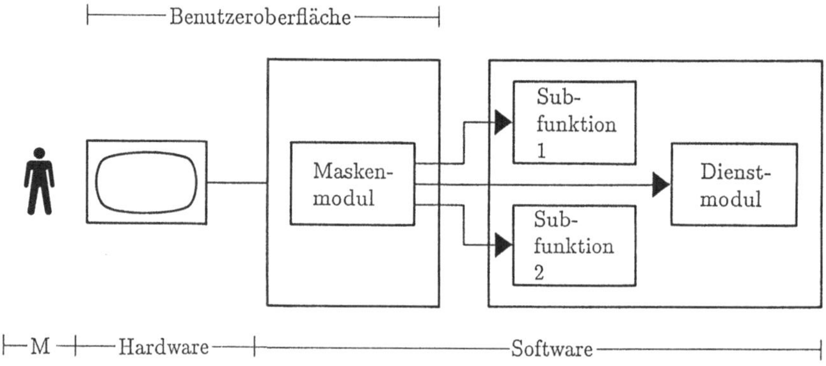

Abb. 4-8. Beziehung zwischen Benutzeroberfläche und Softwaremoduln bei Dialogsystemen
M = Mensch;   → = Benutzt-Beziehung

Das Bild zeigt, daß aufgrund der Realzeitanforderungen an ein Dialogsystem ein enger Zusammenhang zwischen Benutzeroberfläche, Funktionstruktur und Modulstruktur besteht: Es stehen nur sehr wenige physische Moduln hinter dem Maskenmodul. Der Maskenmodul repräsentiert eine sachlogische Elementarfunktion oder einen Teil davon. Mit Prototypen der Benutzeroberfläche wird die physische Modulstruktur weitgehend bestimmt. Die logische Modulstruktur (z. B. ein Datentyp) entspricht der Elementarfunktion und wird durch mehrere physische Moduln abgebildet. Obwohl der Maskenmodul eine Steuerungsfunktion hat und die untergeordneten Moduln aufruft, ist er in unserer Terminologie ein Anwendungsmodul.

Praktische Hinweise: Folgende anwendungsunabhängigen, wiederverwendbaren **Dienstmoduln** werden immer wieder benötigt:

- Alle Formen der allgemeinen *Datumsberechnung, -konvertierung und -prüfung*.
- Ein oder mehrere *Prüfmodul* je Objekttyp. Dies hat zwei Gründe: Erstens werden diese Moduln für mehrere Operationen benötigt, nämlich *erfassen* und *ändern* eines Objekttyps. Zweitens läßt sich ihr Inhalt leichter aus der Software herauslösen, wenn später ein aktives DATA DICTIONARY zur Verfügung steht, das die Prüfungen übernimmt.
- Hilfsmodul wie z. B. *Zentrierfunktionen*, spezielle *Tabellenoperationen*, *Zeichenkonvertierungen*.

Bei **Batchfunktionen** gibt es keine Realzeitbedingungen zwischen Ein- und Ausgabe. Hier kann *nicht* von der sachlogischen Funktionsstruktur auf eine Modulstruktur geschlossen werden:

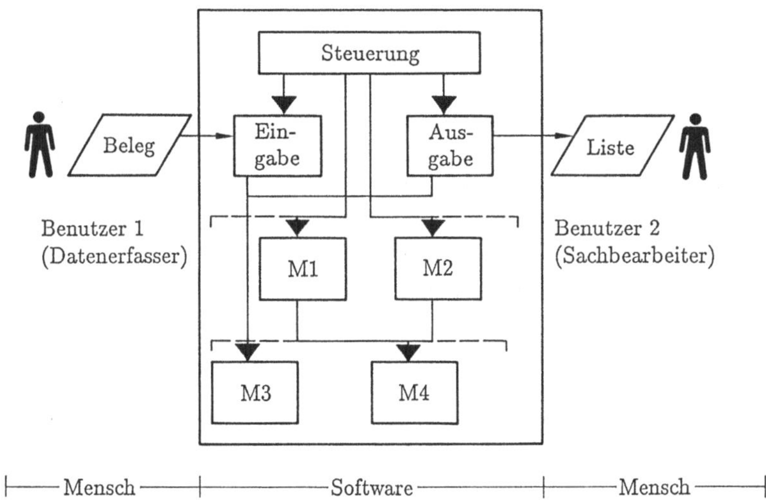

Abb. 4-9. Beziehung zwischen Benutzeroberfläche und Softwaremoduln bei Batchsystemen
M1,M2,... = Moduln 1,2,..,   ⟶ = Benutzt-Beziehung

Der Benutzer kommt mit der Ablaufstruktur der Anwendungsmoduln gar nicht in Berührung. Eine ablauforientierte Modularisierung ist für ein änderungsfreundliches Softwaresystem ungünstig, da Entwurfsentscheidungen nicht isoliert sondern verstreut werden. Will man nach den Prinzipien des '**information hiding**' (Parnas 72, Criteria) modularisieren, bekommt man immer dann einen Strukturbruch zwischen sachlogischer Funktions- und DV-technischer Modulstruktur, wenn man Funktionen transformationsorientiert bildet. Dies ist z. B. bei 'structured analysis' (SA) der Fall.

Bei einer objektorientierten Funktionsstruktur besteht diese Gefahr nicht. Anwendungsmoduln werden als Operationen auf Objekttypen bzw. Datentypen gebildet und spezifiziert (s. Abschn. 4.2.2.3). Die Modularisierung entspricht der Funktionsstruktur. Verfolgt man die Parnasschen Prinzipien konsequent, so werden auch die oben vereinfacht gezeigten Ein- und Ausgabemoduln wieder in sich modularisiert sein oder gemeinsame Moduln, etwa zur Zeichenkettenverarbeitung benutzen.

Praktische Hinweise: Es ist sinnvoll, die Funktionsstruktur nach softwaretechnischen Gesichtspunkten zu hinterfragen. Ziel ist es, isolierbare Moduln zu finden, die in mehreren Funktionen gleich sind, sowie die Schnittstellen zum Benutzer und zur Basismaschine zu isolieren. Z. B. darf man in keinem Fall die Verarbeitung und das Layout von Listen und Belegen miteinander vermischen. Bewährt hat sich ein **Schichtenmodell**:

- **Benutzerschicht**: Eingabebelege und Listen werden als Datentyp gesehen. Folgerichtig entsprechen sie Moduln.
- **Basissystemschicht**: Wenn kein DB-System verwendet wird, ist es immer ratsam, einen logischen Zugriffsmodul je Datei zu konzipieren, dessen Operationen als ein oder mehrere physische Moduln implementiert werden. Die Aufteilung in physische Moduln hängt stark von der Programmiersprache ab.
- **Verarbeitungsschicht**:
  - Dienstmoduln: S. o., Dialogfunktionen. Zusätzlich gibt es bei Batchverarbeitung Moduln für *Fehlerprotokolle, Meldungen an den Operator, Setzen von Condition-Codes, Prüfzifferverfahren*.
  - Berechnungsmoduln: Sie werden als Operationen auf Objekttypen konzipiert, die abgeleitete Daten aus dem Objekttyp erzeugen. Eine Spezifikation für einen solchen Modul findet sich in Abschn. 10.5.4.

Das Ergebnis einer Modularisierung kann man in Form von Programmköpfen dokumentieren, die die syntaktisch endgültigen Schnittstellen und eine Beschreibung der Leistung jedes Moduls enthalten. Dies kann in der Implementierungssprache oder in einer Entwurfssprache erfolgen (sog. Entwurfs- oder auch **Modulspezifikation**). Abschn. 11.3.3 enthält hierfür ein Beispiel.

(4) Testkonzept. Wenn die Modulstruktur und die Datenbasis feststehen, lassen sich **Subsysteme** bilden, die zusammenhängend implementiert werden. Subsysteme sind getrennt voneinander benutzbare Zusammenfassungen von logischen Moduln. Für jedes Subsystem muß festgelegt werden

- wie es entwickelt und getestet werden soll,
- wie es in die bestehende „Softwarelandschaft" eingebettet wird, insbesondere
- ob die Schnittstellen des Teilsystems korrekt spezifiziert sind,
- wie die Testfälle für den Integrationstest aussehen.

Das Testkonzept muß aus der Sicht der Entwickler (= **Systemtest**) und der Sicht der Benutzer (= **Abnahmetest**) betrachtet werden. Es hat ggf. Rückwirkungen auf bereits existierende Prototypen. Diese sollten dem jetzt stabilen Entwurf angepaßt und noch einmal mit dem Benutzer durchgesprochen werden. Nach Jones (87, Produktivität, S.177ff.) hat Prototyping die höchste Effizienz, um Spezifikations- und Entwurfsfehler frühzeitig zu entdecken. Dagegen sei Testen allein zu spät (erst in Phase 4), zu teuer und nicht effizient.

Bei der Einbettung eines Subsystems kann man nicht davon ausgehen, daß
Daten importiert werden, die auf einer Datenanalyse beruhen. Man wird also
ähnliche Verhältnisse antreffen, wie sie oben für Übernahmeprogramme beschrieben wurden. Wichtig ist, daß für die zu entwerfenden **Schnittstellenmoduln** darauf geachtet wird, daß unsauber strukturierte Daten nicht in das neue Teilsystem
übernommen werden. Dies wird sich zum Teil, etwa bei Wertebereichsschlüsseln,
nur über Zuordnungstabellen in den Schnittstellenmoduln lösen lassen.

(5) Einführungskonzept. Aus der Aufteilung des Teilsystems in Subsysteme wird
ein **Einführungsplan** für die Realisierung jedes Teilsystems entwickelt. In diesem
Plan sind enthalten:

- Zeit- und Kapazitätsplan je Subsystem,
- Netzplan der Realisierung der Moduln je Subsystem,
- Ressourcenplanung des Rechenzentrums für die Übernahme des neuen Sy-
  stems; bei Batchsystemen Ablaufplanung für die Jobsteuerung,
- Schulungsplan.

Subsysteme können stufenweise eingeführt werden, wenn dies aufgrund der Systemstruktur sinnvoll ist. Auf jeden Fall muß vorgesehen werden, daß der Benutzer nach Abschluß des Systemtests eines Sub- oder Teilsystems ausreichend
Gelegenheit erhält, mit Testdaten zu üben. Erst nach einer solchen Lernphase
kann man ihm eine Abnahme zumuten. Die Einführung vieler Systeme scheitert
daran, daß der Benutzer die für eine Test- und Schulungsphase erforderliche Zeit
nicht aufbringt.

4.3.2.4   Methoden

Für den **Datenbasisentwurf** und die **Erstellung** der **Testdatenbasis** kann man
im Sinne des hier benutzten Methodenbegriffs nicht von allgemein anwendbaren
Methoden sprechen. Der physische DB-Entwurf·ist völlig abhängig von den Zu-
griffsmethoden des Datenverwaltungssystems und dessen Architektur (Näheres
vgl. Schlageter 83, DB-Systeme).

Methoden für das **Testkonzept** sollen hier nicht ausgeführt werden. Für die
Teilsystem- und Subsystemebene gibt es nur vereinzelte methodische Ansätze.
Für die Modulebene gibt es ein erheblich breiteres Methodenspektrum (vgl.
Myers 79; Howden 86, (Testing)).

Als Modularisierungsmethoden für Softwaresysteme sind vor allem die Datenabstraktion (Guttag 77, Data Types) und 'information hiding' (Parnas 72,
Criteria) zu nennen. Die Methoden sind eng miteinander verwandt und ergänzen
sich. Der Effekt beider Ansätze ist der gleiche, wenn man die Repräsentation
und die Integritätsbedingungen von Datentypen als Entwurfsentscheidung an-
sieht. Da Daten die Realität einer Organisation abbilden, sind hier die meisten
Änderungen zu erwarten. In Kap. 11 wird die Architektur eines Dialogwerkzeugs
dargestellt, das nach den Prinzipien von Parnas entworfen und realisiert ist. Es
ist seit 4 Jahren praktisch im Einsatz.

Die Empfehlungen von Parnas (79, Ease of Extension) lassen sich sich kurz gefaßt als Methode in folgendem Struktogramm abbilden:

<table>
<tr><td colspan="2">1. Bilde/verändere logische Moduln, die Entwurfsentscheidungen repräsentieren,</td></tr>
<tr><td colspan="2">2. Definiere ein minimal benutzbares Subsystem,</td></tr>
<tr><td colspan="2">3. Skizziere die maximal denkbare Erweiterung.</td></tr>
<tr><td colspan="3">Wiederhole, bis die Struktur stabil ist.</td></tr>
<tr><td colspan="3">4. Spezifiziere die Schnittstellen aller Moduln für das Minimalsystem,</td></tr>
<tr><td colspan="3">5. Erweitere das System auf die geforderte Struktur.</td></tr>
<tr><td colspan="3">Wiederhole bis die Schnittstellen stabil sind.</td></tr>
<tr><td colspan="3">6. Ordne die Moduln in Ebenen von Virtuellen Maschinen. (Jede Ebene bildet eine Abstraktionsstufe.)</td></tr>
<tr><td colspan="3">7. Erstelle die Benutzt-Struktur im Rahmen der Ebenen. (Sie muß zyklenfrei sein und sie sollte möglichst wenige wechselseitige Abhängigkeiten zwischen Moduln aufweisen.)</td></tr>
</table>

Abb. 4-10. Schematische Darstellung der Modularisierung nach Parnas

Der Versuch, die Vorgehensweise von Parnas in konstruktiven Schritten darzustellen, zeigt, daß eine Vielzahl kreativer und voneinander abhängiger Entwurfsentscheidungen getroffen werden muß. Die Methode ist weit davon entfernt, programmierbar und automatisierbar zu sein. Die Terminationskriterien sind weich. Nach Simon (86, Artificial Intelligence) ist noch sehr viel Forschungsarbeit zu leisten, ehe man abschätzen kann, ob dieser Prozeß formalisierbar ist.

Exkurs: An dieser Stelle erscheint die Betrachtung eines erfolgreichen industriellen Entwurfskonzeptes angebracht, das von Denert entwickelte **Projektmodell**. Es wird von den Softwarehäusern SOFTLAB und SD&M angewendet. Das Projektmodell sieht einen Systementwurf ausschließlich baumstrukturiert als Dokumentenhierarchie. Die Datenbasis und die Benutzeroberfläche werden erst sehr spät betrachtet. OBAS macht die Datenbasis zum Ausgangspunkt des Entwurfs und modelliert dann die Benutzeroberfläche. Dies ist für eine Entwicklung mit Prototypen der naheliegendere Weg. Beiden Ansätze ist gemeinsam, daß ein objektorientiertes System nach den Prinzipien der Datenabstraktion angestrebt wird. OBAS bezieht den Übergang Realität → Spezifikation in die Grundlegung der Datentypen mit ein.

Ein besonders wichtiges Teilergebnis für die weitere Arbeit ist der letzte Schritt aus Abb. 4-10, die Erstellung der **Benutzt-Struktur**. Sie ist der Ansatz für eine Werkzeugunterstützung weiterer Entwicklungsschritte.

4.3.2.5 Werkzeuge

Für größere Softwaresysteme ist es unabdingbar, die Schnittstellen der physischen Moduln mit einem Werkzeug zu verwalten. Sie entsprechen der Benutzt-Struktur. Man kann die Schnittstellen im DATA DICTIONARY gemäß folgendem Modell abbilden:

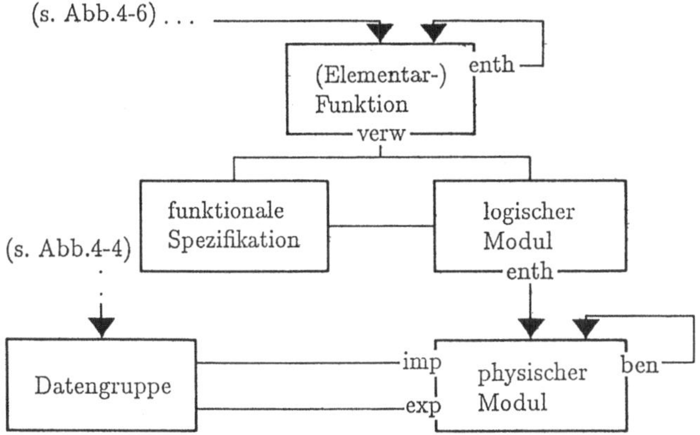

Abb. 4-11. Erweiterung des Strukturmodells des DATA DICTIONARY in Phase 3
s. Abschn. 2.1.1.4;   ben = benutzt,   imp = importiert,   exp = exportiert.

Die Import- und Export-Parameter jedes Moduls werden als Datengruppen dargestellt. Dies erlaubt Abfragen an das DICTIONARY über die Benutzt-Struktur von Moduln und von Daten, die in Schnittstellen vorkommen. Typische Fragestellungen sind:

- Welche Programme müssen bei der Änderung eines Dienstmoduls neu compiliert werden?
- Welche Moduln sind von Änderungen eines Datenelements betroffen?
- Wie oft wird ein Dienstmodul benutzt?

Trotz der guten Auskunftsfähigkeit muß vor zu optimistischen Vorstellungen über die Einsatzmöglichkeiten eines DATA DICTIONARY gewarnt werden. Mit einem passiven DICTIONARY, dem man die Strukturen der Programme erst mitteilen muß, läuft die Dokumentation im DICTIONARY und die Realität der Programme selbst mit einer personalaufwendigen Qualitätssicherung immer wieder auseinander. Die sofortige Benutzung eines DATA DICTIONARY als Entwurfswerkzeug für die Modularisierung ist schwerfällig. Es ist ratsam, den Entwurf so lange nur auf der Ebene von Texten zu bearbeiten, bis sich die Strukturen stabilisiert haben und erst dann die Beziehungen ins DICTIONARY einzugegeben.

4.3.2.6   Ergebnisse

Die Ergebnisse werden – wie schon in Phase 2 – mit verschiedenen Werkzeugen verwaltet:

(1) Textdokumentation (TXT)

Systementwurf

---

1. Datenbasisentwurf
    - Zuordnung von Objekttypen zu Dateien
    - Mengengerüste
    - Logische Sichten je Datei
    - Entwurfsentscheidungen
    - Datenübernahmekonzept

2. Übernahmeprogramme
    - Auflistung mit Verweis auf die Funktionsspezifikation

3. Datentype mit Operationen
    - Auflistung, ggf. Verweis auf die Funktionsspezifikation
    - Hierarchie, wenn erforderlich
    - Programmiersprache
    - physische Moduln mit Programmköpfen
    - Datensicherungskonzept

3.1 Erzeugung der Primärdaten
3.2 Ermitteln der abgeleiteten Daten
3.3 Subsysteme
     [nur bei Batchverarbeitung:
    - Datenfluß (= Benutzt-Struktur)
    - JOB-Entwürfe
    - Restartverfahren]

4. Schnittstellenmoduln

5. Testkonzept
    - Testmethodik
    - Testfälle je Subsystem
    - Testdaten (Beschaffung, Aufbewahrung)

6. Einführungskonzept

---

(2) DATA DICTIONARY (DICT). Wenn die Strukturen der Datenbasis und der Moduln stabil sind, kann bei einem passiven DICTIONARY gemäß Abb. 4-11 dokumentiert werden. Ein aktives DICTIONARY wird für die Modulstruktur erst in Phase 4 eingesetzt, es sei denn, man benutzt für die Modulspezifikation Programmskelette der Zielsprache, die das DICTIONARY verarbeiten kann.

(3) Programmbibliotheken (PGM). Hier werden Übernahme- und Schnittstellenprogramme den bereits existierenden Prototypen hinzugefügt.

4.3.2.7   Validation

Validationsobjekt: **Datenbasisentwurf**

gegen	auf	mit
Datenmodell	Korrektheit der Abbildung	Inspektion
Mengengerüste	Effizienz	Inspektion, Review

Prüffragen:
- Ist das Datenmodell vollständig und richtig umgesetzt?
- Welche Laufzeiten bzw. Antwortzeiten ergeben sich voraussichtlich bei den gegebenen Mengengerüsten?

Validationsobjekt: **Statische Modulstruktur (Enthält-Beziehung)**

gegen	auf	mit
Funktionale Spezifikation, Funktionsstruktur	Konsistenz, Vollständigkeit	Inspektion
Datenmodell	Vollständigkeit	Inspektion

Prüffragen:

- Ist die Funktionsstruktur / sind die funktionalen Spezifikationen richtig abgebildet?
- Sind alle Tätigkeiten der Vorgangsketten erfaßt?

Validationsobjekt: **Dynamische Modulstruktur (Benutzt-Beziehung)**

gegen	auf	mit
sich selbst (Beziehungen)	Zyklenfreiheit (außer bei Rekursionen)	Inspektion, WZ: SOURCE ANALYSATOR
Kennziffern	Kopplung und Bindung	WZ: DATA DICTIONARY

Prüffragen:

- Verweist die Benutzt-Struktur wieder auf den Modul zurück?
- Wie oft wird ein zentraler Modul aufgerufen?
- Ist die Leistung eines zentralen Moduls in Moduln enthalten, die diesen nicht aufrufen? (Hinweis auf redundante Funktion.)

4.4 Phase 4: Implementierung

Die Implementierung umfaßt sowohl die technische als auch die organisatorische Realisierung des Teilsystems. Organisatorisch gilt ein System erst dann als realisiert, wenn der Benutzer damit arbeitet. Da einige Subsysteme aufgrund technischer, kapazitiver oder anwendungsspezifischer Erfordernisse früher fertiggestellt sein können als andere, ist es sinnvoll, ggf. Subsysteme zeitversetzt einzuführen.

Zwei wichtige Fragen beantworten sich erst in der letzten Entwicklungsphase: *Hält der Entwurf, was er verspricht?* und: *Ist der Benutzer zufrieden?*

4.4.1 Ablauf

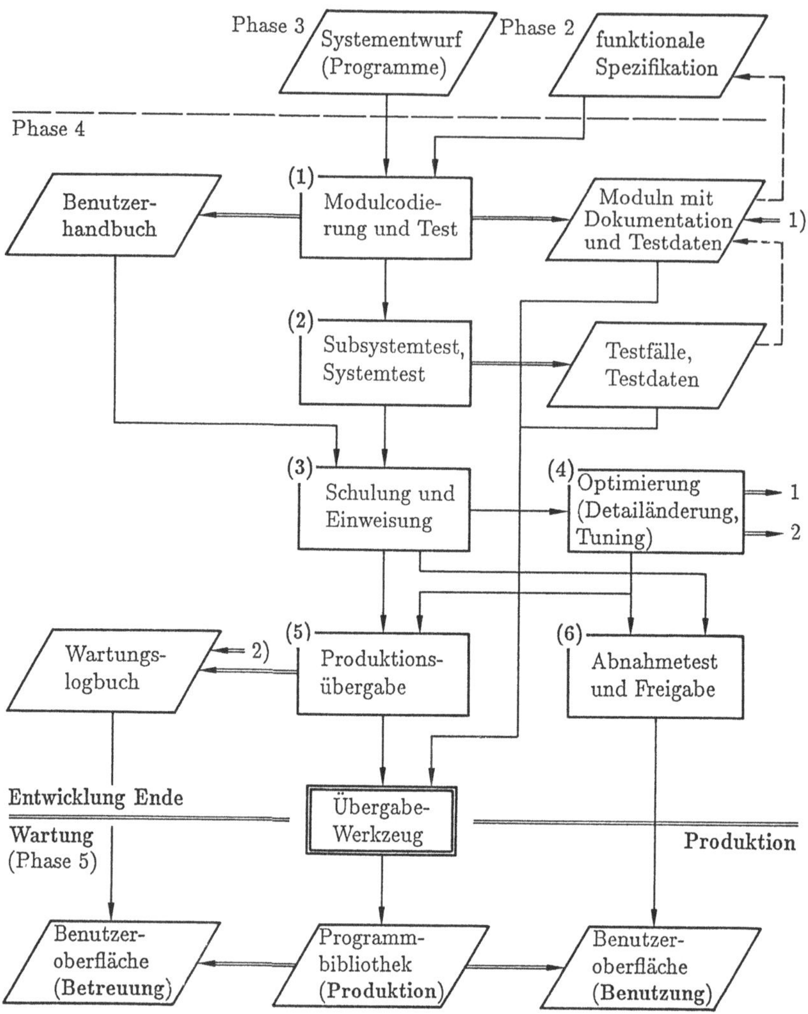

Abb. 4-12. Ablauf, Entwurfsschritte und Ergebnisse von Phase 4

4.4.2 Kurzfassung

4.4.2.1 Ziele

Ziele sind die Realisierung und die Inbetriebnahme des Systems.

4.4.2.2 Voraussetzungen

Um eine straffe, arbeitsteilige Entwicklung zu ermöglichen, muß eine Test-Datenbasis zur Verfügung stehen. Die Moduln müssen bis zu den Schnittstellen spezifiziert sein (Beispiel s. Abschn. 11.3.3).

4.4.2.3   Entwicklungsschritte

(1) Modulcodierung und -test. Die funktionale Spezifikation jedes Moduls wird unter Verwendung bereits vorhandener Bestandteile des Prototyps und des Entwurfs (Programmköpfe) codiert. Dabei werden die Testdaten überprüft und die Testfälle je Modul getestet. Neben den vorhandenen fachlichen sind technische Testfälle zu entwerfen. Bei Batchprogrammen ist meist noch eine Programmkonstruktion erforderlich, bevor codiert wird, bei Dialogprogrammen wird in OBAS davon ausgegangen, daß die Konstruktion durch ein Programmskelett vorgegeben ist (Näheres s. Kap. 11).

(2) Subsystemtest und **Systemtest.** Auf der Basis ausgetesteter Moduln wird ein Integrationstest mit jedem Subsystem durchgeführt. Hierzu werden die Testfälle aus dem Testentwurf nach Phase 3, Schritt (4) herangezogen. Den Abschluß des Subsystemtests bildet ein Massentest mit den Echtdaten, wenn nur gelesen wird, mit einer Kopie, wenn die Daten verändert werden. Der **Systemtest** verläuft analog.

(3) Schulung und Einweisung. Je nach Typ des Systems (Dialog oder Batch), Anzahl und Vorbildung der Benutzer ist eine Schulung vorzubereiten und durchzuführen. Unmittelbar danach müssen die Benutzer unter Verwendung der Testdaten mit dem neuen System üben können. Die Entwickler stehen beratend zur Verfügung. Da die Benutzer ihre Tagesarbeit noch parallel mit dem alten System erledigen müssen, ist dieser Schritt eine besondere Belastung für sie.

(4) Optimierung. Fast immer fallen technische Tuning-Maßnahmen während der Systemtests und der ersten Tests durch den Benutzer an. Außerdem entstehen Wünsche nach Detailänderungen, die unbürokratisch erledigt werden sollten. Neue Anforderungen (= Änderungen > 1 Stunde) sind für eine neue Version in ein **Wartungslogbuch** einzutragen, das spätestens jetzt angelegt wird.

(5) Produktionsübergabe. Die Produktionsübergabe ist nur für einen störungsfreien Betrieb im Rechenzentrum des Systems relevant, nicht für den Benutzer. Das fertige System wird in Produktionsbibliotheken kopiert, die dem Zugriff der Entwickler entzogen sind. Die Entwicklungsversion wird gelöscht. Die Produktionsumgebung, das sind die Programme und die Echtdaten, wird vom Rechenzentrum betrieben und gepflegt (Datensicherung etc.). Das Rechenzentrum pflegt einen Abschnitt Fehler im Wartungslogbuch.

(6) Abnahmetest und Freigabe. Mit dem Abnahmetest und der Freigabe ist die Entwicklung abgeschlossen. Zusammen mit dem Benutzer werden die in Phase 2 mit ihm abgestimmten Testfälle in der Produktionsumgebung durchgespielt. Bei Dialogsystemen sollte unbedingt der Benutzer selbst den Test durchführen.

4.4.2.4   Methoden

In der Phase Implementierung sind die Entwurfsschritte **Codierung** und **Test** methodisch gut abgesichert. Für alle nur denkbaren Sprachen wurde in tausenden von Veröffentlichungen und Firmenrichtlinien nachgewiesen, wie man **struktu- riert programmiert** (vgl. z. B.: Kurbel 85, Programmierstil). Soweit unstruk- turierte Sprachen benutzt werden (BASIC, COBOL, FORTRAN) hat sich im wesentlichen ein strukturierter Gebrauch beim 'programming-in-the-small' in der Praxis durchgesetzt. Sonderbarerweise wird ein wichtiger methodischer Aspekt nicht erwähnt, der **Programmaufbau**: Wie müssen interne Prozeduren in einem Programm angeordnet sein, damit man sie in der Wartung schnell findet, bzw. man das Programm mit wenig Aufwand lesen kann?

Bei streng *blockstrukturierten* Sprachen (z. B. PASCAL, SIMULA) muß das Programm von hinten nach vorn gelesen werden. Deshalb benutzt auch in der In- dustrie kaum jemand PL/1 im Sinne einer konsequenten Blockstruktur. Man baut das Programm wie ein COBOL-Programm auf. Für industrielle Zwecke ist der Programmaufbau mindestens genau so wichtig wie die Feinstruktur der Schleifen, Sequenzen und Bedingungen. Wenn man sequentielle Lesbarkeit zum Leitprin- zip erhebt, kommt man auf folgendes Konstruktionsprinzip für im wesentlichen baumstrukturierte Programme, das in mehreren Tausend PL/1-, COBOL-, und NATURAL-Programmen eingehalten wurde:

Jedes Programm ist baumstrukturiert funktional zerlegt in Prozeduren. Die Wurzel des Baumes ist der Name des Programms. Die Hauptsteuerung ruft Prozeduren auf. Jede Prozedur ruft wieder Prozeduren oder elementare Anweisungen auf. Bezeichnet man die rufende Prozedur als Vater und die aufgerufene als Sohn, so folgen die Söhne dem Vater in der Reihenfolge ihres Aufrufs. Ein Sohn, der von mehreren Vätern aufgerufen wird, steht hinter dem letzten rufenden Vater.

Durch diese Regel muß man nie zurückblättern. In Sprachen mit extern deklarier- ten Daten, wie NATURAL, kann es sein, daß man nicht immer sinnvoll verfeinern kann, weil in Prozeduren die Datenbankfelder nicht mehr bekannt sind. Dies läßt sich aber in 85% der Fälle umgehen, indem man das Ende der äußersten Schleife ans Programmende verlegt und das logische Schleifenende durch Kommentare kennzeichnet.

Aus der verwendeten objekt- und datentyporientierten Spezifikations- und Modularisierungsmethodik (s. Abschn. 4.2 und 4.3) ergibt sich zwingend, daß zwei bekannte Programmkonstruktionsmethoden in OBAS *nicht verwendet* wer- den dürfen: Structured Design (SD) und Jackson Structured Programming (JSP) (s. Abschn. 3.4.1).

SD ist ablauforientiert und JSP an Speicherungsformen (Satzarten) orien- tiert. Die Verarbeitung nach Satzarten tritt bei relationalen Sichten auf die Da- tenbasis ohnehin nicht mehr auf. Das Erzeugen von Listen kann man nach dem Prinzip des information hiding ebenfalls besser und universeller lösen als mit programmierten Gruppenwechseln (Näheres s. Abschn. 4.4.2.5). Beide Metho- den sind jedoch – gemessen an einer völlig ungeregelten Konstruktionsmethodik – zweifellos praktikabel und auch wirtschaftlich.

Zur **Testmethodik** sei vor allem auf Myers (79, Testing) und Sneed (82, Qua- litätssicherung) verwiesen. Sneed behandelt speziell den Werkzeugaspekt. Wegen der breiten Datenschnittstellen administrativer Programme ist die Durchsetzung einer sauberen Testmethodik in der Praxis ungeheuer schwer. Es existieren extrem viele Testfälle, die nur zu beherrschen sind, wenn man Testdaten für Cluster von Testfällen entwirft. Hierzu gibt es keine Rezepte. Wegen des hohen Aufwandes werden Testdaten häufig nicht erstellt. Er übersteigt meist den Codieraufwand um ein Mehrfaches. Für eine Entwicklung alleine läßt sich das Erstellen von Testdaten auch kaum rechtfertigen. Testdatenbestände sind eine wesentliche Investition für die Wartbarkeit von Software (Näheres s. Abschn. 4.5).

Beispiel: In einem Chemiekonzern wurde kalkuliert, daß man für eine Test-Datenbank der Stücklisten und Rezepturen ein separates Projekt mit ca. 2 Bearbeiterjahren auflegen müßte. Das Projekt wurde nie in Angriff genommen, da es eine rein DV-interne Strukturmaßnahme war, die kein Fachbereich kostenmäßig tragen würde.

Auf die Wirksamkeit von Tests darf man sich allerdings nicht verlassen. Für kritische Moduln sollten dem Test **Entwurfs- und Codeinspektionen** und eine Inspektion der Testfälle vorgeschaltet werden. Jones (87, Produktivität, S.178ff.) weist auf die hohe Produktivität von Inspektionen (und Prototyping) als Fehlersuchmethode hin. Demgegenüber liege die Fehlerbeseitigungseffizienz von Modultests im Mittel bei nur 25% und überschreite 50% nie.

4.4.2.5 *Werkzeuge*

Für die Schritte Codierung und Test gibt es eine Fülle von Softwarewerkzeugen auf dem Markt. Hier nur eine Aufzählung der Werkzeugkategorien:

- Codegeneratoren (mit oder ohne vorgeschaltete Pseudocodes),
- Programmgeneratoren,
- Listengeneratoren,
- Datenextraktionswerkzeuge,
- Dialog- oder Batch-Testrahmen,
- Testdatengeneratoren,
- Source-Analysatoren,
- Programm-Bibliothekssysteme,
- syntaxgesteuerte Editoren,
- Maskengeneratoren
  u.v.m..

Das Problem des Einsatzes von Softwarewerkzeugen ist nicht der Kauf oder deren Entwicklung, sondern ihr Einsatz während der gesamten Lebensdauer der damit entwickelten Software. Einsatzstrategie und Integrationsprobleme werden kurz skizziert.

(1) Einsatzstrategie

- Werkzeuge müssen daran gemessen werden, was sie für die *Wartung* der Software leisten, weniger daran, wie sie die Entwicklung beschleunigen.

Beispiel: Ein Pseudocode, aus dem Programme generiert werden, ist eine teure Spielerei, wenn Programmfehler nicht auf der Ebene des Pseudocodes behoben werden können. Dann ist es billiger, den Code der Zielsprache in schrittweiser Verfeinerung als Konstruktionssprache zu benutzen.

- Der *Zeitaufwand* für die Eingaben mit einem Werkzeug (etwa ein passives DATA DICTIONARY) muß gegen den späteren Nutzen geprüft werden. Ist die Pflege der Dokumentation gewährleistet?

- Jegliche *Redundanz* in der Darstellung birgt die Gefahr des Scheiterns in der Wartung. Redundante Abbildungen derselben Sachverhalte in verschiedenen Werkzeugen *müssen* automatisch konsistent gehalten werden.

  Beispiel: Eine Benutzt-Beziehung existiert nur im Quellprogramm (= primäres Datum). Die Ablage im DATA DICTIONARY ist ein abgeleitetes Datum.

- Das *automatische Generieren* von Dokumentation aus Quellprogrammen macht nur einen Sinn, wenn sichergestellt werden kann, daß das Quellprogramm sauber strukturiert ist *und* wenn die generierte Dokumentation der Qualitätssicherung dient.

  Beispiel: Ein chaotisches Programm kann man durch eine Minute Code-Reading im Listing erkennen. Hierzu braucht man nicht einen SOURCE ANALYSATOR zu bemühen, der mit 5 Minuten CPU-Zeit auf 40 Druckseiten zu demselben Ergebnis kommt.

- Strukturverwaltende Werkzeuge, insbesondere ein DATA DICTIONARY und eine Projektbibliothek (s. Abschn. 4.0.2.5) dürfen nur dann eingesetzt werden, wenn ihre *einheitliche Benutzung* durchgesetzt werden kann. Ausnahmeregelungen für eilige Projekte sind das Ende für jedes strategische Werkzeug, da sie zur Zersplitterung der Ressourcen führen.

- Beim Einsatz von Prüfwerkzeugen, die Quellprogramme analysieren, muß man mit Widerständen der Programmierer rechnen. Industrielle Programmierer neigen dazu, Quellprogramme als ihre ureigenste Sache zu betrachten und sind daran gewöhnt, daß Manager diese Programme nicht lesen können.

(2) Integrationsprobleme. Die Integrationsprobleme von Werkzeugen dürfen nicht unterschätzt werden. James Martin schreibt zur Problematik des Werkzeugeinsatzes in der Softwareentwicklung: '*A tool is great, two tools are terrible*'.

Ohne eine klare, methodisch abgestützte Werkzeugstrategie und sorgfältige Schnittstellentests sollte man kein Werkzeug für verbindlich erklären. Die erhoffte Produktivitätserhöhung schlägt leicht um in eine teure Dauerbeschäftigung mit dem Werkzeug selbst.

Beispiel für die methodisch notwendige, aber mit käuflichen Werkzeugen nur schwer zu erreichende Integration dreier grundlegender Werkzeuge: Eine **Produktbibliothek** (genannt Projektbibliothek) sollte alle Dokumente und ihre Beziehungen zueinander kennen und verwalten. Hierzu gehören auch Quell- und Objektprogramme, Jobs und Datendefinitionen. Sie muß Dokumente auf einem dezidierten Entwicklungsrechner ebenso kennen wie auf dem Zentralrechner. Sie muß Produktions-, Wartungs- und Releaseversionen parallel verwalten und einander zuordnen können. Sie muß einfache Standardprogramme oder Datendefinitionen durch Anstoß entsprechender Werkzeuge generieren können.

Die Realität sieht so aus:

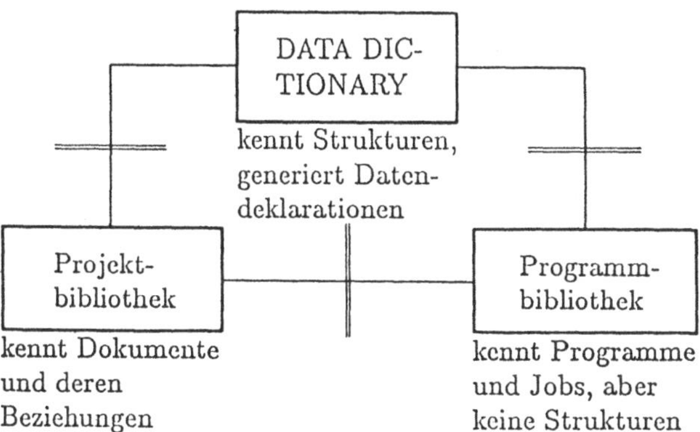

Abb. 4-13. Integrationsprobleme von Einzelwerkzeugen
═╪═ = Schnittstellen isolierter Werkzeuge

(3) Ausgewählte Werkzeuge. Die Struktur für die Dokumentation im **DATA DICTIONARY** wurde bereits in Abb. 4-11 dargestellt. Strukturelle Dokumentationen über Programme sind nur dann aussagefähig, wenn mit der Programmerstellung oder -änderung ein aktives Werkzeug verbunden ist, das die Dokumentation aus dem Quellprogramm heraus erzeugt. Dies ist ein mit einem DICTIONARY verknüpfter oder darin enthaltener **SOURCE ANALYSATOR**.

Wenn man über eine korrekte Dokumentation der Benutzt-Struktur verfügt, lassen sich auch *Prüfwerkzeuge für die Qualität der Modularisierung* einsetzen. Sie ermitteln z. B. Maße für die Modulkopplung und -bindung, bei denen die Zahl der importierten und exportierten Moduln zueinander und zur Gesamtzahl der Moduln in Beziehung gesetzt werden. Das von Sneed (82, Qualitätssicherung) entwickelte System SOFDOC ermittelt solche Maße. Auf der Ebene physischer Moduln kann es Assembler-, COBOL- und PL/1-Programme analysieren. Die Ergebnisse kann man über eine Schnittstelle im DATA DICTIONARY abstellen.

Zur SOFTORG-Werkzeugfamilie von Sneed gehört neben SOFDOC auch das **Testwerkzeug** SOFTSPEZ/SOFTEST. SOFTSPEZ verarbeitet Spezifikationen, in denen funktionale Zusicherungen gemacht werden. Gegen diese Spezifikationen wird mit Hilfe von SOFDOC und SOFTEST getestet.

Listen sollte heute niemand mehr in allgemeinen höheren Programmiersprachen codieren. Für einfache Listen eignen sich Sprachen der 4. Generation wesentlich besser, für komplizierte Listen kann man Spezialwerkzeuge einsetzen. Ein guter **Listengenerator** folgt den Prinzipien von Parnas: Alle Fragen des Layouts und der Liststeuerung (Kopf, Positionen, Gruppenwechsel, Fuß) sind sein Entwurfsgeheimnis. Das benutzende Programm kennt nur eine lineare Datenschnittstelle zum Generator.

4.4.2.6   Ergebnisse

(1) Textdokumentation (TXT). Die Textdokumentation von Phase 4 korrespondiert mit der Dokumentation zur Spezifikation aus Phase 2, deren Dokumentation auf der Ebene von Datentypen angesiedelt ist. Diese wiederum entspricht Elementaraufgaben. Man muß sich klar machen, daß eine solche Dokumentation auch zu pflegen sein muß. Daher sollte sie so knapp wie möglich formuliert werden. Sie darf keine Redundanzen zum Quellprogramm enthalten. Zu dokumentieren sind Entwurfsentscheidungen der Programmkonstruktion und Testfälle. Außerdem wird ein **Benutzerhandbuch** erstellt, zu dem jeder Entwickler Details beiträgt. Das **Wartungslogbuch** wird in Abschn. 4.5 und Kap. 12 besprochen.

Die Textdokumentation von Phase 4 heißt **Modulkonstruktion**. Je nach Werkzeug gibt es entweder ein physisches Dokument für die Konstruktion aller Moduln (s. Dokumentenmuster) oder ein übergeordnetes Dokument, dem je Modul ein physisches Dokument zugeordnet ist (Modulkonstruktion im DATA DICTIONARY).

Modulkonstruktion

---

1. Entwurfsentscheidungen

2. Physische Moduln
2.i Modul i: <sprechender Name>
    * Entwurfsentscheidungen,
    * Testfälle

3. Benutzt-Beziehungen zwischen den physischen Moduln
    (falls nicht aus dem DATA DICTIONARY generierbar)

4. Schlagwörter und Schlüsselbegriffe im DICTIONARY
    (Wie finde ich Information über den Modul?)

---

(2) DATA DICTIONARY (DICT). (s. Abb. 4-11.)

(3) Programmbibliothek (PGM). Die Programmbibliothek muß jede Veränderung an einem Modul registrieren (Datum, Uhrzeit, User-ID). Nur so läßt sich eine Versionsverwaltung durchführen.

4.4.2.7   Validation

Validationsobjekt: **Physischer Modul**

gegen	auf	mit
funktionale Spezifikation	Konsistenz, Vollständigkeit	Review, Inspektion
funktionale Zusicherungen aus Phase 2	Konsistenz	WZ: Testwerkzeug

Validationsobjekt: **Physischer Modul** (Fortsetzung)

gegen	auf	mit
Testfälle	Richtigkeit	Inspektion
technische Testfälle	Vollständigkeit, Richtigkeit	Test, Inspektion
sich selbst	Baumstruktur, strukturierte Programmierung	Inspektion, WZ: SOURCE ANALYSATOR

Prüffragen:
- Ist der Modul im Sinne der Spezifikation implementiert?
- Sind Testfälle und Testdaten vollständig und richtig?
- Liefert der Test die vorhergesagten Ergebnisse?
- Ist die Programmstruktur normgerecht?
- Sind Kontrollstrukturen und Codierregeln verletzt?

Validationsobjekt: **Subsystem** und **Teilsystem**

gegen	auf	mit
Aufgabenmodell	Vollständigkeit, Konsistenz Richtigkeit	Review, Beteiligung (= Abnahmetest)
Testfälle	Vollständigkeit, Richtigkeit	Test, Inspektion

Prüffragen:
- Unterstützen die Funktionen des Teil-/Subsystems alle Aufgaben des Aufgabenmodells?
- Sind die Funktionen aus Benutzersicht richtig implementiert?
- Steht der Benutzer noch zu den in Phase 2 spezifizierten Testfällen des Abnahmetests? Dieser Punkt ist kritisch: Der Benutzer kann seine Meinung geändert haben. Dies ist jedoch *kein* Grund, eine Abnahme hinauszuschieben. In jedem Fall muß eine Aussage über eine neue Version gemacht werden.
- Wie ist das Lauf- und Antwortzeitverhalten bei voller Belastung?

4.5 Phase 5: Wartung

Wartung ist für einen prozeßorientierten, evolutionären Ansatz des Software Engineering die wichtigste Phase überhaupt. Es ist üblich, von Phase zu sprechen, obwohl Wartung eine Dauertätigkeit ist und zeitlich nicht geplant werden kann. Anstelle des Ausdrucks Wartung (maintenance) wäre **Betreuung** (support) die korrektere Bezeichnung. Neben dem Tagesgeschäft von Fehlerbehebung und Änderung ist in dieser Phase zu klären: *Wann wird eine neue Version entwickelt?* und: *Sind neue Teilsysteme erforderlich?*

Es läßt sich nicht allgemein sagen, ob die Phase Wartung pro System oder pro Teilsystem durchgeführt wird (s. Abb. 3-3). Der einfachere Fall, die Wartung pro System, ist der wahrscheinlichere.

4.5.1 Ablauf

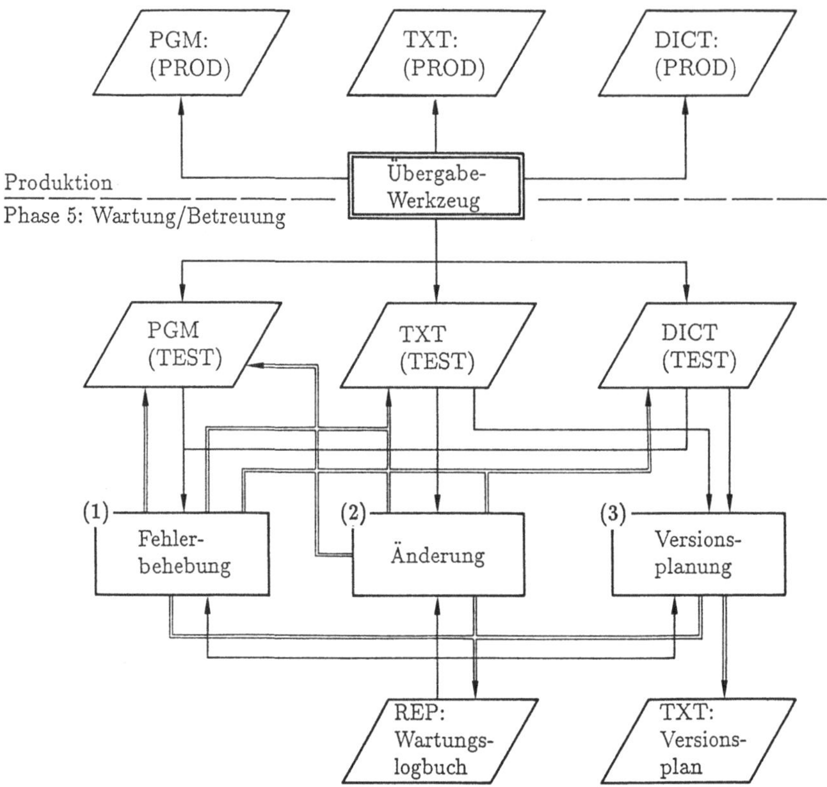

Abb. 4-14. Tätigkeiten und zu pflegende Dokumente in Phase 5
PROD = Produktion,   TEST = Test (Ein Programm in der Wartung ist im Testzustand)

Erläuterung: In den bisherigen Abläufen für die Phasen wurde nicht zwischen den drei Typen von Dokumenten PGM, TXT und DICT unterschieden. In der Wartung ist diese Unterscheidung jedoch erforderlich, da die Zustände PROD und TEST aus Sicherheitsgründen voneinander getrennt werden müssen und häufige Wechsel stattfinden.

4.5.2 Kurzfassung

4.5.2.1 Ziele

Ziele einer laufenden Betreuung von Software sind die Unterstützung der Aufgaben des Benutzers durch störungsfreien Betrieb und die Anpassung an sich ändernde Anforderungen des Benutzers und des Basissystems (neue Releases). Außerdem muß die strukturelle Integrität des Softwareentwurfs erhalten bleiben.

4.5.2.2 Voraussetzungen

Außer änderungsfreundlicher Software braucht man eine Strukturdokumentation (z. B. DATA DICTIONARY), die die Auswirkungen von Änderungen schnell offenlegt.

4.5.2.3 Tätigkeiten

Die im Ablauf von Abschn. 4.5.1 gezeigten Tätigkeiten laufen parallel und miteinander verzahnt ab. Für jeden mit der Betreuung befaßten Entwickler treten ggf. alle drei Tätigkeiten fast gleichzeitig auf: Während für das laufende System eine Ergänzung konzipiert wird, tritt ein Fehler in der Produktion auf, der sofort behoben werden muß oder der Systembetreuer stellt fest, daß er die Ergänzung besser nicht in das bestehende System einfügen, sondern für die nächste Version einplanen sollte.

In den bisherigen Phasen war das Thema **Software-Management** ausgeklammert worden. Die Entwicklungsphasen kann man vereinfachend auch ohne diesen Aspekt betrachten, wenn man unterstellt, daß die Managementaufgabe darin besteht, die vorgesehenen Ergebnisse und die Validationsschritte sicherzustellen.

In der Phase Wartung, die immerhin über 50% aller industriellen Softwareentwickler bindet (vgl. Lientz 81, Maintenance), besteht die große Gefahr, daß die Entwickler völlig unkontrolliert bezüglich der Ressourcen und der Qualität der Software arbeiten. Ohne Überlegungen zur Organisation und Kontrolle der Wartung kann eine gerade entwickelte Software sehr schnell „kaputtgewartet" werden. Einen aktuellen Überblick über die Probleme der Wartung gibt Schneidewind (87, Maintenance). Die Tätigkeiten sind im einzelnen:

(1) Fehlerbehebung. Fehlerfreie Software bei praktischen Anwendungen ist bisher ein Wunschtraum der Beteiligten geblieben. Oberste Priorität jeder Wartung hat die Sicherstellung der Produktion. Daher müssen Softwarefehler, die den Benutzer bei seiner Arbeit behindern, *ohne Verzug* korrigiert werden. Fehlersuche und -behebung erfolgen auf der Ebene des Quellprogramms. Danach werden die Testfälle aus der Entwicklung für jedes geänderte Programm nachgefahren (sog. **Regressionstests**). Erst nach der Übergabe an die Produktion werden evtl. betroffene Dokumente korrigiert.

(2) Änderung. Änderungen, die keine Fehlerkorrekturen sind, haben zwei Quellen. Sie sind Anpassungen an

- veränderte Basissysteme ('adaptive maintenance'),
- neue Benutzeranforderungen ('perfective maintenance').

Die Anpassung an veränderte Basissysteme (sog. Releasewechsel) sind relativ gut plan- und abwickelbar. Dagegen ist die Bearbeitung neuer Benutzeranforderungen ein Bereich, der schwer unter Kontrolle zu halten ist. Jeder Änderungswunsch muß betriebswirtschaftlich und softwaretechnisch bewertet werden. Ist er betriebswirtschaftlich sinnvoll, muß entschieden werden, ob er in der laufenden Version des Systems oder im Zuge einer neuen Version realisiert wird. Zu viele spontane Änderungen können schnell die technische Integrität eines sauberen Entwurfs zerstören. Zu viele abgelehnte Sofortänderungen führen zu einer benutzerfernen, bürokratischen Systembetreuung.

Änderungen beginnen bei der Systemspezifikation und laufen über alle betroffenen Dokumente bis zum Quellprogramm. Sie beginnen niemals beim Programm. Für die Änderung werden zusätzliche Testfälle erstellt und zusammen mit dem Regressionstest ausgeführt.

Eine weitere wichtige Tätigkeit ist das routinemäßige Prüfen von Software *und* Stammdaten auf überflüssige Inhalte (Funktionen oder Daten). Dazu sind Bereinigungsaktionen erforderlich, damit Software und Datenbasis lebensfähig bleiben.

(3) Versionsplanung. Die Versionsplanung sollte sich an folgenden Prioritäten orientieren:

1. Verbesserte Benutzeroberfläche (Akzeptanz),
2. bessere oder veränderte Funktionalität,
3. Vereinfachung zu komplexer Systemteile,
4. Verringerung der Rechnerbelastung (Optimierung).

Eine Wartungsmannschaft sollte nie über soviel Kapazität verfügen, daß sie in die Versuchung kommt, alle Wünsche sofort zu erfüllen. Es sollte der Zwang bestehen, Prioritäten zu setzen und die einzelnen Wünsche aus dem Wartungslogbuch heraus zu bündeln und zu bearbeiten. Dabei werden eine Reihe von Änderungswünschen zu einem Arbeitspaket zusammengefaßt, das als erneuter Durchlauf durch die Phasen 2 bis 4 (**neue Version**) oder 1 bis 4 (**zusätzliches Teilsystem**) zu bearbeiten ist. Die neue Version kann wie eine Änderung wieder technische oder betriebswirtschaftliche Gründe haben.

In der Phase Wartung findet mit den Tätigkeiten Änderung und Versionsplanung die eigentliche Evolution der Software statt. Hier entscheidet sich, ob die hohe Investition erhalten oder in wenigen Jahren zerstört wird, die mit der Entwicklung der Software getätigt wurde.

Zitat eines Entwicklers aus der Wartung einer schrottreifen Software (Auftragsabwicklung, die tagfertig laufen muß): „*Wir korrigieren morgens die Fehler, die wir abends eingebaut haben*".

4.5.2.4   *Methoden und Management*

Methoden für die Phase Wartung gibt es nicht. Die wissenschaftliche Literatur zum Hauptproblem der Praxis ist ausgesprochen spärlich. Eine Reihe von Managementhilfen unterstützen aber relativ zuverlässig die Erhaltung der Integrität von Software: Maßzahlen (sog. Metriken) und eine Datenbasis, die laufend gepflegt wird.

Die **Maßzahlen** werden aus der Datenbasis periodisch errechnet und überwacht. Bei Fehlentwicklungen kann gezielt eingegriffen und gegengesteuert werden. **Daten** über Änderungen und Korrekturen werden permanent gesammelt und ausgewertet (Näheres s. Abschn. 12.3). Ohne solche Fakten über Ereignisse und Wünsche ist kein geregeltes Wartungsmanagement möglich. Mit Hilfe dieser Daten läßt sich Software durch sog. Code- und Strukturmaße überwachen. Einer Komplexitätserhöhung als Folge von Wartungsmaßnahmen kann rechtzeitig vorgebeugt werden durch:

- Codemaße, die die Komplexität innerhalb eines Moduls messen,
- Strukturmaße, die die Komplexität der Schnittstellen der Moduln innerhalb eines Systems messen.

4.5.2.5 Werkzeuge

In der Wartung müssen alle Werkzeuge benutzt werden, die in der Phase Implementierung angewendet wurden. Hier zahlen sich die Investitionen aus, die in Phase 4 in die Benutzung von Werkzeugen getätigt wurden.

Beispiel 1: Ein Dienstmodul wurde geändert, der statisch gelinkt ist. Die Ermittlung, welche Programme neu compiliert werden müssen, dauert als Abfrage an ein konsequent benutztes DATA DICTIONARY Sekunden mit Vollständigkeitsgarantie. Ohne eine Abfragemöglichkeit dauert sie Stunden, ohne die Gewähr, daß alle betroffenen Moduln gefunden werden.

Beispiel 2: Eine betriebswirtschaftliche Änderung ist durchzuführen. Mit DATA DICTIONARY oder Projektbibliothek sind sofort alle betroffenen Dokumente im Zugriff. Es beginnt ein technologisch sauberes Abarbeiten des Wartungsfalles. Ohne ein Werkzeug wird der Betreuer fast mit Sicherheit die Dokumentation außer Acht lassen, weil er sie nicht findet oder weil der Zugriff zu umständlich ist.

Für einen prozeßorientierten Ansatz, der den Anspruch erhebt, dem Service für den Benutzer die oberste Priorität einzuräumen, ist die schnelle und gleichzeitig sichere Erledigung von Wartungsfällen besonders wichtig. Sicherheit über die strukturelle Integrität eines Systems ist am zuverlässigsten über die *Benutzt-Beziehungen der Quellprogramme* zu erhalten. Zu den Benutzt-Beziehungen gehören der Aufruf anderer Programme und der Zugriff auf Datenbestände. Sie können aus dem DATA DICTIONARY abgefragt werden. Aus Darstellungsgründen wurde in Abb. 4-4 und 4-6 vereinfachend unterstellt, daß ein Datenbestand in einer 1:1-Beziehung zu einem Objekttyp steht. Deshalb fehlt der Typ Datenbestand in Abb. 4-4. Die Benutzt-Beziehung zum Datenbestand (s. Abb. 4-11) findet man über die Datengruppe. Das Werkzeug, das die Benutzt-Beziehungen verwaltet, ist das wichtigste Werkzeug für die Unterstützung der Wartung. Folgende käufliche Werkzeuge lassen sich dafür verwenden:

Tab. 4-2. Werkzeugtype zur Pflege der Benutzt-Beziehungen von Quellprogrammen

Werkzeugtyp		Eignung
DATA DICTIONARY	mit SOURCE ANALYSATOR (= aktiv)	++
	ohne SOURCE ANALYSATOR (= passiv)	+
SOURCE ANALYSATOR	mit online abfragbarer Datenbasis	+
	ohne online abfragbare Datenbasis (Listenausgabe)	0
Projektbibliothek	mit Integration der Entwicklung von Programmen	+
	ohne Integration der Entwicklung von Programmen (Schnittstellen in der Dokumentation)	–
Programmbibliothek 1)		—

++ = gut,   + = befriedigend,   0 = ausreichend,   – = mangelhaft,   — = gar nicht

Erläuterung: Die Aussagen über die ersten drei Werkzeugtypen stützen sich auf am Markt erhältliche Systeme. Die Aussage zu 1) bezieht sich auf zwei industrieweit verbreitete Quellprogrammbibliotheken, deren Erfolg auf Defiziten der Betriebssysteme beruht. Mit moderneren Betriebssystemen (z.B. CMS oder BS 2000) kann man über Prozedursprachen Teile der Benutzt-Beziehungen behelfsmäßig abbilden.

Ein weiterer Werkzeugtyp ist zwar käuflich nicht erhältlich, kann aber mit jedem Datenbanksystem in wenigen Monaten entwickelt werden: **Logbuchpflege**, integriert **mit Datenerfassung** in der Wartung (Näheres hierzu in Kap. 12).

4.5.2.6 Ergebnisse

Separate Ergebnisse kann es definitionsgemäß aus den Tätigkeiten Fehlerbehebung und Änderung nicht geben. Eine Versionsplanung kann nach folgendem Dokumentenmuster als Text erstellt werden:

(1) Textdokumentation (TXT)

Versionsplan

---

1.   Rahmenbedingungen
  - Termine
  - Ressourcen
  - Abhängigkeiten von Projekten
  - Abhängigkeiten von Versionen des Basissystems
2.   Strategische Planung
  - Ziele der nächsten, übernächsten, usw. Version
  - Einschätzung der Entwicklung der Organisation
  - Einschätzung der Entwicklung des Basissystems
3.   Taktische Planung
3.1 Neue Teilsyteme
  - neue Objekttype
3.2 Geänderte Teilsysteme
  - neue Funktionen
  - wegfallende Funktionen
4.   Anforderungen an Teilsysteme
4.i Anforderungen Teilsystem i
  - Funktionen (i.S. von OBAS, s. Abschn. 6.4)
  - Optimierungen (Performance)
  - Vereinfachungen des Entwurfs
  - Handhabungsverbesserungen

---

(2) Berichte aus dem Wartungslogbuch (REP). Das Wartungslogbuch kann als Datenbank gehalten werden, aus der verschiedene Auswertungen möglich sind (Näheres s. Abschn. 4.5.2.4, Daten und Kap. 12).

4.5.2.7 Validation

Für alle veränderten Dokumente oder Programme sind die bereits beschriebenen Validierungen zu wiederholen. Bei Programmänderungen muß jede Änderung einzeln getestet werden.

5. Zielfindung und Zielbewertung

In Phase 0 haben der Arbeitsprozeß selbst und die Technik der Zielformulierung
und -bewertung ein besonderes Gewicht. Hierzu lassen sich Methoden anwenden,
die auf Checklisten beruhen. Die Entscheidungstheorie kann als Orientierungs-
hilfe, nicht aber als operationales Instrument benutzt werden. Praktisch anwendbar ist die Nutzwertanalyse, wenn man die Gefahren fehlerhafter Interpretationen
beachtet.

5.1 Arbeitsprozeß bei der Zielfindung

Für kleine Systeme, wie sie nach OBAS anzustreben sind, entsteht eine Vorstudie
in wenigen Arbeitstagen. Die Versuchung ist daher groß, daß der designierte
Projektleiter das Dokumentenmuster in Stunden oder Tagen ausfüllt und dem
Management zur Entscheidung präsentiert. Dies ist alltägliche Praxis in der
Industrie, wenn die Ziele überhaupt explizit aufgeschrieben und bewertet werden.
In publizierten Vorgehensmodellen fehlt (mit Ausnahme von ISAC) diese Phase
weitgehend.

Die Gefahr ist groß, daß Software entwickelt wird, die gar nicht oder nur
für individuelle Interessen gebraucht wird. Gladden (82, Life Cycle, p. 39) zi-
tiert eine Untersuchung, nach der 75% aller entwickelten Software entweder nie
fertiggestellt oder nie benutzt wird. Die Zahl scheint mir zwar für industrielle
Verhältnisse zu hoch. Es ist aber jedem Praktiker bekannt, daß dies auch in der
Industrie häufig vorkommt.

Man kann verhindern, das falsche System zu entwickeln, wenn man die Vorstudie als strukturiertes Protokoll und Checkliste eines intensiven Kommunikationsprozesses versteht, an dem Benutzer, Entwickler und Management beteiligt sind. Der **Benutzer** vertritt seine Interessen und die Perspektive seines Fachgebietes. Der **Entwickler** bringt das Fachwissen zur Bewertung und
Machbarkeit ein. Das **übergeordnete Management**, – *nicht* das fachgebundene –
bringt die Sichtweise der Gesamtorganisation ein. Eine offene Diskussion zwischen diesen drei Interessengruppen ermöglicht eine weitgehend abgestimmte,
nach menschlichem Ermessen richtige und von allen Beteiligten getragene Vorstudie als Basis einer Entwicklung. Dieses kommunikative Vorgehen wird von

den Methoden ISAC und ETHICS angestrebt (vgl. Lundeberg 79, ISAC; Mumford 79, ETHICS). Bei ETHICS ist der kommunikative Aspekt der zentrale überhaupt. Parallel zueinander werden **soziale** und **technische Ziele** benannt, ausgearbeitet und bewertet. Sie werden in einer Synthese als **sozio-technische Alternativen** zusammengeführt, dann nochmals bewertet und unter Betrachtung von Kosten-/Resourcen-Beschränkungen endgültig festgelegt (Mumford 84, Benutzerbeteiligung). Diesem Aspekt wird im Dokumentenmuster der Vorstudie Rechnung getragen (s. Abschn. 4.0.2.6).

5.2 Entscheidungs- und Spieltheorie

Die betriebswirtschaftliche Entscheidungstheorie geht von folgendem Grundmodell aus (Gal 81, Entscheidungstechniken, S. 54f.):

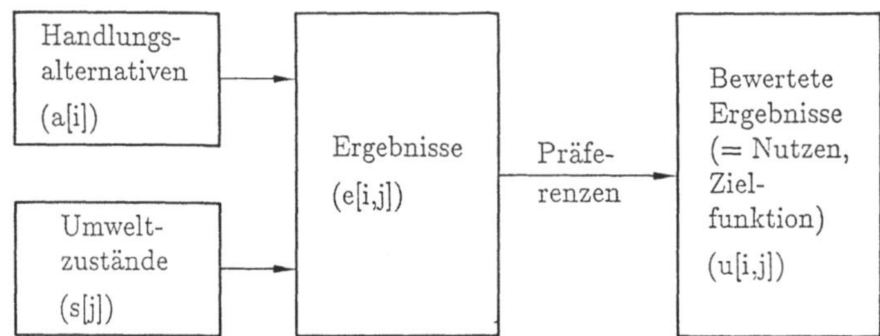

Abb. 5-1: Schematisches Grundmodell der Entscheidungstheorie
Jedes Rechteck ist eine Matrix.

Dieses Schema gilt für *einen* Entscheidenden. Es ist nur sehr selten deterministisch berechenbar. Stochastische Modelle sind entweder mit großem Aufwand zur Erhebung empirischer Daten verbunden oder auf subjektive Schätzgrößen aufgebaut (sog. **Ersatzmodelle**). Meist sind die

- Handlungsalternativen unklar oder mit Unsicherheiten behaftet,
- Umweltzustände unbekannt oder unsicher,
- Präferenzen unklar,
- Ziele nicht quantifizierbar.

Wenn die Ziele der Beteiligten zueinander im Widerspruch stehen, sind Annahmen über **Kompromißformeln** notwendig, um Lösungen für die Algorithmen zu erhalten. **Ziele** werden unterschieden in (vgl. Heinen 85, Industrie-BWL, Teil I):

- Konfliktäre   (im Gegensatz zueinander stehende),
- komplementäre (sich ergänzende); hier wiederum **Zielhierarchien**,
- indifferente   (sich nicht beeinflussende).

Bei gegensätzlichen Zielen versagen die Modelle der Entscheidungstheorie. Es greifen Modelle der **Spieltheorie** (vgl. Luce 57, Games), die nur für ganz spezielle Fälle lösbar sind, die sog. endlichen Zwei-Personen-Nullsummenspiele. Bei ihnen ist der Gewinn des einen Spielers gleich dem Verlust des anderen.

Die Algorithmen der Entscheidungs- oder Spieltheorie sind in vielen Fällen nicht praktisch einsetzbar. Andererseits ist es sinnvoll, sich mit den Vorgehensweisen und Modellen auseinanderzusetzen. Man kann so den Zielfindungs- und Entscheidungsprozeß wenigstens sinngemäß entsprechend den Modellen angepaßt strukturieren. Diese Struktur macht den Prozeß bereits ohne exakte Rechenformeln transparent.

5.3 Entscheidungssituationen anläßlich einer Softwareentwicklung

Mit der Entscheidungs- und der Spieltheorie können Entscheidungsprozesse objektiviert werden. Dies ist auch das Ziel bei der Erstellung einer Vorstudie für ein Softwaresystem. Bei bekannter und häufig wiederkehrender Problemstruktur wird die Entscheidungstheorie mit Erfolg praktisch eingesetzt, z. B. bei Investitionsentscheidungen. Die Entwicklung oder Beschaffung von Software ist zwar ebenso wie die Beschaffung einer Maschine eine Investitionsentscheidung, sie ist jedoch ein ausgesprochen schlecht strukturiertes Problem und wird üblicherweise gar nicht als Investition gesehen.

Das Entscheidungsmodell wäre mit jedem Projekt neu aufzubauen. Nur detaillierte Spezifikationen geben Klarheit über die Handlungsalternativen, die Realisierbarkeit der Zielfunktion und ihre Auswirkungen auf die Ergebnisse. Darüberhinaus ist der hohe Aufwand zur Datengewinnung, den die meisten Methoden der Entscheidungstheorie fordern, nur selten gerechtfertigt.

5.4 Nutzwertanalyse

Die schon etwas ältere **Nutzwertanalyse** (vgl. Zangemeister 76, Nutzwertanalyse) wird in der Praxis häufig eingesetzt für die Auswahl von Hardwaresystemen. Die numerischen Nutzwerte von Entscheidungsalternativen werden ermittelt, indem die Ziele zu jeder Alternative entsprechend subjektiver Gewichtungen der Entscheider geordnet werden. Die Ziele werden durch Eigenschaften ausgedrückt, die möglichst weitgehend erfüllt sein sollen.

Beispiel: Es gibt bei einem Softwareprojekt folgende Alternativen:
A1: Schnelle ad-hoc-Programmierung einfachster Art,
A2: Komfortable Systementwicklung auf der Basis bestehender Systeme,
A3: Sanierung der Datenbasis, erst danach Entwicklung des Anwendungssystems.

Hierzu werden eine Zielfunktionsmatrix aufgestellt und die Ziele gewichtet:

Tab. 5-1. Nutzwerte einer Zielmatrix

Ziel (= Eigenschaft)	Gewicht	A1		A2		A3	
		ung	gew	ung	gew	ung	gew
kurzfristige Kostenreduzierung	3	10	30	2	6	0	0
Verbesserung Reaktionsfähigkeit am Markt	10	8	80	10	100	4	40
langfristige Kostenreduzierung	12	1	12	8	96	10	120
Verbesserung Ablaufsicherheit	10	0	0	2	20	9	90
Homogenisierung der „Systemlandschaft"	4	1	4	10	40	6	24
Imageverbesserung im Fachbereich	5	10	50	2	10	1	5
Kosteneinsparung im DV-Bereich	2	1	2	6	12	8	16
Summe			**178**		**284**		**295**

ung = ungewichtet;   gew = gewichtet

Die Nutzwertanalyse besticht durch ihre Einfachheit und Praxisnähe. Sie läßt subjektive Gewichtungen sehr transparent heraustreten, auf denen die meisten Entscheidungen bei der Definition von Softwareprojekten beruhen. Es gibt kein objektives Maß für die Gewichtung eines Zieles. Es muß vielmehr ein Konsens gefunden werden, bei dem alle Beteiligten sich auf eine bestimmte Gewichtung einigen. Das Verfahren birgt allerdings eine Gefahr, auf die Dinkelbach (82, Entscheidungsmodelle, S. 189) hinweist:

Durch Addition der Einzelnutzen und ausschließliche Betrachtung einer Summe (des Nutzwertes) können gute Alternativen verworfen werden, die im Lösungsraum besser angesiedelt sind als die Alternative mit dem Maximalwert. Die Zahlen können bei unkritischer Betrachtung eine Objektivität suggerieren, die das Verfahren nicht erzeugt. Man sollte also mindestens Sensitivitätsanalysen mit alternativen Gewichten und Bewertungen durchführen, um die Auswirkung von Einzelbewertungen auf das Gesamtergebnis abschätzen zu können. Dies läßt sich z. B. als Simulation mit einem Tabellenkalkulationsprogramm auf einem PC durchführen.

5.5 Beispiel für eine Vorstudie

Das folgende stark gekürzte Beispiel stammt aus einem Produktions- und Vertriebsunternehmen für modische Artikel. Das Produktspektrum wechselt – bis auf wenige Standardartikel – von Saison zu Saison jedes halbe Jahr.

Der Vertrieb möchte einen aktuelleren Absatzplan erstellen können. Er wünscht für jede Saison eine Liste der von der Entwicklung konzipierten Produkte. Die Entwicklung untersteht der Produktion.

Vorstudie: Produktliste Folgesaison   Seite 1

1. Ziele (geordnet nach fallender Priorität)

Z 1: Strategische Absicherung einer flexiblen zentralen Informationsbasis als
      Handlungsgrundlage,
Z 2: kurzfristig verbesserte Information des Vertriebs,
Z 3: verbindliche Produktplanung für die Produktionsplanung,
Z 4: verläßliche Dispositionsgrundlage für den Einkauf.

2. Benutzermodell

Mitarbeiter mit Sachbearbeiterstatus.

3. Benutzerwünsche

Der Vertrieb erwartet die eingangs genannte Liste, da den Sachbearbeitern die
Arbeit mit Listen vertraut ist.
Die Produktion wünscht eine online-Anzeige, da sich die Daten aktuell ändern
und der Vertrieb sich doch nicht an den verabschiedeten Produktionsplan als
Grundlage des Absatzplanes hält.
Die Datenverarbeitung möchte noch ein Jahr Zeit gewinnen, um die desolate
Grunddatenverwaltung über ein Datenbanksystem neu aufzubauen. Erst danach
sollen die Wünsche des Vertriebs mit verbesserten softwaretechnischen Mitteln
erfüllt werden.

4. Technische Wünsche

Alle neu aufzubauenden Datenbestände, hierzu gehört auch der Produktionsplan,
sollen im Datenbanksystem gehalten werden. Listen sollen nur noch mit einem
Listengenerator gedruckt werden.
Für jede neu programmierte Anwendung ist eine für die Korrektheit der Daten
verantwortliche Fachabteilung zu benennen und technisch sicherzustellen, daß
nur diese ihre Daten ändern kann. Dies soll mit Hilfe eines DATA DICTIONARY
erfolgen.

5. Lösungsalternativen

A 1: Der Vertrieb erhält zum 10. Arbeitstag eines Halbjahres eine *Liste* der
      für die Folgesaison geplanten Produkte mit Stückzahlen je Monat;
A 2: *Online-Anzeige* der o.g. Daten durch den Vertrieb selbst mit
      Hardcopy-Möglichkeiten auf Papier;
A 3: Der Vertrieb listet die von ihm selbst geplanten Produkte in Papierform
      auf und stellt sie zum 10. Arbeitstag eines Halbjahres der
      Produktionsplanung zu. Diese Liste gilt als verbindliche
      Planungsgrundlage. Parallel dazu werden die ständig inkonsistenten
      Grunddaten neu konzipiert, um möglichst bald diese Liste per Computer
      aus diesen Grunddaten zu erzeugen.

6. Aufwandschätzung (MM = Mitarbeiter-Monate)

A 1 : 4 MM;
A 2 : 7 MM + 3 Bildschirme;
A 3 : 35 MM + 7 Bildschirme zusätzlich zu A 2 für die Grunddaten-Verwaltung.

Vorstudie: Produktliste Folgesaison   Seite 2

---

7. Bewertung

Aufwand

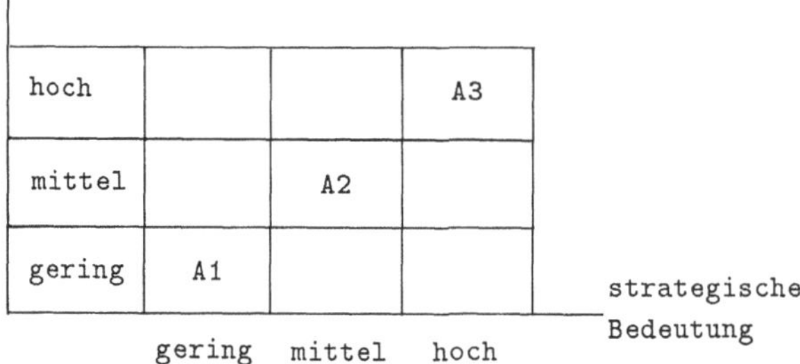

8. Entscheidung

Gewählt wird A 3, da durch die beiden anderen Alternativen die strategisch wichtige Sanierung der Datenbasis verzögert wird und A 1 wie auch A 2 bei der Neuerstellung der Grunddaten nochmals neu entwickelt werden müßten.

Interpretation:

- Ohne die Diskussion von Interessengruppen wäre die vom Vertrieb ursprünglich geforderte Liste (A 1) programmiert worden. A 2 und A 3 wären nicht aufgestellt worden.
- Es dürfte kaum möglich sein, die Ziele dieses Beispiels so zu operationalisieren, daß die Zielerreichung hinterher meßbar ist.
- Über das WAS und WIE (= Liste/Bildschirm und Batch/Dialog) – ein beliebtes Schema des Software Engineering – kann und muß sehr früh entschieden werden.
- Es kann gefährlich sein, die Benutzerwünsche eines Bereichs zur einzigen Richtschnur für die Entwicklung der Anforderungen zu machen.
- Da sich für eine Bewertung keine Idealeinordnung ergibt (Aufwand: gering; strategische Bedeutung: hoch), muß eine Entscheidung aus übergreifender Sicht gefällt werden.

6. Organisationsanalyse und Teilsystembildung

In diesem Kapitel werden die einzelnen Methoden

- Organisationsanalyse,
- Datenanalyse,
- Aufgabenanalyse,
- Vorgangskettenanalyse

behandelt. Die Teilsystembildung basiert auf den Ergebnissen der Einzelanalysen. Die Systemabgrenzung ergibt sich konstruktiv, indem die Erzeugung von Daten einbezogen oder ganze Objekttypen ausgegrenzt werden.

6.1 Der methodische Ansatz zur Systemabgrenzung

Bei der Definition eines administrativen Softwaresystems müssen Ist- und Sollzustand des zu entwickelnden Systems betrachtet werden. Dabei stellen sich folgende Fragen:

- Wie detailliert muß der Istzustand dargestellt werden?
- Soll transformationsorientiert oder objektorientiert modelliert werden?
- Was sind Systemgrenzen und wie findet man sie?

6.1.1 Erhebung und Darstellung des Istzustandes

Das klassische Vorgehen einer Systemanalyse zerfällt in die Schritte Istanalyse und Sollkonzept. Dabei sind Erhebung und Darstellung eines Istzustandes ohne mindestens intuitive Vorstellungen über das Sollkonzept nicht möglich: *Man braucht eine Perspektive* (s. auch Abschn. 3.4.2).

Istanalysen sind außerordentlich aufwendig, wenn man nicht versucht, die Komplexität des Istzustandes drastisch zu reduzieren: *Man scheitert an den Mengengerüsten und der Komplexität gewachsener Strukturen.* Die Komplexität des Istzustandes liegt in der Menge redundanter Daten und der Unüberschaubarkeit der Transformationsbeziehungen dieser Daten. Aus diesem Grunde wird die Darstellung des Istzustandes bewußt klein und überblickartig gehalten.

Beispiel: Die Istanalyse des Lohn- und Gehaltswesens eines großen Konzerns mit 13 000 Abrechnungen pro Monat ergab über 300 Belege und über 700 Listen mit ca. 5000 verschieden benannten Datenelementen. Davon waren so viele inhaltlich deckungsgleich und damit redundant, daß das Sollkonzept nur 50 Belege + Listen + online-Auswertungen mit 450 Datenelementen ergab.

Alle nicht detailliert erfaßten Realitätsaspekte werden bei der Konzeption des Sollzustandes erst zu dem Zeitpunkt erhoben, zu dem man sie braucht. Die Daten des Istzustandes dienen lediglich der Vollständigkeitskontrolle der Informationsversorgung/SOLL und der Erstellung und Überprüfung eines zentralen Begriffskatalogs. Yourdon (86, SA) rät heute in einem Rückblick auf die Anwendung von 'structured analysis', nicht allzuviel in die Beschreibung des Istzustandes zu investieren.

6.1.2 Die Problematik transformationsorientierter Methoden

Die klassischen Verfahren wie ISAC, RSL, SA, SADT legen Transformationsbeziehungen auf der Basis der IST-Daten zugrunde (sog. E $\rightarrow$ V $\rightarrow$ A-Prinzip):

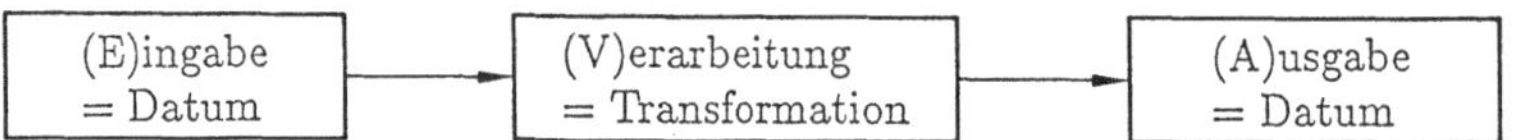

Abb. 6-1. Schema transformationsorientierter Analysemethoden

Die Detaillierung geht bis zum Datenelement. Der in die Analyse investierte Aufwand ist verloren, wenn man sie nicht vollständig zu Ende führt, da die Konsistenz als Input-/Output-Abgleich festgestellt wird. Viele industrielle Softwareprojekte sind bei der Verwendung transformationsorientierter Methoden nie über die Darstellung des Istzustandes hinausgekommen. Verfahren, die auf Vollständigkeit abheben, erhöhen die Komplexität einer Spezifikation gegenüber der Realität, weil sie zusätzliche Schnittstellen schaffen (Balzer 78, Informality). Die Schnittstellen liegen auf der Ebene von Wertzuweisungen der späteren Programme (A:= B;). Alle Verfahren, die auf Transformationsbeziehungen aufbauen, haben diesen Vollständigkeitsanspruch. Die Verfahren sind bei einer Modellierung auf der Basis von Ist-Daten selbst mit Werkzeugen nicht beherrschbar, bei einer Modellierung auf Basis von Soll-Daten wegen der zusätzlichen Schnittstellen immer noch zu zu aufwendig.

In OBAS wird lediglich auf der Ebene der Organisationseinheiten bei der Organisationsanalyse/IST und /SOLL transformationsorientiert gearbeitet. Dieser Überblick ist erforderlich, um Realitätsaspekte nicht zu vergessen. Außerdem werden Abstimmungen mit dem Benutzer über das Sollkonzept erleichtert bzw. erst ermöglicht: Der Benutzer kennt den IST-Zustand nur intuitiv. Durch eine vergleichbare Darstellung von IST und SOLL kann er sich Veränderungen leichter vorstellen.

6.1.3 Systemgrenzen als organisatorische Schnittstellen

Es ist erforderlich, *bestimmte* Transformationsbeziehungen detailliert zu analysieren. Dies sind die Eingaben von Daten, die in der Organisation erzeugt werden (s. Abschn. 2.4.1, Organisatorische Schnittstelle). Die Dateneingaben von Organisationseinheiten werden anhand der Objekttypen des Datenmodells betrachtet. Sie sind in aller Regel identisch mit den Benutzerschnittstellen eines zu entwickelnden Dialogsystems. Die Analyse wird anhand von **Vorgangsketten** durchgeführt, einer speziellen Notation des Datenmodells (s. Abschn. 4.1.2.3). In Vorgangsketten werden datenerzeugende Tätigkeiten auf Attributen von Objekttypen betrachtet.

Die Darstellung von Vorgangsketten als Daten/SOLL + Tätigkeiten/IST (s. Abschn. 4.1.2.3) geht von folgenden Überlegungen aus:

- Redundante Daten werden außer Acht gelassen (nicht 5 Stellen, die 5 Datenelemente bearbeiten, sondern 5 Stellen, die dasselbe Datenelement bearbeiten),
- Attribute, die bei der Bildung des Datenmodells wegfallen, müssen nicht betrachtet werden, da sie unwesentlich sind,
- für die Integrität einer Datenbasis sind nur Änderungsoperationen auf Daten wichtig und nicht die Vielzahl von Leseoperationen.

Hierdurch wird die Komplexität der Analyse trotz der detaillierten Betrachtungsebene in Grenzen gehalten d.h.: *Es werden nur relevante Daten und Funktionen betrachtet.*

6.2 Organisationsanalyse

6.2.1 Schrittweise Verfeinerung der Einzelschritte

Die aufeinander aufbauenden Verfeinerungsschritte der partiellen Organisationsanalyse in OBAS (s. hierzu Abschn. 4.0.1) lassen sich am besten graphisch verdeutlichen (s. Abb. 6-2, Folgeseite). Die Schritte sind wie in Abschn. 4.1.3 numeriert.

Die Darstellungsform und die Inhalte der Verfeinerungsebenen sollen nicht weiter erläutert werden. Geklärt werden müssen jedoch die Verfeinerungskriterien und damit die Übergänge zwischen den Ebenen.

Ein **Organigramm** mit definierten Stellen findet man in praktisch jeder Organisation vor. Es ist das Minimum an Festschreibungen von Organisationen mit Weisungsrechten.

Tätigkeitsprofile sind in einer Stelle zusammengefaßte selbständige Aufgabenkomplexe, von denen jeder für sich keinen ganzen Arbeitsplatz ausmacht. Auch sie sind in aller Regel schriftlich fixiert, z. B. in Stellenbeschreibungen oder lassen sich leicht erfragen. Praxiswerte für die Zahl der Profile sind 1, 2 oder 3, sehr selten mehr. Meist umfaßt eine Stelle genau ein Tätigkeitsprofil. Häufig ist eine Stelle auf mehrere Arbeitsplätze aufgeteilt (Mengenteilung).

(1.1) Organigramm:

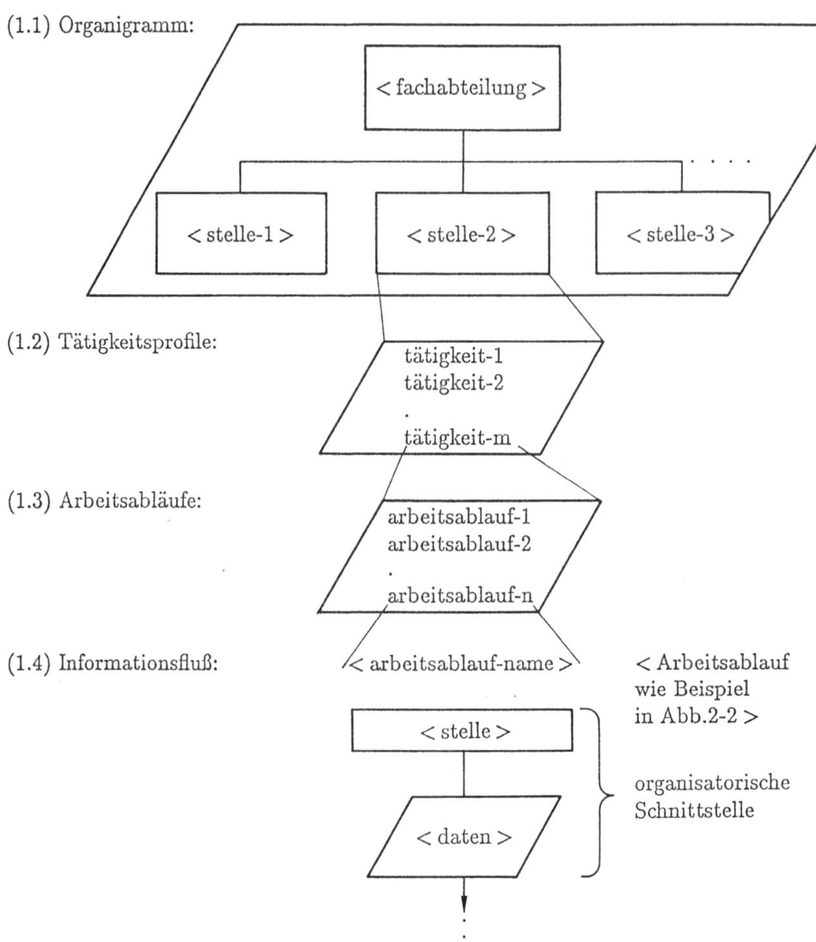

Abb. 6-2. Schrittweise verfeinerte Organisationsanalyse

Arbeitsabläufe sind meist nicht offenkundig. In unserem Zusammenhang sind nur informations- nicht materialverarbeitende Arbeitsabläufe von Belang. Man findet sie durch Analyse aller von einer Stelle oder in einem Tätigkeitsprofil verarbeiteten Datenmengen (= Belege, Masken, Listen). Ein Arbeitsablauf beginnt mit einer auslösenden Datenmenge, geliefert von einer organisatorischen Schnittstelle und endet mit der Weitergabe von Datenmengen an andere organisatorische Schnittstellen. Dialoge werden nur mit ihrem Einstiegspunkt (Transaktionsname, Name der Anwendung u. ä.) benannt. Eine Verfeinerung von Dialogen erfolgt erst in Phase 2. Die Arbeitsabläufe sind die einzige transformationsorientierte Darstellung in OBAS. Da sie nicht weiter verfeinert werden, besteht keine Gefahr, daß sie zu komplex werden.

6.2.2 Anwendungsfälle und Beispiele

Ein Beispiel für reale Mengengerüste gibt die folgende Tabelle wieder:

Tab. 6-1. Mengengerüste zweier Organisationsanalysen

	Fachbibliothek[1]	Personalabrechnung eines Konzerns
Stellen (nicht Mitarbeiter!)	3	25
Profile pro Stelle	1	1 – 2
Abläufe pro Profil	2 – 6	1 – 24
Umfang (Seiten der Dokumentation)	6	200

[1] Diesen Fall legt Floyd (84, Methoden) zugrunde.

Je mehr der Istzustand noch manuell gehandhabt wird, desto differenzierter werden die Abläufe. Es dominieren Belege und Listen. Je stärker dialogorientiert der Istzustand ist, desto stärker vereinfacht sich der Ablauf. Belege und Listen verschwinden immer mehr.

Beispiel: Arbeitsablauf/SOLL „Pflege Teilestammdaten"

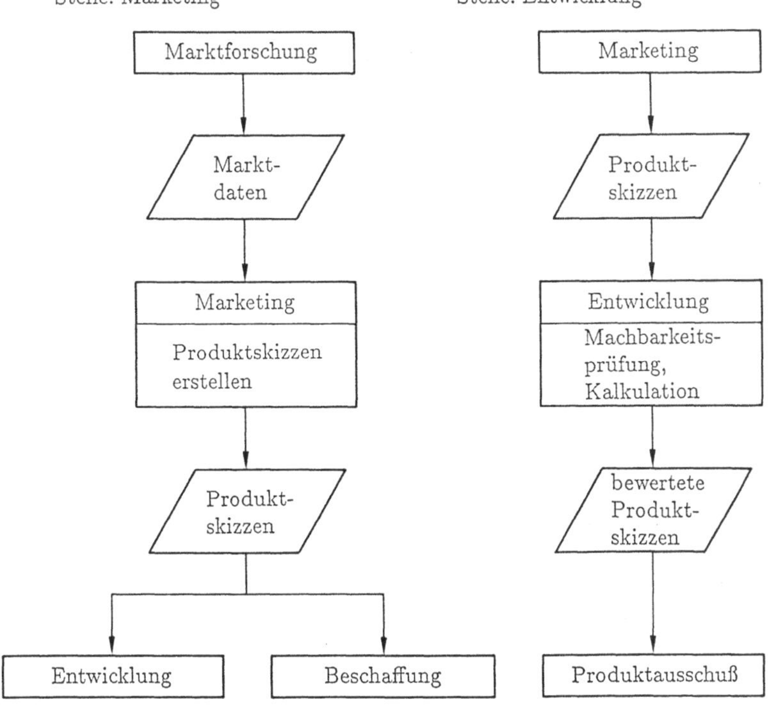

Anmerkung: Der Produktausschuß ist ein Gremium, keine Stelle. Ein Gremium hat nur abstimmende Funktionen, keine Veranwortung für Daten.

Das folgende Bild zeigt den integrierenden Charakter zentraler Daten. Der Arbeitsablauf weist eine Dialogschnittstelle auf. Der über diese Schnittstelle bearbeitete Datenbestand wird von einer weiteren Stelle bearbeitet, die in den Ablauf einbezogen wird.

Stellen: Marketing, Entwicklung

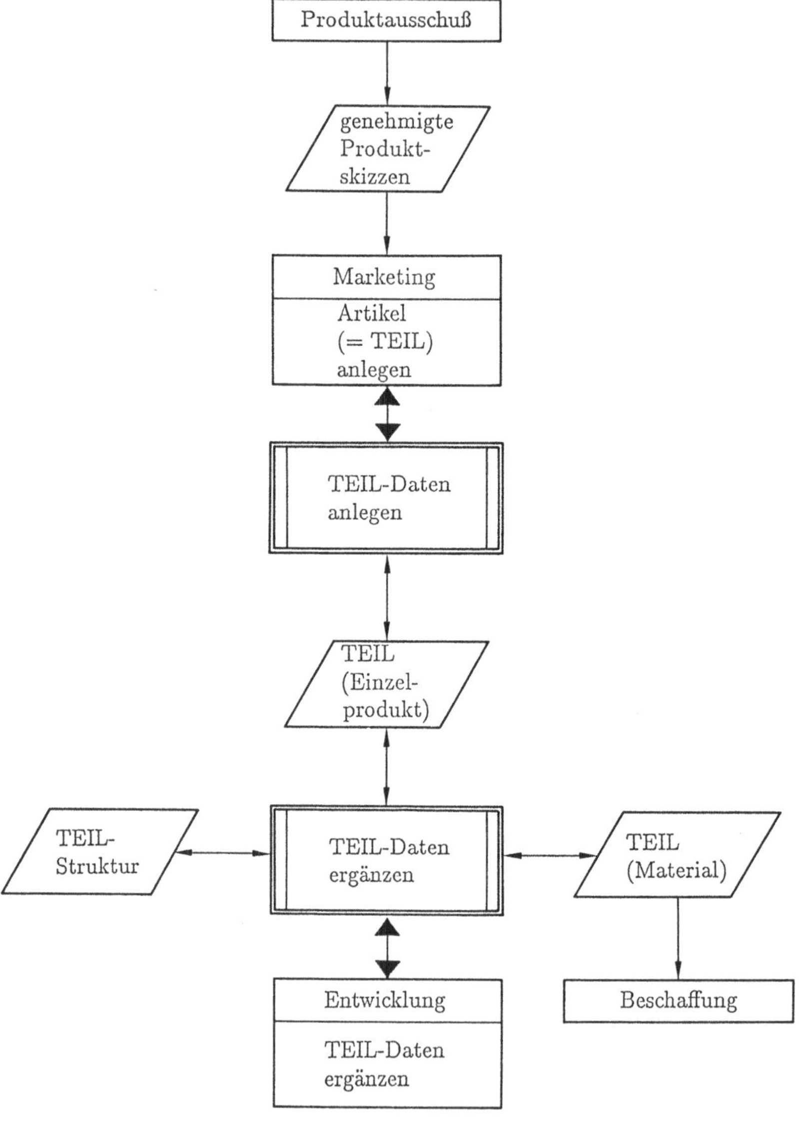

Abb. 6-3. Arbeitsabläufe/SOLL für die Erzeugung des Objekttyps TEIL (Ausschnitt)

6.3 Datenanalyse

Der Leser mag in Abschn. 4.1.2.4 den Eindruck eines Methodenpotpourri für die Datenanalyse gewonnen haben. Aus theoretischen und konstruktiven Erwägungen ist eine Kombination der grundlegenden Ansätze zur Datenmodellierung jedoch angebracht.

6.3.1 Begriffsbildung

6.3.1.1 *Strukturelle und semantische Datenmodelle*

Die Datenanalyse umfaßt den Übergang von der Realwelt in ein semantisches und ein strukturelles Modell. Mit **Semantik** sind hier fachinhaltliche *Bedeutungen*, mit **Struktur** fachlich begründete *Beziehungen* gemeint. Im Gegensatz dazu hat das Gebiet Programmiersprachen einen Semantikbegriff, der die formallogische Beschreibung der Beziehungen zwischen syntaktischen Einheiten und die inhaltliche Präzisierung nicht weiter erklärter syntaktischer Elemente beinhaltet (vgl. Bauer 82, Informatik, Kap. 8).

Die Betonung einer fachbezogen verstandenen Semantik steht heute im Vordergrund der Betrachtung von Datenmodellen. Dies ist gerade aus Sicht der Praxis dringend erforderlich, da die fachlichen Aspekte bei den weitverbreiteten Modellen (Codd 70, Relational Model; Chen 76, Entity-Relationship) zu kurz kommen (vgl. hierzu: Wedekind 81, DB-Systeme I).

Die Modelle **Entity-Relationship** (E-R) und **Relationenmodell** (REL) werden im folgenden als Gegensatz zu den semantischen **strukturelle Modelle** genannt. Den strukturellen Modellen wird eine semantische Stufe durch eine systematische fachinhaltliche Begriffsbildung vorgeschaltet. **Begriffe** werden dabei zunächst weitgehend mit **Objekttypen** gleichgesetzt. Sie bezeichnen Gegenstände oder Sachverhalte der realen Welt.

6.3.1.2 *Begriffshierarchien und Abstraktionen*

Die Entwicklung von strukturellen Modellen zu semantischen, die von Fachinhalten nicht mehr abstrahieren, wurde maßgeblich von John und Diane Smith eingeleitet. An einem Beispiel verdeutlichen sie die Sichtweise der semantischen Modellierung gegenüber der rein strukturellen. Durch die Abstraktionsoperationen **Generalisierung** und **Aggregation** werden aus Begriffen/Objekttypen neue, höher angesiedelte in zwei verschiedenen Ebenen gebildet. Tieferliegende Begriffe werden auch **Rollen** genannt.

Aus Abb. 6-5 läßt sich ableiten: Begriffsbildung und Modellierung der Realität lassen sich nicht trennen. Ob *Wasserfahrzeug* eine richtige oder falsche Generalisierung zu {*U-Boot, Frachtschiff, Kajak*} ist, kann nur fachinhaltlich validiert werden.

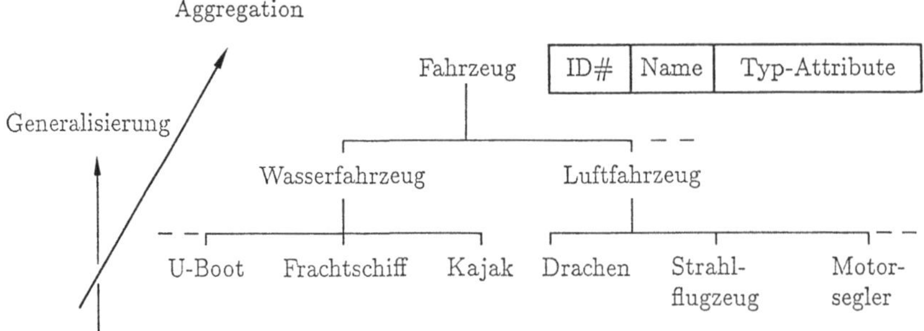

Abb. 6-5. Beispiel für Generalisierung und Aggregation von Begriffen/Objekttypen (Generalisierung: von unten nach oben; Aggregation: horizontal zur Bildebene). (Vgl. Smith 77, Abstractions, pp.116ff.)

6.3.1.3 Begriffskalkül nach Wedekind/Ortner

Das Gebiet der semantischen Modellierung wurde ab 1980 durch die Arbeiten von Wedekind und Ortner (83, Konstruktionssprache) grundlegend wissenschaftstheoretisch untermauert und methodisch umfassend dargestellt. Die Bildung von Begriffen und Objekttypen ist im Begriffskalkül voneinander getrennt. Da die in der Realität eingeführte Fachsprache als Basis benutzt wird, sprechen Ortner und Wedekind von *Rekonstruktion.* Die Beziehungen zwischen den Begriffen werden in Konstruktionsdiagrammen verdeutlicht.

Wer in der betrieblichen Praxis den täglichen Ärger bei der Softwareentwicklung erlebt hat, den begriffliche Mißverständnisse in größeren Organisationen mit sich bringen, wird bestätigen können, daß das zentrale Anliegen der „Erlangener Schule" (Wedekind et. al.) für die Praxis außerordentlich wichtig ist.

Beispiel 1: In einem großen kooperativen Branchenprojekt mußte sehr bald ein zentraler Begriffskatalog erstellt werden, um der Kooperation in der Softwareentwicklung eine Gesprächsgrundlage zu geben.

Beispiel 2: Dieselbe Erfahrung machte ein Konzern bei der Entwicklung eines Berichtssystems: Bei der Verdichtung vieler Daten stellten sich gravierende Fehler durch semantische Unterschiede zwischen den summierten Datenelementen heraus. Es mußte ein Begriffskatalog geschaffen werden, um korrekte konzernweite Datenverdichtungen zu ermöglichen.

In der Praxis wird die Erstellung eines Begriffskatalogs nicht so idealtypisch verlaufen können, wie es die Erlangener Schule vorschlägt. Hinter einem solchen Vorhaben stehen erhebliche Mengengerüste. Bei den genannten Beispielen handelte es sich um 2 000 Begriffe und 10 000 Betroffene. Es war das redliche Bemühen aller Beteiligten, die Definitionen logisch sauber zu rekonstruieren. Die Realität war jedoch gekennzeichnet durch

- Macht- und Interessengruppen,
- Gewohnheiten und Bequemlichkeiten,
- Zeitdruck.

Demzufolge waren die Ergebnisse von Kompromissen geprägt. Die Begriffskataloge wurden in beiden Fällen von einer kleinen Projektgruppe aufgestellt und danach mit Repräsentanten der Betroffenen abgestimmt und modifiziert.

Dies scheint mir konstruktiv auch der einzig gangbare Weg, zu den relevanten Begriffen zu kommen. Die Alternative, die sog. **Nutzersichten-Analyse**, scheitert in der Praxis an den Mengengerüsten der notwendigen Abstimmungsprozesse. Frölich (83, SET) berichtet über eine solche Technologie im Rahmen des schon erwähnten Berichtswesen-Projektes. Die Anwendung dieser Technologie wurde nach einem halben Jahr abgebrochen, da die Abstimmungsprozesse mit 800 Benutzern nicht mehr zu organisieren waren.

Für die Begriffsbildung muß über Wedekind/Ortner hinausgehend der Betrachtungsbereich eingegrenzt werden. Dabei sind zwei Aspekte zu beachten: Relevanz und Erfahrungswissen.

6.3.1.4 Relevanz eines Realitätsausschnitts

Für eine praxisbezogene Begriffsbildung (Stichwort: „Firmenmodell", vgl. Chen 76, Entity-Relationship) sollte man allgemeine systemanalytische Prinzipien beachten: *Es wird nur das modelliert, was bezogen auf den Untersuchungsgegenstand relevant ist.*

So ist eine Generalisierung *Person* in einem Firmenmodell eingeschränkt auf Rollen wie *Untergebener, Vorgesetzter* u. ä.. Gemeint ist eine *natürliche Person*. Ob die *Geschäftspartner* (= Generalisierung von *Kunde* und *Lieferant*) nicht nur *juristische* sondern zufällig auch damit zusammenfallende *natürliche Personen* sind, interessiert für den Begriffskatalog und das Datenmodell der betrachteten Organisation nicht.

Ohne eine relevanzorientierte Einschränkung wird die Begriffsstruktur oder die Aggregation gemeinsamer Attribute unnötig komplex. Für ein Firmenmodell erhalten wir also

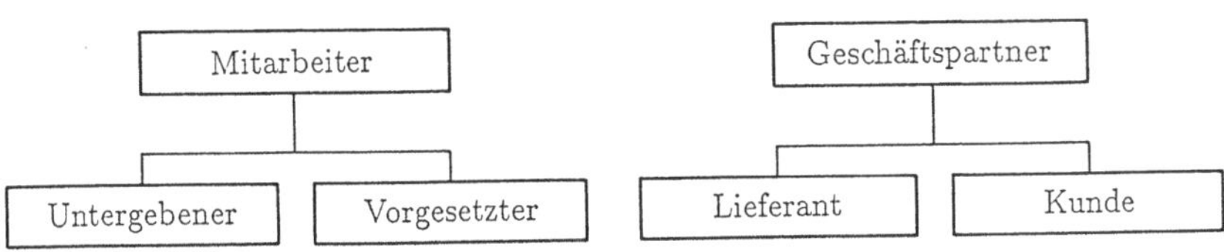

Abb. 6-6. Beispiel einer firmenbezogenen Begriffshierarchie

Wenn die Generalisierung von {*Mitarbeiter, Geschäftspartner*} zu PERSON praktische Vorteile bringt, kann man sie vollziehen. Sie kann jedoch auch Nachteile bringen, da man gezwungen ist, gemeinsame Attribute wie *name, anschrift* künstlich allgemeingültig zu definieren und später redundanzfrei zu speichern.

6.3.1.5   Erfahrungswissen

Es gibt für alle Typen von administrativen Systemen, z.B. Handelsbetrieb, Finanzverwaltung, Industriebetrieb, erhebliches Vorwissen über die relevanten Gegenstände. Teilweise sind Programmsysteme erstellt worden, bei denen intuitiv die auch im Sinne eines Datenmodells richtigen Strukturen und Objekttype gefunden wurden. Scheer nennt als ein solches Beispiel Stücklistensysteme. Veröffentlicht ist seit 1978 sein Datenmodell für einen Industriebetrieb (in neuerer Form in: Scheer 85, EDV-BWL, S.20). Besonders für das betriebliche Rechnungswesen gibt es partielle Modelle, die man als Ausgangspunkt für die Bildung eines eigenen Begriffssystems nutzen und vor einer weiteren Verwendung methodisch überprüfen und ergänzen kann (vgl. Sinzig 85, Rechnungswesen).

Daneben muß man auf das in der betrachteten Organisation vorhandene Erfahrungspotential zurückgreifen. Es ist in vorhandenen Datenträgern (Belegen, Listen, Masken) verankert. Hierzu läßt sich das in Schritt (1), Organisationsanalyse/IST (s. Abschn. 6.2.3), als Hilfsmittel genannte **Datenträgerverzeichnis** heranziehen. Man weiß in der Fachabteilung, welche Belege und Listen wichtig sind und kann sie daraufhin analysieren, welche Gegenstände der Realität in ihnen als Daten abgebildet sind. Eine Totalanalyse der Datenträger verbietet sich aufgrund realer Mengengerüste. Bei der Eingrenzung relevanter Datenträger und Attribute hilft wieder Erfahrungswissen aus allgemeinen Datenmodellen, welche Begriffe später zu Objekttypen werden oder ihnen als Attribute zuzuordnen sind.

Beispiel: In einem großen Projekt im Einkaufsbereich eines Chemiekonzerns mit ca. 25 relevanten Belegen waren bereits mit 3 Belegen alle Objekttype und 70% aller Attribute gefunden.

Das folgende Beispiel aus einer textilen Produktion zeigt, wie die Definition von grundlegenden Begriffen konstruktiv gelöst werden kann. Dabei sind neben der Hierarchie des Begriffs, bzw. des Objekttyps TEIL **Synonyme** und **Schlagwörter** angegeben. Schlagwörter dienen als Suchkriterien für fachinhaltlich zusammengehörende Begriffe. Sie sind Generalisierungen auf einer hohen Hierarchieebene.

6.3.1.6   Beispiel einer Begriffsdefinition

Der folgende Eintrag wäre in einem DATA DICTIONARY festzuhalten, das jederzeit als Auskunftmittel über fachliche Inhalte dient, auf die man sich firmenintern geeinigt hat. Der Eintrag wird später zur weiteren Verwendung mit anderen Begriffen verknüpft und um Attribute erweitert. Abkürzungen für Begriffe stehen in ( ).

Objekttyp: TEIL

```
TEIL ist der Oberbegriff für jede Art von

• produziertem
• gekauftem
• verkauftem

Gegenstand, den die Firma benötigt, um ihren Geschäftszweck
zu verfolgen.

   Warenträger  (wt)                              Einkaufs-
     Sortiment  (srt)                                TEIL
       Bündel    (bün)            ⎫  Verkaufs-
         Einzel-Verkaufsartikel (eza) ⎭  TEIL (vkt)

         Produktionsartikel (pa)      ⎫                ⎫
         Rohweiß-Artikel  (rw)        ⎬  Produktions-  ⎬  Einkaufs-
         Rohartikel       (roh)       ⎭    TEIL (prt)  ⎬    TEIL
           Material       (mat)                        ⎭

Einrückungen bezeichnen 1:n-, untereinander stehende Begriffe
1:1- Beziehungen.
Die Überschneidung von Produktions- und Einkaufsteil kenn-
zeichnet zugekaufte Artikel, die nicht selbst produziert wer-
den.

Synonyme: ARTIKEL, ERZEUGNIS
Schlagwörter: VERKAUF, PRODUKTION, EINKAUF; GRUNDBEGRIFF
```

Abb. 6-7. Beispiel einer Begriffsdefinition im DATA DICTIONARY

Alle **Rollen**, die TEIL innehaben kann, also *Warenträger, Sortiment,* etc. werden ebenfalls in das DICTIONARY mit Zeigern auf untergeordnete Begriffe eingetragen. Sie verweisen auf TEIL, so daß Redundanzen vermieden werden. Damit ist die Begriffshierarchie maschinell abfragbar. Ebenfalls maschinell abfragbar sind Synonyme und Schlagwörter.

6.3.2 Objekttypbildung

Hat man die Gegenstände der realen Welt konstruktiv als Begriffe definiert und ist sicher, alle wesentlichen gefunden zu haben, kann man ohne großen Aufwand ein Strukturmodell der Objekttypen und damit die erste Aufbaustufe des Datenmodells entwickeln. Begriffe und Objekttype stehen in einem eineindeutigen Verhältnis zueinander. Das Strukturmodell, das wir erhalten, ist methodisch gesehen ein Entity-Relationship-Modell und kein Relationenmodell (es wurde bisher nichts explizit normalisiert).

Beispiel: Bestellwesen für TEIL (Rolle: Zugekauftes Material oder Fertigware)

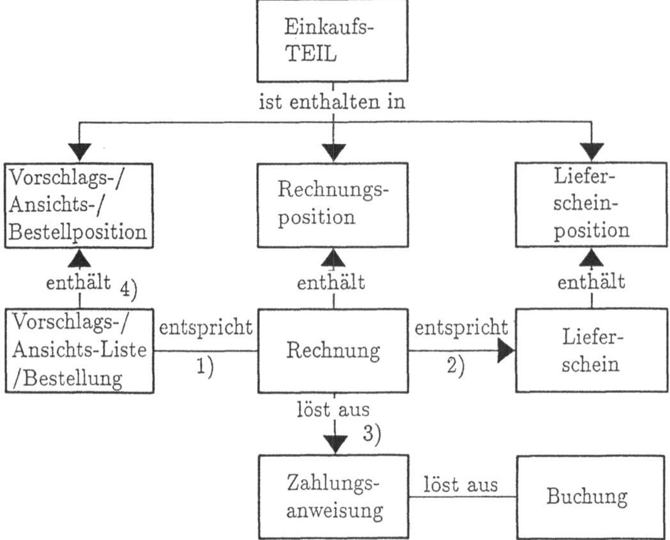

Abb. 6-8. Beispiel für ein Objekttyp-Strukturmodell ohne Komplexitätsgrade
→ = 1:N, — = 1:1, <text> = Relation; zu lesen in Pfeilrichtung

Annahmen über die Realität:

1)   Für 1 Bestellung gibt es genau 1 Rechnung (einheitliche Buchungen!).
2)   Es sind Teillieferungen möglich, daher 1 Rechnung : n Lieferscheine.
3)   1 Rechnung kann in n Teilbeträgen bezahlt werden.
4)   Bestellvorschlag, Ansichtsliste und Bestellung enthalten dieselben Attribute, fallen also
     als Objekttyp zusammen. Es handelt sich um drei Rollen desselben Objekttyps. In diesem
     Fall ändern sogar identische Objekte im Zeitablauf ihre Rolle.

Für ein vollständiges Datenmodell fehlen noch:

• Die – oder einige – Relationen (nicht im Beispiel),
• die – oder einige – Komplexitätsgrade der Relationen,
• Integritätsbedingungen.

Die **Relationen** müssen umgangssprachlich formuliert sein. Für Zwecke der Kommunikation mit dem Benutzer ist ein graphisches Daten-Strukturmodell nach dem E-R-Ansatz einem verbalen nach dem Relationenmodell vorzuziehen (vgl. Abb. 2-6).

Ein wesentliches Hilfsmittel zur Formulierung struktureller Integritätsbedingungen ist der **Komplexitätsgrad**. Unter Komplexitätsgrad, auch **Grad** einer Relation genannt, verstehen Schlageter/Stucky die Anzahl Einheiten eines Typs, die in einer bestimmten Relation stehen dürfen oder müssen (Schlageter 83, DB-Systeme, S.50). Strukturelle Integritätsbedingungen müssen bei Änderungsoperationen in einer Datenbank geprüft werden. Werden sie verletzt, wird die Datenbank möglicherweise inkonsistent.

Beispiel: Ein TEIL in einer Stücklisten-Datenbasis des Maschinenbaus habe die Rolle Baugruppe. Dann *kann* die Baugruppe 1, 2, ..., N Bauteile enthalten; sie *muß* mindestens 1 Bauteil enthalten, will sie als vollständig gelten. Sie *darf* 0 Bauteile enthalten. Dann gilt sie als unvollständig.

Das folgende Beispiel für ein Strukturmodell mit Komplexitätsgraden ist wieder Chen (76, Entity-Relationship, p.19) entnommen. Die Repräsentation weicht etwas von der Chens ab, der die Relationen als Raute darstellt. Zur Legende s. Abschn. 2.1.1.3, Abb. 2-6.

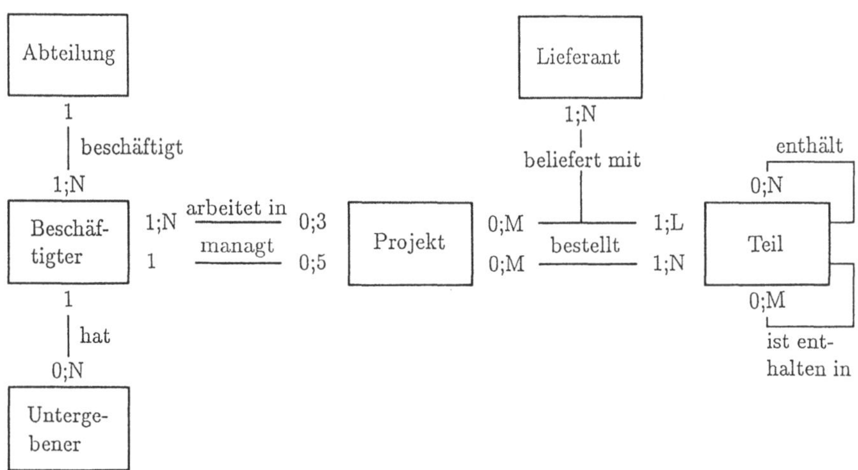

Abb. 6-9. Beispiel für ein vollständiges Objekttyp-Strukturmodell

Das Objekttyp-Strukturmodell ist ein wesentliches Hilfsmittel für die Kommunikation mit dem Benutzer. Es kann in verschiedenen Formen dargestellt werden. Es ist ebenso möglich, die Relationen nur als benummerte Kanten abzubilden. Die Relationen und Komplexitätsgrade werden anhand dieser Nummern in einer ausgelagerten Tabelle notiert. Die schrittweise verfeinernde Form der Darstellung (s. u.) hat sich in mehreren Projekten bei der Abstimmung mit den Benutzern gut bewährt.

Beispiel:

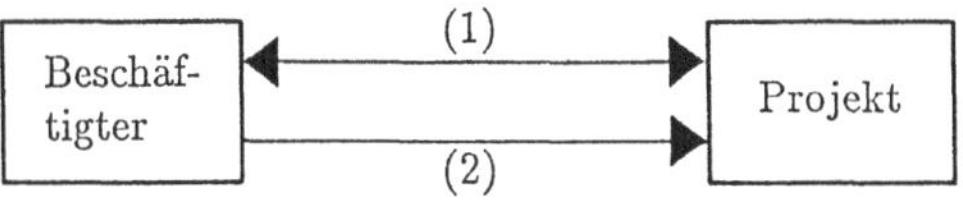

Min	Max	Objekttyp	Relation Nr.	Name	Min	Max	Objekttyp
1	N	Beschäftigter	1	arbeitet in	0	3	Projekt
1	1	Beschäftigter	2	managt	0	N	Projekt

Abb. 6-10: Zweistufige Darstellung von Objekttyp-Strukturmodellen
→ = 1:N, ↔ = N:M

Während das Strukturmodell am günstigsten graphisch dargestellt wird, ist eine Ergänzung der Objekttypen um die Attribute in graphischer Form schlecht zu handhaben. Deshalb werden die Objekttype um die Attribute in relationaler Darstellung komplettiert. Lediglich die Komplexitätsgrade lassen sich nicht vollständig mit der relationalen Schreibweise erfassen. Sie werden im Strukturmodell abgelegt.

Integritätsbedingungen über die Komplexitätsgrade hinaus werden in Phase 2 in der funktionalen Spezifikation formuliert.

6.3.3 Attributbildung

Ein Objekttyp als Abbild der Realität ist erst definiert, wenn alle seine Attribute (= Merkmale) definiert sind. Im Zuge einer praktischen Entwurfsaufgabe stehen jedoch die meisten Objekttype aus der Erfahrung fest und sind lediglich noch um die relevanten Attribute zu ergänzen. Hierbei sind zwei Schritte durchzuführen:

- Semantische Klärung der Attribute,
  - Definition,
  - Vergabe eines sprechenden Namens,
  - Zuordnung oder Bildung von Schlagwörtern (Generalisierung).
- Zuordnung zu Objekttypen unter Beachtung der Normalisierungsregeln (1NF, 2NF, 3NF werden hier als bekannt vorausgesetzt). Es ist für praktische Zwecke allerdings *nicht* erforderlich, die 1NF dogmatisch zu beachten (Näheres weiter unten).

Praktisch bewährt hat sich, die fachspezifisch wichtigsten Belege oder Datenbestände (meist nicht mehr als 5–8 für ein Teilsystem) auf Datenelemente hin zu analysieren (s. auch Abschn. 6.3.1.5). Diese Datenelemente sind die gesuchten Attribute. Die Belege zerfallen in zwei Gruppen:

(1) Ursprungsbelege für Stammdaten (z. B. Teilestamm, Stückliste),
(2) Belege (Masken) für Vorgangsdaten (z. B. Lieferschein, Materialentnahmeschein).

Es bereitet in der Regel keine Schwierigkeiten, die Belege Objekttypen zuzuordnen oder die Sichten eines Belegs auf mehrere Objekttypen zu erkennen. Man muß jedoch sorgfältig prüfen, ob alle wichtigen Belege erfaßt wurden, damit Vollständigkeit gewährleistet werden kann.

Bei Datenanalysen in der Praxis ist eine strikte Beachtung der 1NF (keine Wiederholungsgruppen) oft hinderlich, da sie die Zahl der Relationen unnötig aufbläht. Neuere Forschungen, die in den IBM-Laboratorien in Heidelberg begonnen wurden, stellen die 1NF auch theoretisch in Frage, indem sog. **2NF-Modelle** aufgestellt werden (Pistor 83, 2NF-Modell; Schek 83, Relationenalgebra). Das 2NF-Modell läßt Mengen als Attributwerte zu.

Die Objekttype und ihre Attribute werden mit ihren Definitionen im DATA DICTIONARY abgelegt, bzw. die Einträge der Begriffe erweitert. Sie stehen für die weitere Entwurfsarbeit bei Fragen online zur Verfügung.

6.3.4 Relationale Benutzersichten

Bisher wurde stillschweigend das relationale konzeptuelle Schema unterstellt. Dies erscheint gerechtfertigt, da es dem hierarchischen und netzwerkorientierten Schema an Klarheit überlegen ist (Reisner 81, Query Language, p.21). Die Untersuchungen von Reisner ergaben, daß bei der Formulierung von Abfragen an Datenbanken verschiedener Schemata die relationale Sicht mit Abstand die höchste Quote richtig formulierter Abfragen erzielte. Außerdem ist es mit den heute marktgängigen Datenbanksystemen ohne Schwierigkeiten möglich, quasi-relationale logische Sichten zu erzeugen (vgl. Beispiele zu IMS in: Martin 77, Data Base, ch.15).

6.4 Aufgabenanalyse

6.4.1 Begriffe

Aufgabe, einer der zentralen betriebswirtschaftlichen und arbeitswissenschaftlichen Begriffe, ist kaum irgendwo befriedigend definiert. Am zweckmäßigsten erscheint es mir, die Vielschichtigkeit des Begriffs Aufgabe in einer Aufzählung auszudrücken (vgl. Hill 74, Organisationslehre, S.123ff.): **Aufgabe** ist ein Soll-Ergebnis, das durch Zweck, Mittel, Verantwortung und Kompetenz bestimmt ist. Daraus folgt, daß eine Maschine niemals Aufgaben übernehmen kann, allenfalls Aufgabenteile. Sie werden **Funktionen** genannt. Ziele des Entwurfschrittes Aufgabenanalyse sind:

- Die Ermittlung programmierbarer Funktionen nach einer ganz bestimmten Struktur; diese wird im folgenden noch präzisiert,
- die organisatorische Zuordnung der damit verbundenen Aufgaben.

Aufgaben werden hierarchisch in mehreren Stufen in **Teilaufgaben** bis zu **Elementaraufgaben** verfeinert:

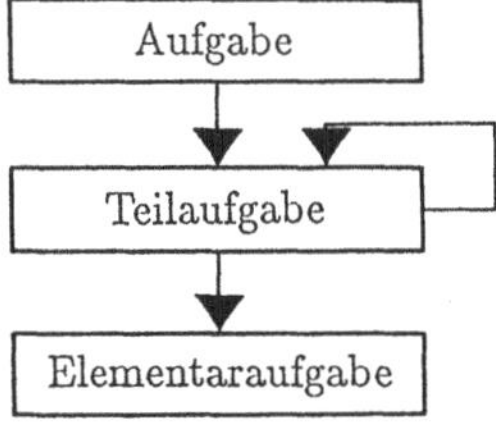

Abb. 6-11. Betriebswirtschaftliche Aufgabenhierarchie

Mögliche Zerlegungskriterien bei der Verfeinerung sind (s. Kosiol 62, Organisation.):

- Verrichtung,
- Objekt (Material, Daten),

- Rang (Leitung, Ausführung),
- Phase (Planung, Realisierung, Kontrolle),
- Zweckbeziehung (exogen, endogen bestimmt; auch: Primär, sekundär).

Auf der Ebene der Teil- oder Elementaraufgaben werden die Stellen genannt, die sie ausführen. **Stelle** ist ein personenunabhängiger Aufgabenkomplex, der von mindestens einer menschlichen Arbeitskraft bearbeitet wird. Stelle ist im Gegensatz zu **Arbeitsplatz** nicht raumbezogen.

Unter einer **Elementaraufgabe** wird die kleinste Einheit einer menschlichen und maschinellen Tätigkeit verstanden, unter **Elementarfunktion** der maschinelle, programmierbare Anteil. **Tätigkeit** wird als allgemeiner, hierarchieunabhängiger Begriff synonym mit **Verrichtung, Operation, Aktion** benutzt. In Phase 2 (s. Abschn. 4.2, Kap. 8 und Kap. 10) ergibt sich die Notwendigkeit, Elementarfunktionen noch einmal in **Teilfunktionen** zu zerlegen. Analog wird auch der Begriff **Teilaufgabe** benutzt.

Die Objekte Daten bzw. Informationen spielen in unserem Zusammenhang eine zentrale Rolle. Daher interessiert ausschließlich die Modellierung von Tätigkeiten (mit dem Ziel ihrer teilweisen Programmierung), die *informationelle* Objekte zum Gegenstand haben.

6.4.2 Vorgehen

Meist ist durch die vorhandene Organisationsstruktur eine formale Aufgabengliederung gegeben, die nach einem der Kosiolschen Kriterien erklärt werden kann. Sie endet bei organisatorischen Einheiten wie Abteilung oder Gruppe. Ab dieser Ebene erfolgt eine weitere Aufgabenanalyse bzw. -synthese. Die Vorschrift zur Verfeinerung von Aufgaben lautet: *Bilde Teilaufgaben, die Datenobjekte bearbeiten, solange bis Objekttype des Datenmodells von einer zeitlich zusammenhängenden Tätigkeit bearbeitet werden.*

Die Regel enthält eine implizite Annahme, die explizit genannt werden muß: *Daten werden am Ort ihrer Entstehung bearbeitet, d. h. die Datenverantwortlichkeit liegt bei den Aufgabenträgern, die die Daten erzeugen.*

Ist die Zerlegung beendet, sollte die vorgegebene Baumstruktur der darüberliegenden, zunächst vorgegebenen Ebenen (Abteilung, Gruppe) kritisch daraufhin überprüft werden, ob es mehrfache Bearbeitungen derselben Objektypen gibt. Dann muß ggf. eine Revision der Aufbauorganisation nach dem oben formulierten Zerlegungskriterium erwogen werden.

Das folgende Beispiel zeigt ein Aufgabenmodell, das im Rahmen einer existierenden Organisation mit den beiden Ebenen Hauptabteilung und Abteilung gebildet wurde (s. Abb. 6-12, Folgeseite).

Als Anhalt und Prüfmittel für die Aufgabenanalyse dient der *Arbeitsablauf* (Entwurfsschritt (1)). Alle dort aufgeführten Tätigkeiten müssen sich hier wiederfinden. Andernfalls bearbeiten sie redundante Daten des Istzustandes. Hierbei wird unterstellt, daß in aller Regel nicht-redundante Daten des Istzustandes auch im Sollzustand verarbeitet werden. Jetzt kann das erste Ziel der Aufgabenzerlegung (Ermittlung programmierbarer Funktionen) präzisiert werden:

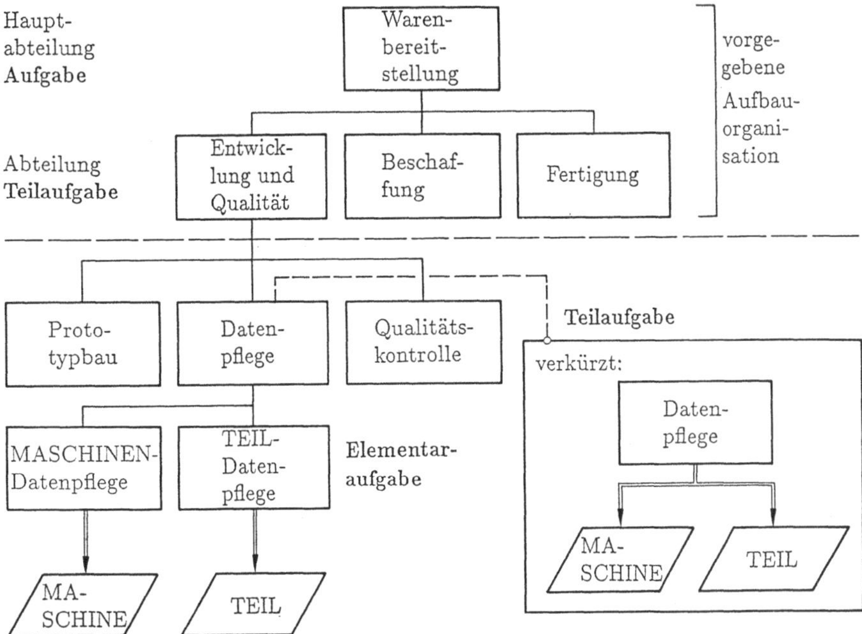

Abb. 6-12. Beispiel eines Aufgabenmodells

Ziel der Aufgabenzerlegung in der geschilderten Form ist es, Elementaraufgaben bzw. -funktionen zu finden, die an Datenobjekte gebunden sind. Damit ist
die Wahrscheinlichkeit von Strukturbrüchen zwischen dem Aufgabenmodell und
einer softwaretechnischen Modularisierung nach (abstrakten) Datentypen stark
verringert.

Durch die Aufgabenanalyse werden erste Anhaltspunkte für eine Überprüfung der vorhandenen oder eine Bildung neuer Stellen geliefert. Diese **Stel-
len/SOLL** werden für die weiteren Entwurfsschritte zunächst zugrundegelegt.
Es sind nach dem Ablauf in Abb. 4-3 und der Beschreibung in Abschn. 4.2.3 die
Schritte

- Vorgangsketten/SOLL (5.1),
- Arbeitsabläufe/SOLL (5.2).

Nach Abschluß der Vorgangskettenanalyse muß die Stellenbildung ggf. noch revidiert werden, da Software erhebliche Auswirkungen auf die Arbeitsinhalte in
einer Organisation hat. Dabei befinden wir uns bereits in einer zweiten Stufe
der Automation: *Es werden nicht manuelle Tätigkeiten automatisiert, sondern
veraltete Datenverarbeitungssysteme abgelöst.*

Beispiel: Mit der Einführung des bereits erwähnten Personalabrechnungssystems (s. Abschn. 2.1.1, 6.1, 6.2) fielen vor allem aufwendige Steuerungsfunktionen für das abzulösende
DV-System weg. Das folgende Beispiel für ein Aufgabenmodell ist nach Tätigkeiten auf Objekttypen verfeinert.

6.4.3 Beispiel eines datentyporientierten Aufgabenmodells

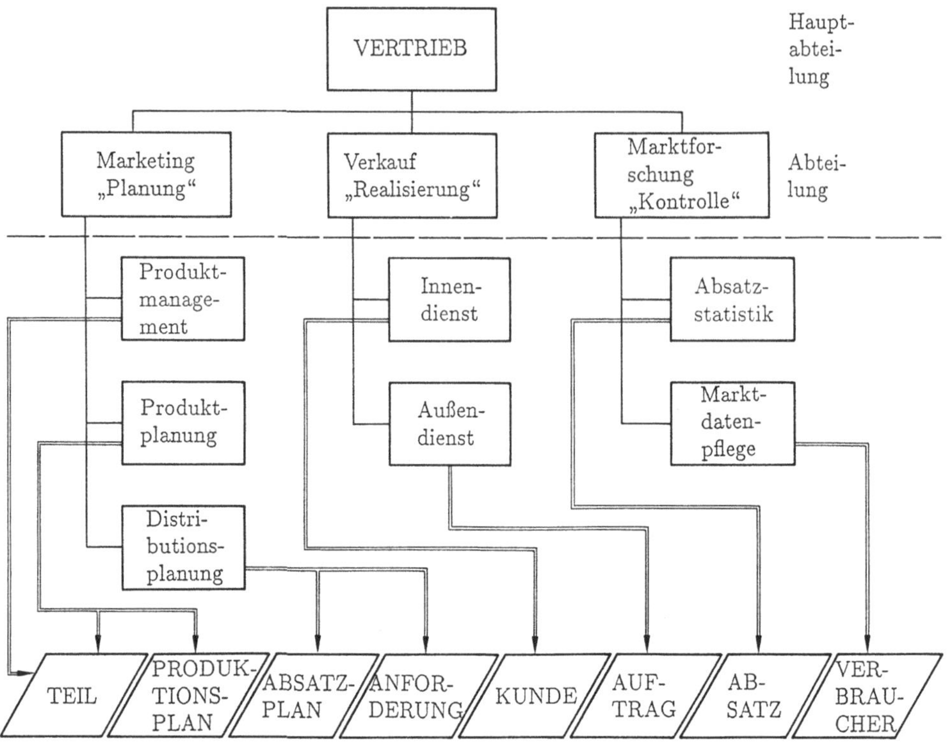

Abb. 6-13. Aufgabenmodell nach Tätigkeiten auf Datenobjekten

Erläuterung: Die Darstellungstechnik im Bild oben wurde gegenüber Abb. 6-12 zum besseren Verständnis leicht verändert. Die Aufbauorganisation ist bis zur Abteilungsebene in dem o. a. Beispiel vorgegeben. Sie folgt dem Kosiolschen Zerlegungskriterium Phase (Planung, Realisierung, Kontrolle). Auf der tieferen Ebene wird nach Datenobjekt zerlegt. Hierdurch werden in erster Näherung Stellen/SOLL mit Datenverantwortlichkeiten geschaffen. Die sich anschließende Vorgangskettenanalyse muß die Tragfähigkeit des Aufgabenmodells zeigen. Ggf. muß das Aufgabenmodell punktuell revidiert werden, wenn die Bearbeitung der betrachteten Datenobjekttypen insgesamt andere Datenverantwortlichkeiten aufdeckt als die zunächst angenommenen.

6.5 Vorgangskettenanalyse

- Was sind Vorgangsketten?
- Wozu braucht man Vorgangsketten?
- Wie findet man Vorgangsketten?
- Wie kann man Vorgangsketten darstellen?
- Wie wertet man Vorgangsketten aus?

6.5.1 Definition von Vorgangsketten

Üblicherweise versteht man in der administrativen Theorie und Praxis unter einem Vorgang einen Beleg, der durch Weitergabe von Stelle zu Stelle bearbeitet wird. Dieser Beleg kann auch eine Dialogeingabe sein. Man kann Vorgänge unter zwei Fragestellungen betrachten:

- Welche Tätigkeiten laufen bei der Vorgangsbearbeitung ab?
- Welche Veränderungen erfahren die Daten, die ein Vorgang beinhaltet?

Die Frage nach den Tätigkeiten stellt Busch (83, IKS) in den Mittelpunkt seiner Analyse zur Entwicklung eines betrieblichen Kommunikationssystems. Vorgänge werden dort als Ketten oder Netze von Aufgaben abgebildet. Je nach Auslöser gibt es eine sehr große Anzahl von Varianten dieser Art von Vorgangsketten. Verfeinert wird nach Tätigkeiten. Dies entspricht softwaretechnisch einer funktionalen Zerlegung.

In OBAS wird das Gewicht auf die Entstehung und Veränderung der **Daten** hinsichtlich ihrer organisatorischen Einbindung gelegt. Änderungsrechte an Daten müssen organisatorisch geregelt sein. Die änderungsberechtigten Stellen sind die primären Benutzer eines Softwaresystems. Sekundäre Benutzer sind diejenigen, denen lesender Zugriff auf einen Datenbestand erlaubt ist und die abgeleitete Daten erhalten. Sie werden in Vorgangsketten nicht betrachtet, da sie die Integrität einer Datenbasis nicht berühren. Sie einzubeziehen würde außerdem in dieser Phase die Komplexität des Betrachtungsgegenstandes extrem erhöhen.

Vorgangsketten sind die *Änderungsoperationen* durch *datenverantwortliche Stellen* auf sachlogisch zusammengehörenden *Objekttypen*.

Systeme, die in sich eine hohe Bindung (= möglichst wenige Schnittstellen) aufweisen, ermöglichen eine evolutionäre Entwicklung der Datenbasis und eine strukturstabile Softwarepflege. Die Vorgangskettenanalyse ist ein Modularisierungsansatz für Softwaresysteme. Sie zielt darauf ab, änderungsstabile Teilsysteme zu finden.

Im Bild läßt sich dieser Sachverhalt mit einem Schalenmodell verdeutlichen:

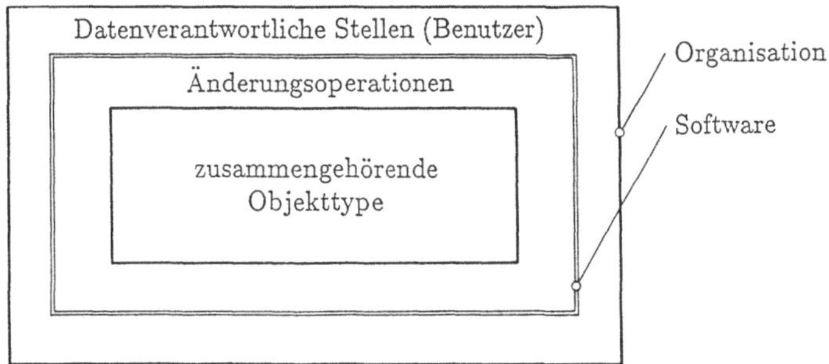

Abb. 6-14. Modularisierungskonzept der Vorgangsketten

Vorgangs*kette* unterstellt Bearbeitungs*sequenzen*. Die Sequenz gilt selbstverständlich nur für die Bearbeitungsreihenfolge auf der *Objekttypebene*. Die einzelnen Ausprägungen, die konkreten Datenobjekte, werden parallel von mehreren Stellen bearbeitet, z. B. einzelne Aufträge des Typs AUFTRAG.

6.5.2 Verwendung von Vorgangsketten

Vorgangsketten sollen in einer frühen Entwicklungsphase

- die organisatorische Einbindung der Datenbasis und Datenverantwortlichkeiten aufdecken,
- die möglichen organisatorischen Auswirkungen eines Systemkonzeptes durch Ist-Soll-Vergleich transparent machen,
- einen Beitrag zur Überprüfung des Datenmodells hinsichtlich der Vollständigkeit und Korrektheit der Abbildung der Realität liefern (s. hierzu Abschn. 6.5.4.3),
- möglichst homogene, änderungsstabile Teilsysteme vorbereiten,
- die Zahl der (Daten-) Schnittstellen zwischen Stellen minimieren,
- fachwissenschaftliche **Transaktionen** über die Grenzen von Objekttypen hinaus definieren (s. hierzu Abschn. 6.5.3.3).

Die Überprüfung des Datenmodells ist von großer Tragweite für ein administratives Softwaresystem. In Abschn. 6.5.4.3 werden Beispiele für Vorgangsketten dargestellt und interpretiert. Insbesondere die Modellierung von **Rollen** der Objekttypen hat große praktische Auswirkungen. Die meiste Flickarbeit an administrativen Softwaresystemen wird durch Strukturfehler des Datenmodells erforderlich. Viele dieser Fehler beruhen nicht auf der Verletzung der Regeln der Datenmodelle, sondern auf einer realitätswidrigen Abbildung von Strukturen. Korrekte Abbildungen findet man nur durch Betrachtung der Operationen auf den Daten.

Mit dem traditionellen Vorgehen der Organisationsanalyse (Arbeitsabläufe) und der Aufgabenanalyse (Aufgabenhierarchie) wird der Einsatzrahmen von Software nur lokal für den untersuchten Organisationsbereich entworfen. Eine Integration über die Gesamtorganisation findet man nur über die Analyse der Datenbasis (vgl. hierzu auch Scheer 85, EDV-BWL). Diese Integration wird durch die Vorgangskettenanalyse geleistet.

6.5.3 Ermittlung von Vorgangsketten

6.5.3.1 Differenzierung nach Arten von Objekttypen

Administrative Datenbestände werden traditionell in Stammdaten und Bewegungsdaten unterteilt. Auf der Ebene des Datenmodells ist es zweckmäßiger, von Grundobjekttypen (GOT) und Vorgangsobjekttypen (VOT) zu sprechen. Eine etwas weitergehende Unterscheidung wird seit Jahren erfolgreich in der SCHERING AG benutzt (vgl. Heinrich 82, Datenanalyse).

Ein **Grundobjekttyp** umfaßt dauerhaft gespeicherte Daten (Stammdaten) über dauerhafte Objekte der realen Welt. Er tritt entweder als einfacher Objekttyp (z. B. Personalstamm) oder als hierarchisch strukturierter Objekttyp (z. B. Teilestamm) auf.

Ein **Vorgangsobjekttyp** beschreibt einen administrativen Vorgang, in dem Daten aus Grundobjekttypen mit ergänzenden Attributen des Vorgangs zeitpunktbezogen verknüpft werden, z. B. ein Auftrag eines KUNDEn, der TEILe enthält. Vorgangsobjekttype enthalten meist *Mengen* und *Werte* von Objekten aus Grundobjekttypen. Ein Vorgang „lebt" so lange, wie er bearbeitet wird, dann „stirbt" er oder wird aus Gründen der Revisionsfähigkeit archiviert.

Im Gegensatz zum umgangssprachlichen Gebrauch von Vorgang gibt es Vorgangsketten auf Vorgangsobjekttypen *und* Grundobjekttypen. Die Vorgangsketten unterscheiden sich jedoch voneinander.

6.5.3.2 *Vorgangsketten auf Grundobjekttypen*

Grundobjekttype sind häufig komplex strukturiert. Ihre Daten werden von verschiedenen Stellen gepflegt.

Beispiel: Der Grundobjekttyp TEIL (s. Beispiel zur Datenanalyse in Abschn. 6.3.1.6) enthält Daten

- der Produktentwicklung,
- des Einkaufs,
- der Produktion,
- des Vertriebs,
- der Buchhaltung
  u.a.m..

Alle diese Stellen pflegen „ihre" Daten.

Der GOT erfüllt z. B. folgende **Rollen**, die hierarchisch zueinander stehen:

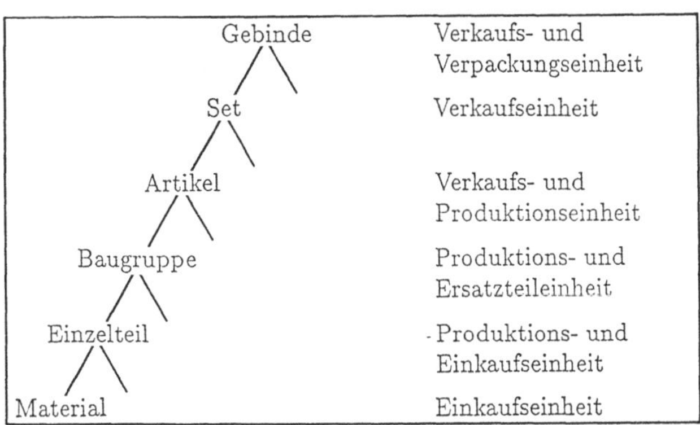

Abb. 6-15. Hierarchischer, von mehreren Stellen gepflegter Grundobjekttyp

Es gibt verschiedene Möglichkeiten, ein solches Rollenkonzept als Datenmodell in einem oder in mehreren Objekttypen abzubilden. Die Entscheidung hängt von der Zahl gemeinsamer Attribute über alle Rollen ab. Unabhängig von der Lösung gehören alle Rollen eines solchen komplexen Objekttyps in eine Vorgangskette, um alle änderungsberechtigten Stellen zu erfassen. Ebenfalls dazu gehören die häufig auf solchen Objekttypen aufbauenden Relationen, die Beziehungen zwischen GOT abbilden. Der bekannteste Objekttyp dieser Art ist STÜCKLISTE. Hier bestehen bei Änderungen Abhängigkeiten auf der Typ-Ebene (siehe Beispiel in Abschn. 4.2.3, Vorgangsketten/SOLL): *Solange es STÜCKLISTEn gibt, die ein bestimmtes TEIL enthalten, darf dieses TEIL nicht gelöscht werden.*

6.5.3.3 *Vorgangsketten auf Vorgangsobjekttypen*

Vorgangsobjekttype sind i.d.R. gar nicht (BUCHUNG) oder einfach hierarchisch strukturiert (AUFTRAG). Für den einzelnen übergeordneten Objekttyp ist eine datenverantwortliche Stelle zu benennen. Nur sie darf die Daten ändern.

Beispiel:

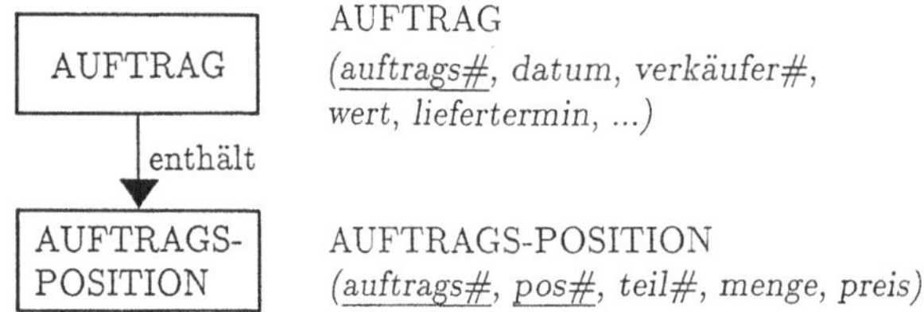

Abb. 6-16. Einfache Hierarchie von Vorgangsobjekttypen

Das Beispiel zeigt, daß der betreuende Verkäufer dem Auftrag zugeordnet ist. Die Zugriffsrechte sind auf der Ebene der Abteilung Verkauf geregelt. Vorgangsobjekttype enthalten als Fremdschlüssel Referenzen auf Grundobjekttypen (niemals umgekehrt!). Sie enthalten immer ein Datum als Attribut oder Teilschlüssel, um den Zeitpunkt der Entstehung festzuhalten. Ein VOT wie AUFTRAG hat sachlogisch für sich noch keine Existenzberechtigung. Er steht logisch in Verbindung mit anderen VOT, die entweder bereits existieren, oder deren Existenz erwartet wird.

Beispiel: Auf einen AUFTRAG hin wird Ware geliefert (LIEFERSCHEIN), auf einem SACHKONTO verbucht und in Rechnung gestellt. Die RECHNUNG wird dem KREDITORENKONTO belastet. Dabei wird der Wert von AUFTRAG ausgebucht. Bei Bezahlung wird der Wert in RECHNUNG gegen das KASSENKONTO ausgebucht.

In Abb. 6-17 (Folgeseite) werden in der rechten Spalte zwei Vorgangsketten (VgK) gebildet. Die ideale Vorgangskette für diesen Ablauf wäre der gesamte Geschäftsvorfall. Nach erfolgreicher Abwicklung sind die Vorgangsobjekte verschwunden, es bleiben die Zugangsbuchungen für Bestände und die Abgangsbuchungen für Geld.

Ein Teilsystem über eine solche Vorgangskette würde erheblich zu groß. Daher wird der Geschäftsvorfall pragmatisch in mehrere Vorgangsketten geteilt (hier

VOT	Real- transfer	verantwortliche Stelle	VgK
AUFTRAG (Menge, Wert)		Einkauf	1
LIEFERSCHEIN	Ware	Wareneingang	1
SACHKONTO		Buchhaltung	2
RECHNUNG		Rechnungsprüfung	1
KREDITORENKONTO		Buchhaltung	2
KASSENKONTO	Geld	Buchhaltung	2

Abb. 6-17. Geschäftsvorfall: Bestellung, Lieferung, Bezahlung von Ware

VgK 1 und 2) nach dem Kriterium: *Eine Vorgangskette MUSS diejenigen Objekttypen enthalten, zwischen denen es direkte Datenabhängigkeiten gibt.* Direkte Datenabhängigkeiten gibt es fast immer zwischen den Objekttypen, die einen Vorgang als Ganzes beschreiben, und den Vorgangspositionen (AUFTRAG enthält den Auftragswert, der sich mit der Änderung einer Position ändert). Zwischen sachlich korrespondierenden VOT ist das häufig der Fall (AUFTRAG.menge ↔ LIEFERSCHEIN.menge; AUFTRAG.wert ↔ RECHNUNG.wert). Man kann das Kriterium auch anders ausdrücken: *Eine Vorgangskette muß sachlogische Transaktionen vollständig enthalten.*

Im Bereich der Buchhaltung muß eine Buchung im SOLL und im korrespondierenden HABEN abgeschlossen sein, sonst ist der Datenbestand inkonsistent. Eine Transaktion kommt zustande, wenn zwischen Relationen, die für sich jeweils in der 3. Normalform sein können, transitive Abhängigkeiten bestehen, die der 3NF ähneln:

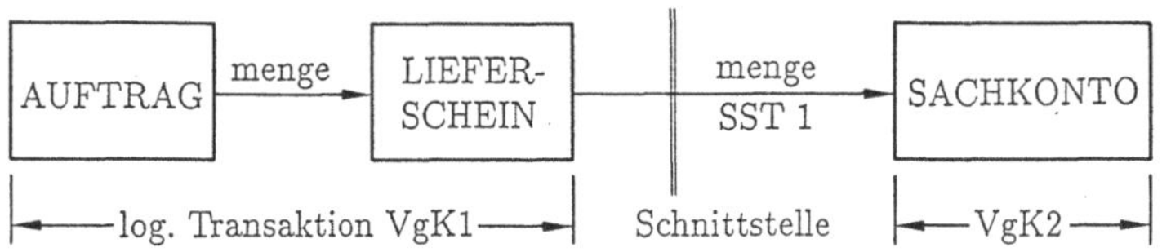

Abb. 6-18. Logische Transaktion als Vorgangskette

Interpretation: Wenn LIEFERSCHEIN.menge genau AUFTRAG.menge entspricht, ist die funktionale Abhängigkeit zwischen beiden Objekten bezüglich dieses Attributs beendet. AUFTRAG.menge wird nicht mehr benötigt. LIEFERSCHEIN.menge geht über eine Schnittstelle an SACHKONTO.menge.

Man kann die Integrität eines solchen Systems zwar über Teilsystemgrenzen hinweg erhalten, schafft sich dadurch jedoch eine unnötige Komplexität und unnötige Schnittstellen.

Bei der Bildung von Vorgangsketten nach dem Kriterium Logische Transaktion wird eine Vorgangskette als Einheit betrachtet, wenn sie den Normalfall eines organisatorischen Ablaufs abbildet. Organisatorische und datenbezogene Abhängigkeiten werden auf Teilsysteme konzentriert. Dieser Sachverhalt soll noch einmal verdeutlicht werden (s. Abb. 6-17, Beispiel Geschäftsvorfall): Wenn RECHNUNG und LIEFERSCHEIN den Werten von AUFTRAG entsprechen – das ist der Normalfall – gehen die Daten an das Folgesystem. Bei Änderungen ist AUFTRAG nicht mehr betroffen, sondern nur noch RECHNUNG.

Beispiel: Gegeben sei der Geschäftsvorfall „Teil wird bestellt, produziert, verschickt, in Rechnung gestellt". Die Gesamt-Vorgangskette AUFTRAG → PRODUKTIONSPLAN → FERTIGUNGSPLAN → PRODUKTION → VERSANDPAPIERE → RECHNUNG → BUCHUNG ist zu lang. Es kann jedoch die Vorgangskette gebildet werden AUFTRAG → PRODUKTIONSPLAN, da Daten, die an FERTIGUNGSPLAN gehen, im *Normalfall* keine Änderungen in AUFTRAG mehr hervorrufen. Es besteht also keine direkte Abhängigkeit.

Anders als bei Grundobjekttypen gibt es bei Vorgangsobjekttypen eine Fülle von Varianten, die auf Abweichungen vom Normalfall beruhen. Diese Abweichungen betreffen *Mengen*, *Werte* und *Werteinheiten* (z. B. Währungen).

Beispiele:
- Teillieferungen,
- Retouren durch Teil-Beanstandungen,
- Versandkosten, die in der Bestellung fehlen,
- Über-/Unterlieferungen (zuviel/zuwenig),
- Bestellung auf der Basis einer falschen Preisliste:
  RECHNUNG.wert ≠ AUFTRAG.wert,
- Währungsdifferenzen durch Kursschwankungen,
- Anzahlungen,
- Auftragnehmer (AUFTRAG) ≠ Lieferant (LIEFERSCHEIN)
  Lieferant (LIEFERSCHEIN) ≠ Inkassopartner (RECHNUNG).

Alle diese und viele andere Fälle führen zur Verlängerung der Lebensdauer von VOT und ggf. zu indirekten Datenänderungen. Bei der Bildung kleiner und überschaubarer Teilsysteme entstehen bei Sonderfällen Schnittstellen zwischen Teilsystemen, was jedoch immer noch der Forderung nach Schnittstellenminimalität entspricht. Wenn diese Sonderfälle zum Normalfall werden, ist es an der Zeit, sie als *organisatorische Schwachstelle* zu ändern.

6.5.3.4 *Zusammenfassung*

Man findet Vorgangsketten, indem man
- die Datenentstehung und -pflege der Grundobjekttypen analysiert,
- die Geschäftsvorfälle untersucht, die im (betrieblichen) Rechnungswesen zusammenlaufen,
- die Arbeitsabläufe aus der Organisationsanalyse prüft (sie sind Datenflüsse und enthalten häufig Vorgangsketten),
- die Datenabhängigkeiten von Vorgangsobjekttypen aufdeckt.

6.5.4 Darstellung von Vorgangsketten

Die Anforderungen der beiden Arten von Vorgangsketten an eine Darstellungsform sind verschieden:

- **Grundobjekttype** müssen auf der Ebene ihrer *Attribute* betrachtet werden, da die Verantwortung für die Attribute über mehrere oder viele Stellen verteilt ist.
- **Vorgangsobjekttype** müssen meist nur auf der *Typ-Ebene* betrachtet werden, da alle Attribute der Verantwortung derselben Stelle unterliegen.

Vorgangsketten aus VOT kann man graphisch in Form von Ablaufdiagrammen darstellen. Bei GOT ist dies wegen der verschiedenen Behandlung der Attribute nicht möglich. Die hier verwendete Tabellenform ermöglicht eine einheitliche Darstellungsform für beide Fälle und einen einfachen IST-SOLL-Vergleich.

6.5.4.1 *Vorgangsketten als Tabellen*

Die Tabelle einer Vorgangskette (VgK) besteht aus drei Spaltenblöcken:

Tab. 6-2: Darstellungsform von Vorgangsketten

Objekttyp	Tätigkeiten-IST	Tätigkeiten-SOLL	
<OT> <attribut>	<operation>	<operation> <stelle/	[<stelle/
[<Rolle>]	<stelle>	sender>	empfänger>]

Erläuterungen: Für jeden Objekttyp werden alle Attribute, für jedes Attribut wird jede Rolle notiert. Für jede dieser Rollen werden die Tätigkeiten und die ausführenden Stellen für IST und SOLL gegenübergestellt. Bei aktiver Weitergabe von Daten wird für die Stellen/SOLL der Empfänger benannt, um mögliche Abgrenzungsfehler frühzeitig deutlich zu machen.

Die Tabelle einer Vorgangskette ist eine Basis für Auswertungen bei der Teilsystembildung und für die spätere funktionale Spezifikation. Die Betrachtungsebene der Vorgangskette im Sinne der Aufgabenanalyse liegt unterhalb der Elementaraufgabe bzw. -funktion. Es handelt sich um Teilaufgaben bzw. Teilfunktionen. Demnach entsprechen die **Operationen** aus der Terminologie **abstrakter Datentypen** den **Teilfunktionen** der **Aufgabenanalyse**.

6.5.4.2 *Standardbezeichnungen für Tätigkeiten*

Für Operationen auf Vorgangsketten werden einfache und komplexe standardisierte Bezeichnungen für Tätigkeiten des Benutzers oder des Rechners ('R') verwendet. Die in ( ) stehenden Teile einer Bezeichnung werden ggf. in den Vorgangsketten weggelassen. Bis auf „erzeugen" beziehen sich alle Tätigkeiten auf Attribute eines Objekttyps (OT).

Tab. 6-3. Standardbezeichnungen für Tätigkeiten

	Tätigkeiten		Rechner-schnittstelle	Funktion von 'R'
	allgemein	manuell		
einfache	schreiben	notieren	eing(eben) →	[Dialog]
			erf(assen) →	[Batch]
	erg(änzen)	erg	erg	
	änd(ern)	änd	änd	
	lösch(en)	lösch	lösch	
	speich(ern)	ablegen	anl(egen)	
	les(en)	suchen	les	anz(eigen)
komplexe	erz(eugen)	OT definieren + notieren	OT definieren + eing	
	ermitteln	suchen + notieren	eing + les	
	vergl(eichen)	vergl	eing + les	
	korr(igieren)	suchen + änd	eing + änd	anz
	prüf(en)	suchen + vergl	eing + les	prüf
	festl(egen)	vergl + eing	les + eing	
	arch(ivieren)	notieren + ablegen	eing	speich
	weiter(geben)	weiter	weiter	senden

6.5.4.3   Beispiele

Die folgenden Beispiele verdeutlichen den weiteren Gebrauch und die Notation von Vorgangsketten (s. dazu auch das Beispiel **Pflege Teilestammdaten** in Abschn. 4.1.2.3. Es ist organisatorisch wie Beispiel 1 unten zu sehen, die betrachteten Objekttype sind jedoch komplexer.).

Beispiel 1: GOT; Soll-Tätigkeiten vereinfachen den Ablauf

Problembereich: **Pflege Personalstammdaten.** Personaldaten werden bei einer Einstellung in den Rechner eingegeben. Sie müssen bis zur ersten Gehaltsabrechnung vollständig und richtig gespeichert sein (s. hierzu Arbeitsablauf Abb. 2-2).
Ist: Personalsachbearbeiter (PSb) notiert die Daten. Sie werden in der Datenerfassung (DEF) in den Rechner eingegeben. Ein Probeausdruck wird von PSb geprüft, ggf. noch einmal durch DEF korrigiert.
Soll: PSb gibt die Daten in den Rechner ein. Sie werden sofort online geprüft, von PSb korrigiert und dann an die Lohn- und Gehaltsabrechnung (LGA) weitergegeben.

VgK-1: **Pflege Personalstammdaten**

Objekttyp/ Attribut	Rolle	IST		SOLL		
		Tätigkeit	Stelle	Tätigkeit	Sender	Empfänger
MITARBEITER						
personaldaten		notieren	PSb	eingeben	PSb	
		erfassen	DEF	prüfen	R	
		prüfen	PSb	korr	PSb	
		erfassen	DEF	senden	R	LGA
		weitergeben	PSb			
abrechnungsdaten		prüfen	LGA	korr	LGA	

Interpretation: Die Datenverantwortlichkeit ist nach Personal-Sachbearbeiter und Sachbearbeiter der Lohn- und Gehaltsabrechnung getrennt. Gleich behandelte Attribute („personaldaten") wurden zusammengefaßt. Es ist möglich, die Empfänger von Daten auch im Istzustand anzugeben. Dieser Aufwand bringt jedoch keinen erkennbaren Nutzen.

Beispiel 2: VOT; Im Sollzustand werden Tätigkeiten mit Rechnerunterstützung durchgeführt, die im Istzustand manuell zu aufwendig waren.

Problembereich: **Auftragsbestätigung erstellen**. Die Kundenauftragsverwaltung eines Herstellungsbetriebes soll bezüglich ihrer Auskunftfähigkeit verbessert werden.

Ist: Die Auftragsannahme (AA) notiert die Aufträge. (Die Auftrags-Nr. ist auf dem Beleg vorgedruckt.) Die Aufträge werden in der Auftragserfassung (AE) in den Rechner eingegeben. Der Kunde kann nicht benachrichtigt werden, ob der gewünschte Liefertermin eingehalten wird, da keine rechnerunterstützte Produktionsplanung existiert.

Soll: Der Auftragssachbearbeiter (ASb) gibt den Auftrag ein. Es wird online geprüft, welche Positionen am Lager sind. Dabei wird der Bestand für diesen Auftrag reserviert. In der folgenden Nacht wird der Produktionsplan auf der Basis neu eingegangener Aufträge durchgerechnet und in jeden Auftrag der mögliche Liefertermin eingetragen. Zur Vereinfachung werden Teillieferungen nicht in Erwägung gezogen. Der ASb sieht sich morgens seine Aufträge vom Vortag an und startet, ggf. nach Korrekturen, eine Kundenbenachrichtigung.

Der sehr komplexe Ablauf des Soll wird außerhalb der Vorgangskette verbal erläutert. Insbesondere muß die nicht explizit ausgedrückte Bearbeitungssequenz der Attribute erklärt werden. Eine solche Erläuterung wäre für einen fachkundigen Abteilungsleiter nicht erforderlich.

VgK-2: **Auftragsbestätigung erstellen**

Objekttyp/ Attribut	Rolle	IST		SOLL		
		Tätigkeit	Stelle	Tätigkeit	Sender	Empfänger
AUFTRAG						
auftrags#		–		anzeigen	R	
		eingeben	AE	–		
typ	'auftr'	–		anzeigen	R	
	'bestät'	–		ändern	ASb	
datum		notieren	AA	anzeigen	R	
		eingeben	AE	–		
liefertermin		notieren	AA			
		eingeben	AE	eingeben	ASb	
				prüfen, korr	R	
				lesen, korr	ASb	Kunde
wert		ermitteln	AA	ermitteln	R	
		notieren	AA	–		
kunden#		notieren	AA	eingeben	ASb	
		eingeben	AE	prüfen	R	
		prüfen	R			
AUFTRAG-POS						
auftrags#,		eingeben	AE	anzeigen	R	
teil#		eingeben	AE	eingeben	ASb	
				prüfen	R	
				korr	ASb	
menge		eingeben	AE	eingeben	ASb	
				prüfen, korr	R	
				korr	ASb	Kunde
preis		eingeben	AE	anzeigen	R	
				korr	ASb	

Erläuterung: Je AUFTRAG werden n AUFTRAG-POS eingegeben. Danach wird AUFTRAG.wert:= Σ AUFTRAG-POS.(menge $\times$ preis) ermittelt. Nach dem Nachtlauf wird vom Rechner AUFTRAG.liefertermin auf Erfüllbarkeit hin geprüft, ggf. korrigiert. Dies ist das gewünschte noch offene Ergebnis für die vollständige Auftragsbestätigung.

6.5.5 Ergebnisse

Nachdem alle zum betrachteten System gehörenden Vorgangsketten erfaßt sind, lassen sich die beiden folgenden Fragen beantworten:

- *An welche Stellen liefert das System Daten?* (System = Menge der Vorgangsketten.) Exportschnittstellen werden daraufhin untersucht, ob und wie die weitergelieferten Daten verwendet werden. Hierbei sind alle Varianten möglich:
  - Die Daten werden gefordert aber nicht gebraucht,
  - die Daten werden mit anderer Bedeutung erwartet, als sie geliefert werden,
  - die Daten sollen noch verändert werden (was nicht sein darf!) bzw. eine Kopie wird verändert,
  - es gibt Zirkel zu Importschnittstellen.
- *Welche Stellen erzeugen/ändern welche Attribute oder Objekttypen?* Hiermit werden Datenverantwortlichkeiten festgelegt.

Nicht aus den Vorgangsketten beantworten läßt sich die Frage: *Von welchen Stellen empfängt das System Daten?* Dies geht aus den Arbeitsabläufen bis zur Dialogschnittstelle hervor. Wenn Daten über Belege an die Stellen gelangen, die die Daten in die Datenbasis eingeben, ist noch einmal zu hinterfragen, ob die datenliefernde Stelle nicht besser in das System einbezogen werden sollte. Eine solche Importschnittstelle kann auch ein Hinweis auf redundante Daten sein.

Man wird bei den Auswertungen Fehler in der Konstruktion des Datenmodells, der Arbeitsabläufe und der Vorgangsketten entdecken und korrigieren. Datenmodell und Datenverantwortlichkeiten haben jetzt einen Punkt der Stabilität erreicht, zu dem man ein DATA DICTIONARY einsetzen sollte. Es liefert für die weitere Entwicklungsarbeit Auskünfte über strukturelle Verknüpfungen und Inhalte, Attribute und Integritätsbedingungen von Daten.

6.6 Bildung von Teilsystemen

6.6.1 Möglichkeiten der Teilsystembildung

Folgende Varianten der Bildung von Teilsystemen sind möglich:

Tab. 6-4. Möglichkeiten der Teilsystembildung

Fall	Teilsystem		Vorgangskette		Objekttyp
1	1	:	1	:	1
2	1	:	1	:	n
3	1	:	m	:	k

Fall 1 ist trivial. Fall 2 wirft die Frage nach der **Teilung der Vorgangskette** auf.

Bei der Entscheidung sind die in Abschn. 6.5.3 genannten Kriterien anzuwenden. Tendenziell wird man Vorgangsketten auf Grundobjekttypen nicht oder nur bei stufenweiser, aufeinander aufbauender Entwicklung teilen (vgl. Beispiel in Abschn. 4.1.2.3 (6). Dort wird nach Objekttypen oder nach Rollen geteilt).

Vorgangsketten auf Vorgangsobjekttypen lassen sich außerhalb von logischen Transaktionen leicht, innerhalb kaum trennen.

Fall 3 enthält Fall 2 und wirft zusätzlich die Frage auf: *Sollten Vorgangsketten zu Teilsystemen zusammengefaßt werden?* Kriterien für eine Zusammenfassung können sein, daß **Personalkapazität** resp. **Budget** in einem bestimmten Zeitraum bereitsteht oder daß eine Anwendung mit hohem **Zeitdruck** stufenweise fertiggestellt werden muß. Ist zwar Budget aber keine Kapazität vorhanden, können keine Teilsysteme gebildet werden. Methodisch ist eine Zusammenfassung problemlos möglich, wenn man keine willkürlichen Systemgrenzen schafft:

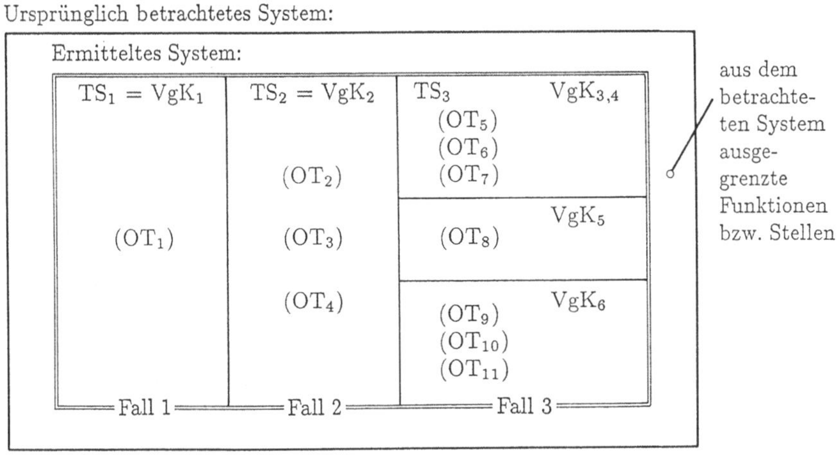

Ursprünglich betrachtetes System:

Abb. 6-19. Kombinationsmöglichkeiten von Teilsystemen, Vorgangsketten und Objekttypen
TS_i = Teilsystem i; VgK_j = Vorgangskette j; OT_k = Objekttyp k

Es bleibt noch die Systemabgrenzung *nach außen: Welche Funktionen gehören nicht zum System?*

Nicht zum System gehörende Funktionen werden *implizit* durch die Konstruktionsmethodik ausgeschlossen. Im Sollzustand werden nur die änderungsberechtigten Stellen und die von ihnen bearbeiteten Aufgaben betrachtet. Nicht änderungsberechtigte Stellen gehören aus der Sicht eines auf Objekttypen gebildeten Teilsystems nicht zum Softwaresystem dazu.

Beispiele:
- In dem schon mehrfach erwähnten Personalabrechnungssystem wurden im Istzustand als Aufgaben der Lohn- und Gehaltsabrechnung Tätigkeiten der Betriebsbuchhaltung wahrgenommen. Sie wurden im SOLL in eine andere Abteilung verlagert.
- In einem Industriebetrieb war die Buchhaltung verantwortlicher Benutzer für die Pflege der Herstellkosten der Artikelstammdaten. Hierzu mußte sie sich umständlich die Kalkulationsdaten von der Arbeitsvorbereitung beschaffen. Im SOLL wurde diese organisatorische Schwachstelle beseitigt.

Die Zuordnung von Funktionen, die Daten auswerten, berührt die Systemabgrenzung nicht. Sie kann in der Phase Spezifikation vorgenommen werden.

6.6.2 Abgeleitete Daten und Teilsysteme

Abgeleitete Daten sind

- verdichtete Daten (Absatz, Umsatz, Bedarf),
- berechnete Daten (optimale Losgröße, Durchschnitte, Zeitreihen).

Sie ändern sich, wenn sich die Primärdaten ändern. Abgeleitete Daten werden nicht in der Datenbasis gespeichert, wenn die Hardware leistungsfähig genug ist. Im Sonderfall (vgl. Beispiel in Abb. 6-16: AUFTRAG.wert) werden sie in den Vorgangsketten betrachtet, aus deren Objekttypen sie abgeleitet sind. Funktionen, die abgeleitete Daten erzeugen, gehören zum Teilsystem dazu. Integrität und Handhabbarkeit sind von der Zuordnung nur berührt, wenn abgeleitete Daten gespeichert werden. Über die Zuordnung zum Teilsystem entscheiden organisatorische, technische und zeitliche Kriterien. Damit sind alle Fälle praktisch vorkommender administrativer Software zugeordnet. Die Reihenfolge für die Realisierung der Teilsysteme wurde bereits in Abschn. 4.1.2.3, Entwurfsschritt (6) behandelt.

6.6.3 Beispiel eines objektorientierten Systems

6.6.3.1 Problembeschreibung

Ein Unternehmen beliefert den Einzelhandel in der gesamten Bundesrepublik durch eine eigene Vertriebsmannschaft. Die Teilestammdaten sind als Softwarelösung historisch gewachsen. Sie haben Strukturmängel, die es immer schwerer machen, den Marktgegebenheiten zu folgen. Die Lagerbestandsführung (hier wird auf TEIL Bezug genommen) ist schwerfällig und uneinheitlich. Es kommt immer wieder vor, daß Kundenaufträge nicht bis ins letzte Detail korrekt fakturiert werden. Dies führt zu Reklamationen, Gutschriften und Verzögerungen im Zahlungseingang. Die Fakturierungsprogramme können nicht mehr gewartet werden. Dies ist angesichts sehr differenzierter kundenbezogener Preise und Konditionen eine Behinderung der Geschäftsaktivitäten.

Fazit: Der Kern der Vertriebssoftware muß erneuert werden. Dazu gehören auch die Teilestammdaten als zentraler Bestandteil eines integrierten Systems.

6.6.3.2 Objekttype und Vorgangsketten

Als Objekttype werden für das projektierte Vertriebssystem in erster Näherung benötigt:

Grundobjekttype	*Vorgangsobjekttype*
TEIL	AUFTRAG
KUNDE	LIEFERSCHEIN
PREIS	RECHNUNG
LAGER	LAGERBEWEGUNG

Hieraus werden folgende Vorgangsketten gebildet und analysiert. Es werden datenverantwortliche Stellen als organisatorische Schnittstellen des Systems gefunden:

Vorgangskette	Objekttyp	Stelle
(1) Pflege Teilestamm	TEIL	Marketing, Entwicklung, Arbeitsvorbereitung, Buchhaltung, Einkauf
(2) Pflege Kundenstamm	KUNDE	Verkauf
(3) Pflege Preise	PREIS	Verkauf
(4) Pflege Werkdaten	LAGER u.a.	Anlagenbuchhaltung
(5) Auftragsbearbeitung	AUFTRAG	Verkauf
(6) Lagerbestandsführung	LAGERBEWEGUNG	Lagerverwaltung
(7) Warenausgang	LIEFERSCHEIN	Lagerverwaltung
(8) Fakturierung	RECHNUNG	Finanzbuchhaltung

Auf der Basis von Vorgangsketten und Datenmodell wird ein Strukturbild der Objekttypen erstellt und in vier mögliche Teilsysteme zerlegt.

6.6.3.3 Objekttyp-Strukturmodell und Teilsysteme

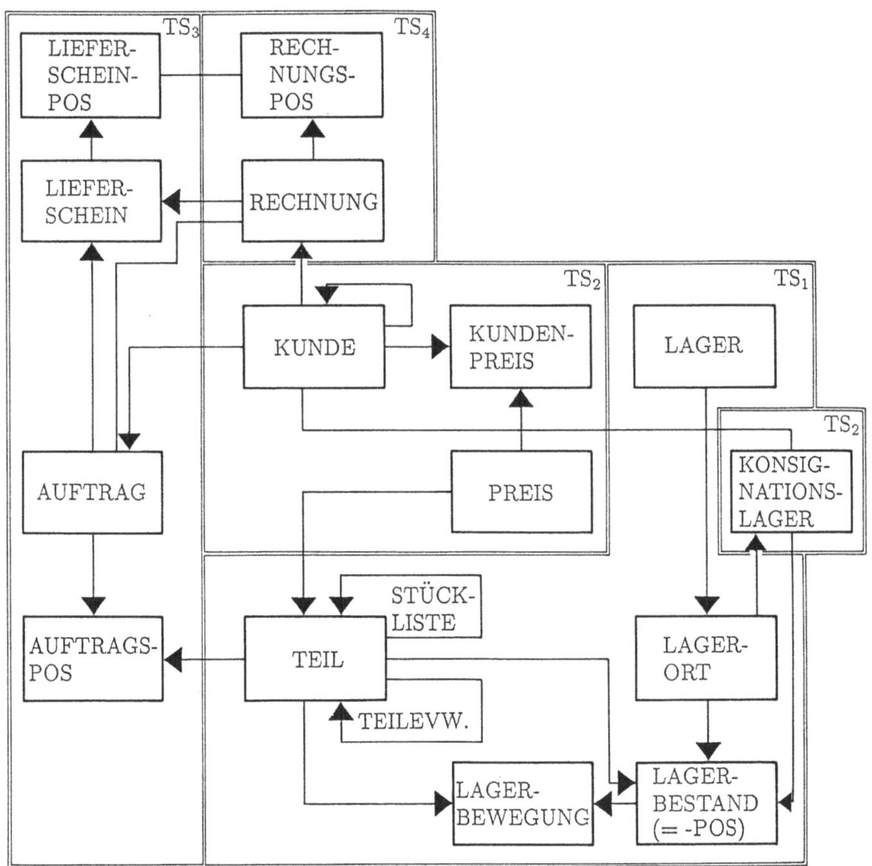

Abb. 6-20. Aufteilung eines Vertriebssystems in Teilsysteme
—‖— = datentechnische Schnittstelle, → = 1:N-Beziehung, — = 1:1-Beziehung,
POS = Position, TEILEVW. = Teileverwendung

Erläuterungen: Folgende Teilsysteme wurden gebildet:

TS_1: Teilestammdaten mit Lagerverwaltung (VgK (1), (4) und (6)),
TS_2: Kunden- und Preisstammdaten (VgK (2) und (3)),
TS_3: Auftragsbearbeitung und Lieferung (VgK (5) und (7)),
TS_4: Fakturierung (VgK (8)).

Die rekursiv gezeichneten Objekttype TEIL und KUNDE sind hierarchisch. Beim Kunden wird die Hierarchie durch Handelsorganisationen gebildet, bei den Teilestammdaten durch Rollen, die über Stücklisten verknüpft sind (s. hierzu das Beispiel in Abschn. 6.3.1.6).

Entwurfsentscheidungen:

TS_1. Der Objekttyp TEIL muß als zentraler Datenbestand zuerst realisiert werden. Es ist jedoch noch nicht erforderlich, die gesamte Hierarchie über alle Rollen zu realisieren, sondern nur die Ebenen, die den Verkauf betreffen (s. hierzu Abschn. 6.3.1.6). Da eine Stammdatenverwaltung ohne konkrete Verwendung keinen Nutzen bringt, wird die Lagerverwaltung zum Teilsystem hinzugenommen. LAGERBESTAND (mit -BEWEGUNGEN) ist der einzige Vorgangsobjekttyp, der ohne Referenz auf KUNDE existieren kann. Die Reorganisation des Lagers ist ein wichtiger Schritt zu einem Warenwirtschaftssystem (vgl. hierzu Scheer 85, EDV-BWL, S.91ff.).

TS_2. Alle weiteren Problemlösungen benötigen den Grundobjekttyp KUNDE. Durch Ergänzungen um Preisdaten kann das alte Fakturierungssystem möglicherweise in seinen Einsatzmöglichkeiten verbessert werden. Das Lagersystem kann jetzt um Konsignationsläger erweitert werden. Dies sind Läger, in denen Ware für bestimmte Kunden reserviert ist, damit die Kunden bei Abruf von Ware sofort beliefert werden können.

TS_3 und **TS_4**. Eine Trennung von TS_3 und TS_4 ist nur bei Budget- und/oder Kapazitätsengpässen zu rechtfertigen. Die Transaktion AUFTRAG $\rightarrow$ LIEFERSCHEIN liegt in TS_3, die Verbindung zu RECHNUNG muß jedoch bei Teilung der Systeme über eine Schnittstelle zur Altsoftware hergestellt werden (s. hierzu Abschn. 6.5.3.3, Abb. 6-17).

7. Klärung des Basissystems

Batchsysteme sollten nur noch entwickelt werden, wenn das Basissystem für einen Dialogbetrieb nicht genug leistet. Darum steht am Anfang des folgenden Verfahrens zur funktionalen Spezifikation administrativer Software die Frage: *Genügt das Basissystem den Ansprüchen eines Dialogbetriebes?*

Daneben muß das Verhalten des Basissystems geklärt werden. Hierzu werden **Prototype** entwickelt, die die Frage beantworten: *Welche Eigenschaften haben die Komponenten des Basissystems?*

7.1 Komponenten des Basissystems

Zum Basissystem gehören bei administrativer Software neben **Hardware** und **Betriebssystem**

- **TP-Monitor** (= 'teleprocessing monitor' oder Dialogmonitor),
- **Datenverwaltungssystem** (DVS).

Neben Datenbanken fallen Datenhaltungssysteme wie etwa VSAM (IBM) oder ISAM (Siemens) unter die Kategorie DVS. Die Bezeichnung Datenbankmanagementsystem (DBMS) ist im Deutschen sprachlich irreführend.

Während ein DVS vor allem bei Datenbanken eine abstrakte Sicht der Anwendungsprogramme auf die Datenbasis ermöglicht, dient der TP-Monitor dazu, eine abstrakte Sicht auf die Prozeßverwaltung herzustellen.

Exkurs: TP-Monitore – oder auch DC-Systeme (= data communication systems) – ermöglichen einen effizienten Teilhaberbetrieb für sehr viele Benutzer im Dialog. Installationen auf nicht allzu großen Rechnern mit bis zu 1200 gleichzeitigen Dialogbenutzern sind heute gängige Praxis. Vergleichbare Timesharing-Systeme, wie sie im wissenschaftlichen Bereich üblich sind, oder gar die Betriebssysteme selbst wären dazu nicht in der Lage (Härder 86, Transaktionssysteme, S.8f).

Ob die **Programmiersprache** zum Basissystem hinzuzurechnen ist, oder ob man hier Freiheitsgrade hat, hängt von den zur Verfügung stehenden Sprachen und der Problemstellung ab. In der Regel kann man davon ausgehen, daß frühestens mit der Phase Entwurf, oft erst danach eine diesbezügliche Entscheidung zu treffen ist. Sehr häufig ist die Programmiersprache aus organisationsinternen Normungsgründen vorgegeben. Die Programmiersprache gehört in OBAS in Phase 2 *nicht* notwendigerweise zum Basissystem.

7.2 Auswahl und Beurteilung des Basissystems

Viele Software Engineering-Abteilungen oder -Gruppen in der Industrie und Forschungsgruppen an Hochschulen legen ihrer Arbeit die Vorstellung zugrunde, man habe in den frühen Phasen der Softwareentwicklung das Basissystem völlig außer Acht zu lassen (Balzert 82, Entwicklung). Sie bekommen damit Akzeptanzprobleme, weil ihre Auffassung den Programmierabteilungen als irreal erscheint. Es war bei Großprojekten tatsächlich eine abgetrennte Aufgabe, ein Basissystem auszuwählen, das den Anforderungen gerecht wird. Großprojekte haben die Softwaretechnologie maßgeblich geprägt, z. B. in den USA das ISDOS-Projekt, in Deutschland das START-Projekt (Denert 80, Projektmodell). Sie sind jedoch Sonderfälle einer industriellen Softwareentwicklung. Im Normalfall wird das Basissystem zu Beginn der funktionalen Spezifikation festgelegt, weil es

(1) ohnehin vorgegeben ist und nicht zur Disposition eines Softwareprojektes steht,

(2) bei Dialogsoftware einen viel entscheidenderen Einfluß auf die Machbarkeit der Anforderungen ausübt als bei Batchsoftware,

(3) Werkzeuge beinhaltet, die der Entwickler zum Teil erst kennenlernen muß, ehe er Entwürfe erstellt, die darauf aufbauen.

Zu (1): Basissysteme werden im Regelfall nicht bei der Entwicklung von Anwendungssoftware ausgewählt, sondern in gesonderten Projekten. Freiheitsgrade bis zum Entwurf existieren im günstigsten Fall bezüglich der *Programmiersprache*. Steht die Realisierbarkeit eines Teilsystems in Frage, werden entweder die Anforderungen verringert oder das vorhandene Basissystem erweitert. Dies muß möglichst frühzeitig geschehen.

Zu (2): Bei Dialogsoftware spielen Programmlaufzeiten eine entscheidende Rolle für die Brauchbarkeit der Anwendung. Antwortzeiten von mehr als zwei Sekunden gelten als schwerwiegende Behinderung des Benutzers. Mit Prototypen kann frühzeitig experimentell geklärt werden, ob Antwortzeitprobleme zu erwarten sind. Da traditionelle Vorgehensmodelle eher die Entwicklung von Batchsystemen unterstützen, kommt dort das Basissystem erst in der Phase Softwareentwurf vor. Dies gilt für alle in Abschn. 3.4.1 zitierten Modelle.

Zu (3): Basissysteme sind heute einem schnelleren Wandel unterworfen als in den 70er Jahren und Anfang der 80er Jahre. Hier sei auf die Großrechnersysteme im administrativen Bereich sowie auf die Entwicklung der Personalcomputer in den letzten 5 Jahren verwiesen. Betroffen sind Datenbanksysteme, Dialogsprachen und die Zielrechner selbst (Personalcomputer oder Zentralrechner). Durch die Schnellebigkeit der Basissysteme kennt der Entwickler das Zielsystem nicht oder nicht genau genug. Er kann jedoch Software nur entwerfen, wenn er das Zielsystem des Entwurfs beherrscht. Mit Prototypen können diese Unsicherheiten experimentell abgebaut werden. Ermittelt wird, ob das Basissystem den prinzipiellen Ansprüchen genügt und welche Eigenschaften unbekannte Teile des Basissystems haben. Als Konstruktionsprinzip muß gelten: *Freiheitsgrade bleiben für den Entwurf solange offen, wie dies wirtschaftlich zu vertreten ist.*

Das Basissystem wird mit Hilfe von **Prototypen** festgelegt, die zunächst technische Grundsatzfragen klären helfen, bevor man in die weitere Anforderungsermittlung Geld investiert. Gibt es überhaupt keine offenen Fragen, wird dieser Entwurfsschritt selbstverständlich übersprungen.

7.3 Technische Prototype

7.3.1 Begriffsklärung und Vorgehen

Ein **Prototyp** ist ein Experimentiersystem, mit dem Fragestellungen zu Eigenschaften des endgültigen Produkts oder seiner Einsatzumgebung geklärt werden. **Prototyping** ist die systematische Anwendung von Prototypen. (Näheres s. Kap. 9; vgl. Budde 84, Prototyping).

In diesem Abschnitt werden nur **technische Prototype** behandelt. Gebräuchlich ist auch der Ausdruck **Entwurfs-** bzw. **Designprototyp**. Technische Prototype sind seit langem üblich. Neu ist ihre systematische Einbettung in den Entwicklungsprozeß von Software. Diese Einbettung ist für *jede* Art von Softwareentwicklung erforderlich. Die prinzipielle Vorgehensweise bei der Erstellung technischer Prototypen sei mit einem Ablaufplan dargestellt:

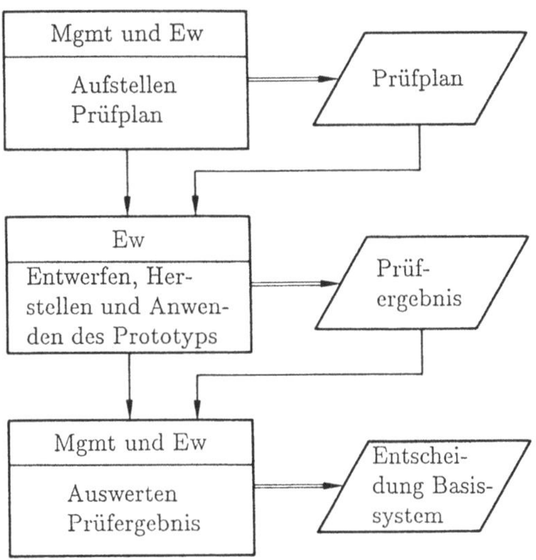

Abb. 7-1. Ablauf, Erstellung und Auswertung technischer Prototypen
Mgmt = Management,   Ew = Entwickler

Technische Prototype gehen i.d.R. nicht in das Endprodukt mit ein, sondern sind Wegwerfprodukte. Für ihre Erstellung gibt Riddle (in Budde 84, Prototyping, p.21) einen Erfahrungswert an: *Ein Prototyp, dessen Erstellung länger als 3 Tage dauert, muß so vereinfacht werden, daß die 3-Tage-Frist eingehalten wird.*

7.3.2 Anwendungsgebiete

Prinzipiell können alle in ihrem Verhalten unbekannten Teile des Basissystems und der Programmierwerkzeuge (= Sprache und Entwicklungsumgebung) mit Prototypen exploriert werden. Einige typische Testobjekte und Fragestellungen sind:

(1) Datenverwaltungssystem

- Zahl der Transaktionen pro Sekunde,
- Verhalten bei vielen konkurrierenden 'updates',
- Laufzeit bei Verdichtungen über große Primärdatenbestände oder über viele Hierarchiestufen,
- logisches 'join' mehrerer physischer Dateien,
- Verhältnis logischer – physischer Entwurf, insbesondere: Lassen sich die vielen Relationen 1:1 als physische Dateien/Segmente mit akzeptablem Laufzeitverhalten abbilden?

(2) TP-Monitor

- Zusammenspiel mit DVS, insbesondere: *Welches* der beiden Systeme regelt *wie* konkurrierende Zugriffe, das Abschließen und Rücksetzen von Transaktionen?
- Wie werden verschiedene Ladebibliotheken von verschiedenen Programmiersprachen angesprochen (z. B. NATURAL- mit FORTRAN-Unterprogrammen aus einer Modulbibliothek)?
- Wie werden verschiedene Terminalfabrikate unterstützt?
- Welche Verbindungen zu den benutzten Programmiersprachen hat der TP-Monitor?
- Welche Fähigkeiten und Eigenschaften hat der Maskengenerator?

Die Fragen zum DVS und zum TP-Monitor bedingen zum Teil die Kenntnis von **Mengengerüsten** der wichtigsten Datenbestände. Dies müssen keine physischen Dateien sein. Es genügt, wenn die ungefähre Anzahl der Objekte je Objekttyp des Datenmodells ermittelt wird, um kritische Objekttypen gezielt untersuchen zu können. Mengengerüste fallen meist bei der Erstellung des Datenmodells (Phase 1) als Abfallprodukt mit an.

(3) Dialogsprache.

Dialogsprache ist eine Programmiersprache der 4. Generation, die keine vom Programmierer ansprechbaren Makros für den TP-Monitor enthält. Fragen hierzu:

- Laufen wichtige Funktionen fehlerfrei ab?
- Wie verhalten sich Zugriffe auf verschiedene physische Datenbasen (z. B. altes Dateisystem, neue Datenbank)? Gibt es Konflikte in der Transaktionslogik?
- Sind solche gemischten Zugriffe in einem Programm möglich?
- Ist ein Sortieren von Datenbeständen online sinnvoll; bis zu welchem Mengengerüst?

(4) Fertige Softwarekomponenten. Lassen sich Werkzeuge in die Standardumgebung integrieren wie

- Sortierer,
- Tabellenprogramme,
- Graphikpakete,
- Textsysteme?

7.3.3 Zusammenfassung

Werden einige der in Abschn. 7.3.2 gestellten Fragen negativ beantwortet, kann ein geplantes Teilsystem möglicherweise nicht realisierbar sein. Ggf. muß ein System mit einer völlig anderen Benutzeroberfläche konzipiert werden. Gerade bei heutigen Dialog-Entwicklungssystemen mit einer sehr maschinenfernen Programmierschnittstelle ist das Risiko von schweren Performance-Einbußen besonders hoch, weil Nebeneffekte auf der Maschinenebene dem Programmierer verborgen bleiben. Wenn das Prototypwerkzeug für die Kommunikation mit dem Benutzer nicht mit dem endgültigen Produktionswerkzeug identisch ist, sind explorative Prototype zu empfehlen, die typische Scenarios aus dem Haupteinsatzgebiet der Sprachen abbilden. Dieser Fall wird im Rahmen des Entwurfschrittes Dialogentwurf in Abschn. 8.7 angesprochen.

Technische Prototype können für alle relevanten Bestandteile des Basissystems erstellt werden:

Tab. 7-1. Komponenten des Basissystems für explorative Prototypen

Basiskomponente	Beispiel/Kriterium
Hardware	Bildschirme
Betriebssystem	Speicherbereiche
TP-Monitor	Restart
Datenverwaltungssystem	Sekundärschlüssel
Programmiersprache	Dateizugriffe
sonstige Hilfssoftware	Integrationsfähigkeit

7.3.4 Praxisbeispiele

Die nachfolgenden Beispiele schildern kritische Projektsituationen, die aufgrund einer unzureichenden Klärung des Basissystems entstanden.

(1) Gleichzeitige Verwendung alte – neue Datenbasis. Für ein neues Onlinesystem mit der Datenbank ADABAS sollten Teile des alten Systems mit der Datenbasis VSAM genutzt werden. Die NATURAL-Programme wurden unter TSO (= Teilnehmersystem des Betriebssystems MVS) entwickelt und arbeiteten einwandfrei. Der Benutzer kannte das Entwicklungssystem bereits. Beim Übergang auf das Teilhabersystem CICS für den Produktionsbetrieb lief eine Woche „nichts mehr". Die Benutzerakzeptanz war durch die für die Benutzer völlig unverständliche Verzögerung beeinträchtigt. Es wurde eine Umgehungslösung gefunden, die im laufenden Betrieb erhebliche Zusatzkosten verursachte. Mit einem Prototyp, dessen Erstellung in diesem Fall 2 Stunden gedauert hätte, wäre frühzeitig und kostengünstig Klarheit geschaffen worden.

(2) Ein verteiltes Entwicklungssystem. In Mönckemeyer (84, Prototyping) wird von einem Prototyp bei der Entwicklung einer verteilten Projektbibliothek berichtet. Die Benutzerschnittstelle auf PET/MAESTRO wurde als Prototyp entwickelt und sehr erfolgreich zu Schulungszwecken eingesetzt. Das Verhalten der Lastverteilung zwischen MAESTRO und IBM/MVS wurde leider *nicht* als technischer Prototyp getestet. Infolgedessen gab es vielfältige Performanceprobleme, die zu einem weitgehenden Verlust der Benutzerakzeptanz führten. Verschärfend dazu waren mit der Schulung auf einer lokalen Lösung zu hohe Erwartungen beim Benutzer geweckt worden, die sich mit dem verteilten System nicht erfüllen ließen.

(3) Host – PC – portable Software. Eine Abfragesprache wurde für ein Projekt ausgewählt, in dem kleine Anwendungen auf Personalcomputern, Anwendungen mit großem Datenvolumen auf dem Host (IBM/MVS) ablaufen sollten. Die Quellprogramme versprachen portabel zwischen Host und PC zu sein. Nach umfangreichen und sehr erfolgreichen Entwicklungen auf dem PC stellten sich bei den ersten Portierungen schwere Einschränkungen heraus. Tests mit einem technischen Prototyp hätten wahrscheinlich zur Wahl eines völlig anderen Basissystems geführt.

8. Dialogentwurf

Ein systematischer Dialogentwurf ist die notwendige Voraussetzung für das Arbeiten mit Prototypen der Benutzeroberfläche. Dazu müssen folgende Fragen beantwortet werden:

- Welche Kriterien gelten für den Entwurf von Dialogabläufen und Masken?
- Welche Teile eines Dialogentwurfs sind anwendungsspezifisch, welche einem Dialogwerkzeug zuzurechnen?
- Wie stark prägt ein Prototyp die endgültige Softwarestruktur?
- In welchen Stufen wird ein Prototyp erstellt, der für die Kommunikation mit dem Benutzer gedacht ist?

8.1 Begriffe und Abgrenzungen

Die Begriffe Kommunikation, Dialog und Interaktion beziehen sich ursprünglich auf menschliches Verhalten und sind nicht ungeprüft auf den Umgang mit einem Computer zu übertragen.

Kommunikation gibt es nur zwischen Lebewesen (Watzlawik 74, Kommunikation). Kommunikationspartner des Benutzers ist niemals der Computer, sondern allenfalls der Programmierer, der das Programm entwickelt und pflegt. Dies ist Gegenstand von Abschn. 9.2.

Dialog ist die Interaktion zwischen Benutzer und Computer bei einer synchronen Verarbeitung (Näheres weiter unten). Der häufig benutzte Begriff Mensch-Maschine-Kommunikation wird hier nicht verwendet.

Dialogentwurf ist der Entwurf einer Mensch-Maschine-Schnittstelle (s. Abschn. 2.4). Ein solcher Entwurf kann nicht nur einseitig von den Anforderungen der Maschine her gesehen werden, sondern muß gleichgewichtig auch den Benutzer berücksichtigen.

Üblicherweise unterscheidet man Dialog- und Batch-Verarbeitung. Diese beiden Begriffe treffen jedoch bezogen auf den Benutzer nicht den Kern des Problems. Es geht vielmehr um synchrone und asynchrone Verarbeitung.

Synchrone Verarbeitung ist angebracht, wenn eine direkte Antwort auf Eingaben gewünscht wird oder Daten von der Maschine direkt berechnet werden sollen. **Asynchrone Verarbeitung** ist angebracht, wenn die Empfänger von

Ausgaben andere sind als die Benutzer, die Daten eingeben, oder wenn die Ausgabe räumlich getrennt vom Rechner weiterverarbeitet und auf Papier ausgegeben werden soll (s. auch Abb. 4-9). Die meisten heutigen Batchanwendungen sind von ihrer Problemstellung her synchrone Verarbeitungen und werden lediglich aus historischen oder technischen Gründen asynchron betrieben. Sowohl synchrone als auch asynchrone Verarbeitungen werden vom Bildschirm aus angestoßen. Für eine synchrone Verarbeitung ist ein Dialogentwurf zu erstellen, hier erfolgt eine Mensch-Computer-Interaktion. Für eine asynchrone Verarbeitung ist nur ein rudimentärer Dialog erforderlich, nämlich die Eingabe von Steuerungs- und Selektionsdaten.

Eine Entwurfsmethodologie für Dialoge gibt es noch nicht. Der Stand der Technologie ist so wenig ausgereift, daß auf relativ unscharfe Entwurfsprinzipien zurückgegriffen werden muß.

8.2 Entwurfsziele und Prinzipien für Dialoge

Die heute allgemein anerkannten Kriterien für den Dialogentwurf (Gesamtstruktur) und den Maskenentwurf gehen weitgehend zurück auf die Arbeiten am XEROX 8010 Star-System der Laboratorien der XEROX Corporation. Die Kriterien sind eindeutig und überzeugend formuliert und können als allgemeingültig gelten.

Tab. 8-1. Ziele der XEROX-Star-Entwicklung

vertrautes Konzept für den Benutzer
sehen und zeigen statt erinnern und tippen
Du bekommst genau das, was du siehst
   ('what you see is what you get'; sog. WYSIWYG-Prinzip)
einheitliche Kommandos
zustandsfreie Interaktion ('modeless interaction')
Konsistenz
Einfachheit
Konfigurierbarkeit durch den Benutzer ('tailorability')

Die daraus abgeleiteten Entwurfsprinzipien sind schlagwortartig formuliert und in „schwer" und „leicht" unterteilt (Smith 82, Star Interface, p.248):

Tab. 8-2. Entwurfsprinzipien
der XEROX-Star-Entwicklung

leicht	schwer
konkret	abstrakt
sichtbar	unsichtbar
kopieren	kreieren
wählen	ausfüllen
sichten	generieren
editieren	programmieren
interaktiv	batch

Die Entwurfs- und Gestaltungsprinzipien lassen sich mit zwei Begriffen fassen: **Transparenz** und **einfache Bedienung**. Leider setzt die heute im Großrechnerbereich verfügbare Hardware und Systemsoftware der Verwirklichung dieser Prinzipien Grenzen oder man zahlt den Komfort mit hohen Performance-Einbußen. Dies ist jedoch eine Frage der technischen Entwicklung. Was möglich ist, kann man auf jedem Personalcomputer sehen.

8.3 Allgemeines Vorgehen beim Dialogentwurf

Die Kommunikation mit dem Benutzer ist das zentrale Entwurfsprinzip der Phase Spezifikation. Die Benutzeroberfläche muß die Leistungen des Systems in einer Form bereitstellen, die die Vorstellungswelt des Benutzers trifft. Anhand der Benutzeroberfläche kommunizieren Entwickler und Benutzer über Vollständigkeit, Richtigkeit und Angemessenheit der zu erstellenden Software.

Zunächst wird ein Funktionsbaum entworfen, der den maschinellen Teil einer Elementar- oder einer Teilaufgabe realisiert (s. hierzu Abschn. 6.4, Aufgabenanalyse, Abb. 6-13). Der Begriff **Funktionsbaum** beinhaltet bereits eine Vorentscheidung: *Dialoge sind in ihrer Grundstruktur hierarchisch und darum hierarchisch zu entwerfen* (vgl. z. B. Mehlmann 81, User Interface, p.17ff.).

Dies gilt für Funktionsstruktur (= sachlogisch) und Dialogstruktur (= dv-technisch) gleichermaßen.

8.4 Entwurf des Funktionsbaumes

Aus Phase 1 liegen bereits drei Ansatzpunkte für die Funktionsstruktur vor:

- Arbeitsabläufe/SOLL,
- Aufgabenmodell,
- Vorgangsketten.

In den Arbeitsabläufen/SOLL ist scheinbar am ehesten eine Benutzerschnittstelle als Wurzel eines Menübaumes zu erkennen (s. Beispiel Abb. 6-3). Das Beispiel zeigt die Problematik, die sich auch beim Aufgabenmodell stellt: Von den Stellen, die einen Datenbestand bearbeiten, sind nur die funktional zusammengehörenden Stellen zu erkennen. Nach unserem Modularisierungsansatz sollen aber *alle* Stellen berücksichtigt werden, die einen Datenbestand bearbeiten. Dies ist anhand der Vorgangsketten möglich. Sie stellen die Operationen auf Objekttypen in den Mittelpunkt. Da mit der Funktionsstruktur bei einem Dialogentwurf auch über eine Softwarestruktur entschieden wird (Näheres s. unten), erhalten wir mittels der Vorgangsketten die gewünschte **objekttyporientierte Struktur**. Dies sei anhand einer Erweiterung des Beispiels *Pflege Teilestammdaten* (Abb. 6-3) gezeigt.

Die von der Organisationsanalyse ausgehende Vorgehensweise unterstützt neueste Erkenntnisse der Software-Ergonomie. Die ausgefeiltesten Techniken für benutzergerechte Dialoge nützen nur, wenn eine entsprechende Aufgabenanalyse dem Dialog vorgelagert ist. Diese Analyse soll in sich vollständige Tätigkeiten mit Handlungsspielräumen schaffen, da nur so benutzergerechte Dialoge entstehen können. Die eigenverantwortliche Pflege derjenigen Daten, die im Arbeitsbereich des Benutzers entstehen, entspricht dem **Konzept der vollständigen Tätigkeit** (s. Hacker 87, Ergonomie).

Zum besseren Verständnis des folgenden Beispiels wird die Vorgangskette wiederholt, auf der der Dialogentwurf aufsetzt:

Vorgangskette: **Pflege Teilestammdaten**

Objekttyp/ Attribut	Rolle	IST		SOLL		
		Tätigkeit	Stelle	Tätigkeit	Sender	Empfänger
TEIL		erzeugen	VK	erzeugen	VK	
typ#	'vkt'	erzeugen	VK	anzeigen	R	VK
		–	–	lesen	VK	
	'wt'	erzeugen	VK	anzeigen	R	VK
		–	–	lesen	VK	
	'prt'	erzeugen	EW	anzeigen	R	EW
		–	–	lesen	EW	
	'mat'	erzeugen	EW	anzeigen	R	EW
		–	–	lesen	EW	
teil#		festlegen	NO	anlegen	VK	
bezeichnung		festlegen	EW	festlegen	VK	
DIN-Nr		festlegen	EW	ergänzen	EW	
datum		notieren	NO	anzeigen	R	
mengeneinheit		hinzufügen	EW	festlegen	EW	
bezugsart#		festlegen	EK	festlegen	EK	
herstellkosten		hinzufügen	BH	ergänzen	BH	EK
.						
.						
TEIL-STRUKTUR						
teil#	'master'	notieren	EW	anzeigen	R	
teil#	'komp'	notieren	EW	eingeben	VK	EW
menge		notieren	EW	eingeben	EW	
.						
.						

Abkürzungen:

EK = Einkauf   OT = Objekttyp
EW = Entwicklung   R = Rechner (Maschine)
NO = Normstelle   # = Nummer = Schlüssel
VK = Verkauf   Zu Abkürzungen der Rollen s. Abb. 6-7 und 8-2b2.
BH = Buchhaltung

Wenn wir alle Daten, die eine Stelle bearbeitet, zu einer Sicht dieser Stelle auf Attribute der Vorgangskette zusammenfassen, erhalten wir eine 5-dimensionale Baumstruktur, die als Struktogramm dargestellt werden kann. Die Sicht kann sich über Attribute aller Objekttypen der Vorgangskette ausdehnen oder die Objekttypen trennen. Das folgende Beispiel behandelt die Objekttypen getrennt.

	Dimension (= Höhe des Baumes)
Für jede Vorgangskette	2
für alle Rollen	3
für alle Sichten	4
wird jede zulässige Operation definiert	5

Abb. 8-1. Struktogramm des Funktionsbaumes einer Vorgangskette

Der Funktionsbaum muß bis zur Teilfunktion (= Operation) heruntergebrochen werden. Die Teilfunktion ist die Betrachtungsebene der Vorgangsketten. Nur auf dieser Ebene lassen sich Datenverantwortlichkeiten präzisieren. Der Funktionsbaum wird zur besseren Übersicht in Verfeinerungsstufen gezeigt (DIM = Dimension). Die Funktionsbezeichnung *bearbeiten* ist weggelassen.

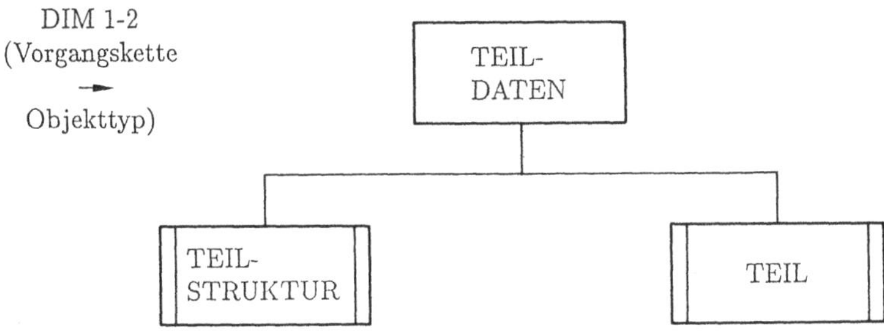

Abb. 8-2a. Dimension 1-2: Funktionsstruktur Objekttypebene

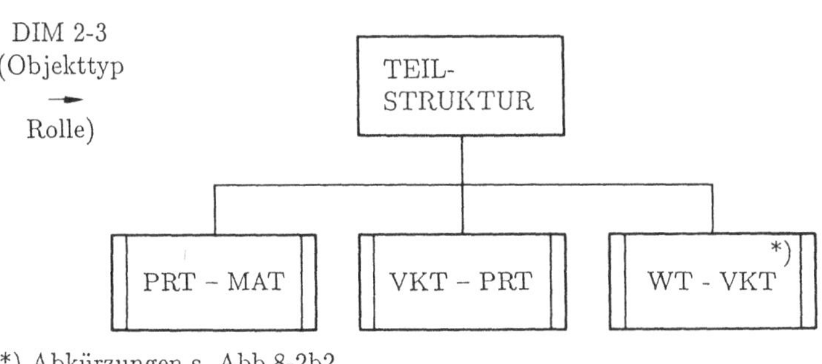

*) Abkürzungen s. Abb.8-2b2

Abb. 8-2b1. Dimension 2-3: Funktionsstruktur-1 Rollenebene

DIM 2-3

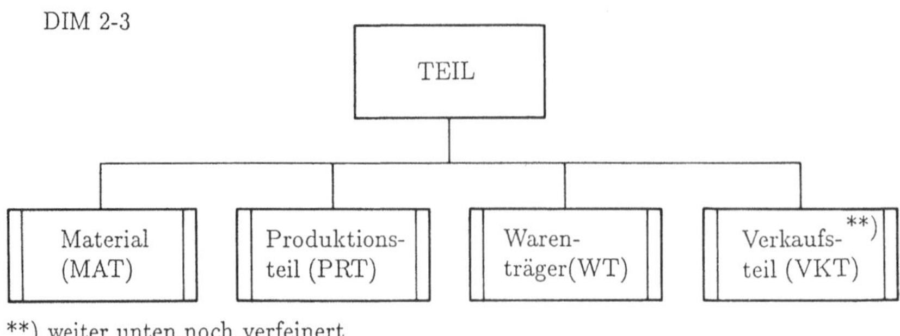

**) weiter unten noch verfeinert

Abb. 8-2b2. Dimension 2-3: Funktionsstruktur-2 Rollenebene

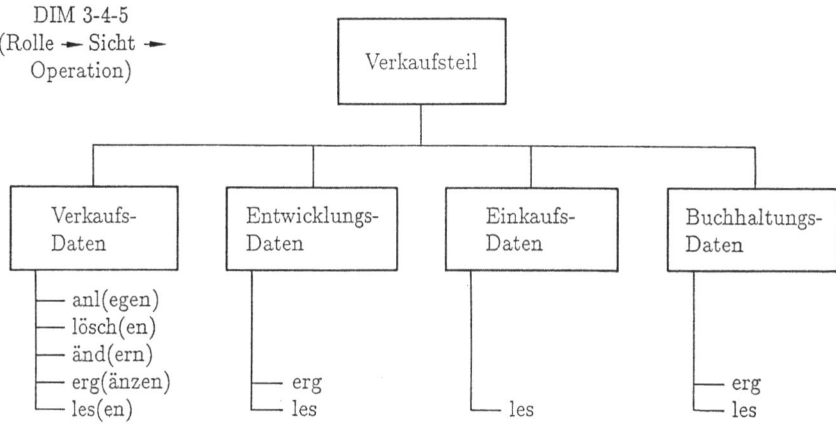

Abb. 8-2c. Dimensionen 3-4-5: Funktionsstruktur Stellen- und Teilfunktionsebene (Beispiel)

Abb. 8-2c gibt nur *ein* Beispiel der untersten Ebene. Tab. 8-3 zeigt die Vielschichtigkeit der zulässigen Operationen aller Rollen und Sichten. Zur Vereinfachung wird den Operationen aus Abb. 8-2c eine Operation *all(es)* hinzugefügt. Die Operation *ändern* ist so lange nicht erlaubt, wie ein Objekt nicht von allen Stellen (durch die Operation *ergänzen*) vervollständigt ist.

Tab. 8-3. Zulässige Operationen je Stelle und Rolle auf Objekttyp TEIL

Rolle \ Stelle	Verkauf	Entwicklung	Einkauf	Buchhaltung
MAT	les	all	erg, änd,les	erg, les
PRT	les	all	erg, les	erg, les
WT	all	erg, les	les	erg, les
VKT	all	erg, les	les	erg, les

Die Stelle Entwicklung darf die Objekte mit den Rollen Material und Produktionsteil anlegen, die Stelle Verkauf Objekte für Warenträger und Verkaufsteil.

Das Beispiel zeigt, welche Komplexität ein Dialogbaum in einem noch vergleichsweise einfachen Beispiel bekommen kann. Die Übersicht bleibt nur erhalten, weil der Benutzer jeweils 2-dimensionale Teilbäume sieht und er nur „seine" Sicht kennen muß. Für die noch fehlenden Funktionen kann man den Arbeitsablauf und das Aufgabenmodell heranziehen. Hierzu ist eine Liste der Funktionen aufzustellen (sie ist eine Verfeinerung des Aufgabenmodells) und in eine hierarchische Ordnung zu bringen. Redundanzen auf der untersten Ebene sind zu beseitigen.

Wenn der Dialog **Lagerbestände verwalten** für Teilsystem 1 (s. Abb. 6-20) in der gleichen Weise entworfen wird wie **Pflege Teilestammdaten**, läßt sich das Teilsystem durch eine übergeordnete Wurzel als Baum zusammenfügen. Es werden noch weitere Dialoge für die Bereitstellung abgeleiteter Daten hinzugefügt. Einfache Auswertungen stehen online zur Verfügung, Verdichtungen und Statistiken über große Datenbestände werden online angestoßen und laufen im Batch oder im Hintergrund ab. Damit ist der Baum 6-dimensional geworden. Die oberste Ebene (0) wird **Applikation** genannt:

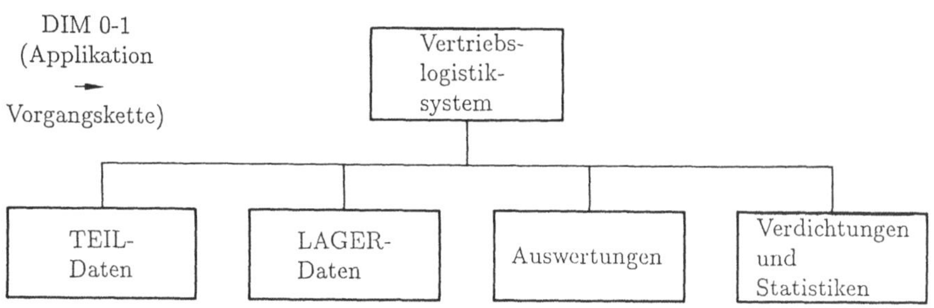

Abb. 8-3. Zusammenführen der Vorgangsketten eines Teilsystems zur Applikation

Während die Baumstruktur für den Anfänger und den gelegentlichen Benutzer die transparenteste und einfachste Struktur ist, wird sie für den geübten Benutzer schnell schwerfällig. Es ist prinzipiell nicht möglich, *den* idealen Dialog für alle **Benutzerklassen** zu entwerfen. Wie dieser prinzipielle Konflikt zu lösen ist, beschreibt Abschn. 8.5.

8.5 Allgemeine Dialogstruktur

Das folgende Konzept einer allgemeingültigen Dialogstruktur und seine Realisierung wurde maßgeblich geprägt von: G. Ahrens, Fa. PU Hamburg; K.D. Büttner, Fa. APL-Software Berlin; M. Mönckemeyer und P. Vleugels, Fa. Schering AG Berlin.

Eine Funktionsstruktur sollte technisch so realisiert werden, daß sie sich dem Benutzer an der Oberfläche auch dann als Baumstruktur darstellt, wenn sie es physisch nicht ist. Die übersichtlichste Form ist das Menü. Dazu kommen allgemeine Funktionen, die den funktionalen Baum für den Benutzer erkennbar zum **Netz** machen. Zusätzliche Funktionen im Dialogbaum sind:

- Fehlerbehandlung mit Nachrichten an den Benutzer,
- Briefkasten (oder auch „Kummerkasten"),
- Hilfe,
- Quersprung.

Mit der Funktion QUER kann der erfahrene Benutzer Menüpunkte direkt anspringen, wenn er für sie Zugriffsrechte besitzt. Er kann damit auch Transaktionsfolgen selbst definieren, was der Forderung *Konfigurierbarkeit durch den Benutzer* (s. Abschn. 8.2) entspricht. Darüberhinaus muß der Benutzer schnelle Standardbewegungen im Menübaum ausführen können wie:

- Rücksprung in eine Auswahlmaske (AUSWAHL),
- Rücksprung zur Startmaske (START),
- Ausgang aus der Anwendung (EXIT),
- Überspringen von Funktionen, für die keine Daten mehr eingegeben werden müssen (DURCHFALLEN).

Der gesamte Dialogbaum sieht dann so aus:

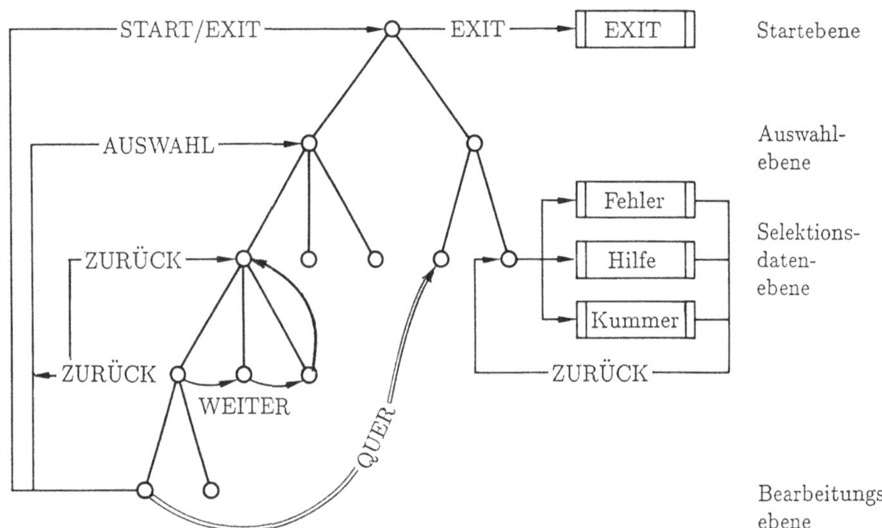

Abb. 8-4. Schematische Dialogsteuerung
→ benutzergesteuerte Standardbewegungen (außer *Fehler*),
⇒ benutzerdefinierte QUER-Funktionen

Die Standardbewegung ist WEITER (meist mit der ENTER-Taste). Je nach Problemstellung führt sie im Baum nach unten, zur Seite oder nach Abarbeiten des Teilbaumes zurück. Ob der Baum in Folgen von Masken, mit Fenstertechnik oder mit 'split screen' zu realisieren ist, ist eine technische Frage. Die Freiheitsgrade sind durch die Basissoftware und die Hardware vorgegeben. Die QUER-Funktion wird realisiert über **Transaktionscodes** (TAC) oder eine **Befehlsschnittstelle**. Beim DURCHFALLEN werden Funktionen im Dialogbaum durchlaufen, ohne daß die Maske angezeigt wird.

Vergleicht man die beiden Baumstrukturen aus Abb. 8-2 und Abb. 8-4, so läßt sich folgendes ableiten:

- Die *Funktionsstruktur* ist **anwendungsabhängig**. Sie ist für jedes Teilsystem neu zu entwerfen.
- Die *Dialogstruktur* ist **anwendungsneutral**. Sie ist für jede Basismaschine nur *einmal* zu entwerfen und als universelles Werkzeug zu realisieren.

Ein universelles Werkzeug ist im Idealfall (Näheres s. unten, Abschn. 8.7) sowohl für den Einsatz des endgültigen Systems als auch für Prototypen benutzbar.

8.6 Darstellung von Dialogentwürfen

Es gibt zwei prinzipiell verschiedene Möglichkeiten, Dialoge darzustellen:

- Formal (BNF = Backus-Naur-Form oder VDM = Vienna Development Method),
- graphisch (Zustandsdiagramme).

Da eine formale Spezifikation zu abstrakt ist, um mit dem üblichen Benutzer darüber zu kommunizieren, wird die formale Darstellung nicht weiter behandelt. Von den graphischen Darstellungsformen haben sich Interaktionsdiagramme (IAD; vgl. Denert 77, State Diagrams; vgl. auch: Oberquelle 87, RFA-Netze) in der Praxis als Kommunikationsmedium sehr gut bewährt. Dabei kommt es auf die Verständlichkeit der Diagramme an, *nicht* auf letzte Genauigkeit. Viele Details müssen durch das Dialogwerkzeug geregelt sein, andere werden durch die funktionale Spezifikation festgelegt. Es ist sogar wünschenswert, die Diagramme nicht mit Details zu überfrachten (vgl. auch: Balzer 79, Specification). Ein Interaktionsdiagramm läßt sich mit recht preiswerten pseudographischen Werkzeugen verarbeiten.

Das folgende Beispiel für eine Auftragsbearbeitung stammt aus einem Softwareprojekt für einen Verlag. Es ist vermutlich die Obergrenze dessen, was dem Benutzer an Komplexität noch zugemutet werden kann. Das Beispiel entspricht *nicht* der in Abschn. 8.5 dargestellten Dialogstruktur. Es soll die Möglichkeiten einer pragmatischen Handhabung von Interaktionsdiagrammen zeigen. Die Steuerungslogik ist ähnlich aufgebaut wie die des weit verbreiteten Dialogsystems „R" der Fa. SAP. Um die tatsächliche Vielfalt zu zeigen, wurden die dem Baum überlagerten Querbewegungen mit Transaktionscodes durch Doppellinien dargestellt. Das Interaktionsdiagramm verliert dann allerdings die Form einer durchgängigen Verfeinerung (s. Abb. 2-4 und 2-5). Die Querbewegungen sind so dargestellt, daß sie sich durch die Verfeinerung von Ebene 1 nach Ebene 2 nicht wiederholen:

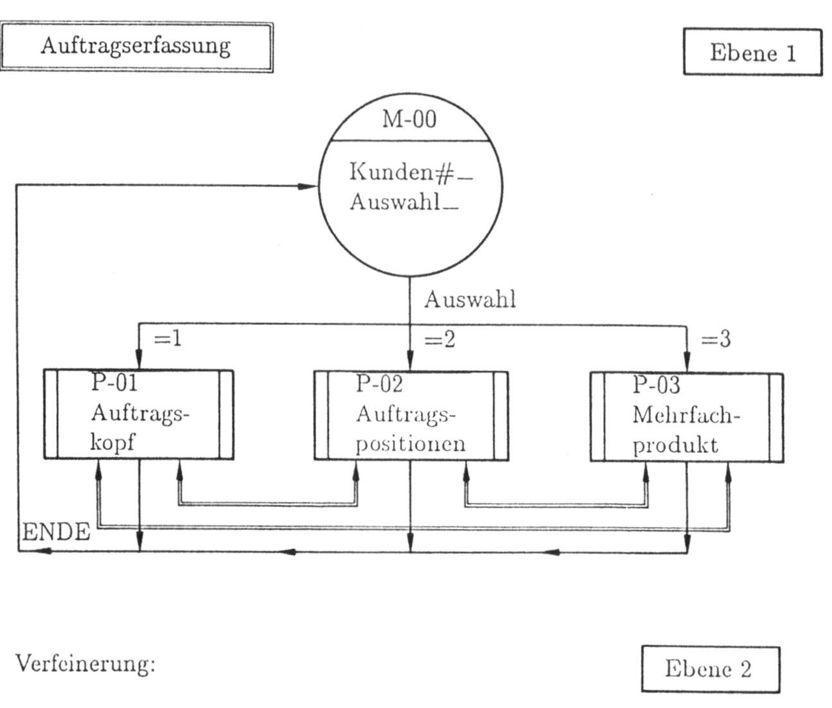

Verfeinerung:

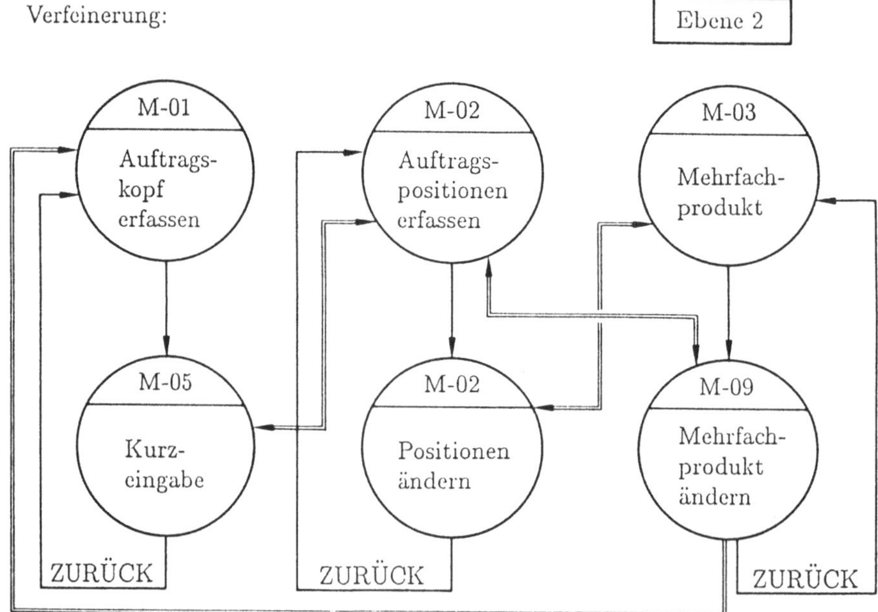

Abb. 8-5. Auftragserfassung einstufiger und hierarchischer Produkte (Mehrfachprodukt)

8.7 Benutzeroberfläche und Softwareentwurf

Der Übergang von Funktionen zu Masken ist der Schritt vom abstrakten Modell zum konkreten Produkt. Hier zieht der Einsatz von Prototypen eine radikale Veränderung der Entwicklungsmethodik nach sich. Prototype können verwendet werden als Vorabversion und als Realmodell.

Als **Vorabversion** ist der Prototyp eine Vorstufe der Produktionsversion. Das Bild der Benutzeroberfläche ändert sich nicht mehr. Das Werkzeug zur Erstellung des Prototyps ist auch Produktionswerkzeug. Eine Reimplementierung ist nicht erforderlich.

Als **Realmodell** wird der Prototyp ausschließlich zur Kommunikation mit dem Benutzer oder zur maschinellen Überprüfung einer Spezifikation verwendet. Die Spezifikation kann mit mächtigen Werkzeugen auf Korrektheit und Angemessenheit überprüft werden, die sich für den produktiven Einsatz verbieten. Hier ist vor allem PROLOG zu nennen (vgl. Schnupp 83, PROLOG). Die spätere Produktionsversion wird neu entworfen und implementiert. In Tab. 8-4 sind die beiden Alternativen bewertet.

Tab. 8-4. Vergleich von Prototypen als Vorabversion und als Realmodell

Kriterium \ Art des Prototyps	Vorabversion	Realmodell
Implementierung	einmalig	mehrmalig
Wirtschaftlichkeit	gut	weniger gut
frühzeitige Vergabe von Freiheitsgraden	ja	nein
Risiko von Umsetzungsfehlern (Sprache des Prototyps → Produktionssprache)	gering	höher
Eignung für Kommunikation (komfortable *und* gleichbleibende Benutzeroberfläche)	gut	weniger gut

Welchen Ansatz man wählt, ist eine Frage der Gewichtung. OBAS verwendet die **Vorabversion**, da

- die kommunikativen Aspekte hoch gewichtet werden,
- die Notwendigkeit einer Simulation der Verarbeitungsprozesse hinter der Simulation der Benutzeroberfläche zurücksteht,
- die Wirtschaftlichkeit des Entwicklungsprozesses hoch bewertet wird.

Bei einer Entwicklung mit Vorabversionen muß man beachten: *Mit einer Dialogstruktur wird weitgehend auch über eine Softwarestruktur entschieden.*

Für den Softwareentwurf müssen implizite Festlegungen gesehen werden: Masken und (Software-)Moduln stehen in direkter Beziehung zueinander. Mit Masken werden Moduln festgeschrieben (s. auch Abschn. 4.3). Die Bildschirmoberfläche bringt eine physische Komponente in die bisher nur modellhaft gesehene Funktionsstruktur.

Das begrenzte Fassungsvermögen einer Bildschirmoberfläche erfordert es, eine Teilfunktion, z. B. eine Operation *ändern* auf einem Datentyp, auf mehreren Masken unterzubringen. Das ist keine Verfeinerung mehr, sondern eine Mengenteilung. Damit werden implizite Entwurfsentscheidungen bezüglich der Modulstruktur getroffen. Ihre Auswirkungen hängen vom Basissystem ab (s. auch Abschn. 4.3). Die Zusammenhänge seien noch einmal im Bild gezeigt:

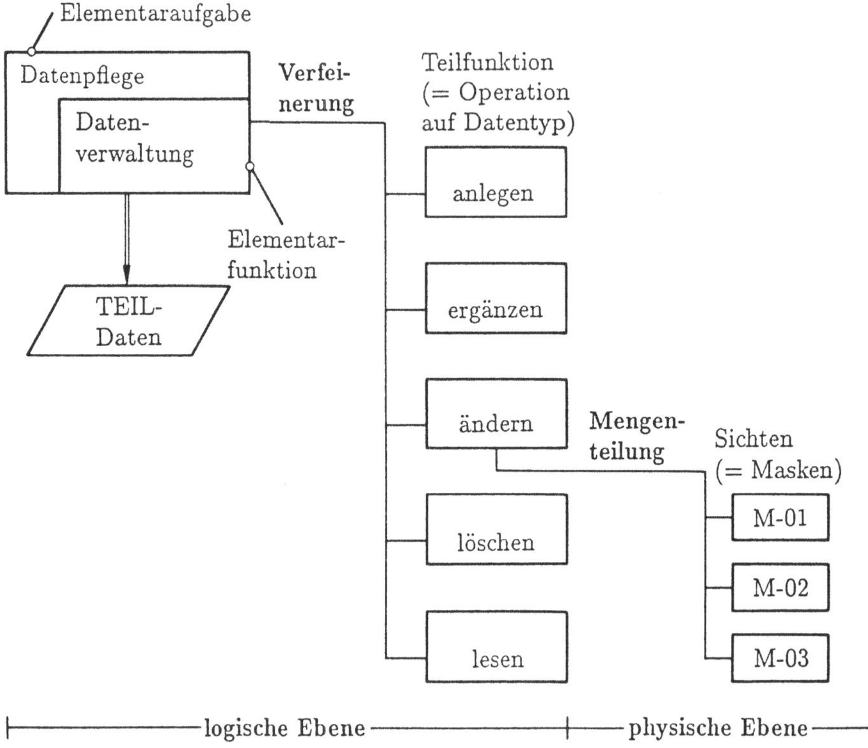

Abb. 8-7. Logische und physische Ebene beim Dialogentwurf

Der Zusammenhang zwischen physischem und logischem Entwurf muß im Auge behalten werden, wenn man Masken entwirft und in Prototypen benutzt und wenn man sich vergegenwärtigt, *was* eigentlich funktional spezifiziert werden soll, eine Elementarfunktion oder eine Teilfunktion (Näheres in Kap. 10).

Bei der Funktionsspezifikation für ein **Batchsystem** ist die Softwarestruktur von der Struktur der Funktionen weitgehend unabhängig (Näheres s. Abschn. 4.3). Schritt (2.1), Dialogentwurf, *entfällt* bei Batchsystemen bis auf den Entwurf des Dialogabrufs (= Eingabe Vorlaufdaten). Lediglich der Funktionsbaum ist nach den für Schritt (1.4), Aufgabenanalyse, formulierten objektorientierten Kriterien zu entwerfen.

8.8 Maskenentwurf

Jedes Blatt eines Dialogbaums entspricht einer oder mehreren **Masken**, auch
Bildschirmformular genannt. Mehrere Masken entstehen aus einer Teilfunktion,
wenn logisch zusammengehörende Daten physisch nicht mehr auf einer Maske
Platz finden. Die Maske ist die **statische** Benutzeroberfläche, die Dialogführung
die **dynamische**. Von der Qualität der Masken hängt es maßgeblich ab, ob ein
Dialogsystem in einem kommunikativen Prozeß zwischen Entwickler und Benutzer entworfen werden kann: *Der Benutzer muß die Masken schnell verstehen und
durchschauen können.*

Während bei früheren Dialogsystemen einfach das Layout von Papierformula-
ren auf den Bildschirm gebracht wurde, unterliegt der Maskenentwurf heute
spezifischen Entwurfsprinzipien. Oberstes Prinzip ist **Transparenz**. Eine gute
Maske ist *einheitlich, einfach* und *übersichtlich* (vgl. z. B. Morland 83, Guidelines;
DIN 66234). Ein undurchsichtiger Dialog behindert die Kommunikation mit dem
Benutzer, selbst wenn andere Aspekte des Entwurfs brillant sein mögen. Der Benutzer muß den Gebrauch eines Systems während des Kommunikationsprozesses
lernen können. Weitere Entwurfsprinzipien sind:

- Konsistente, der Fachwelt des Benutzers entnommene Sprache und Abkürzungen,
- neutrale, knappe, niemals witzige Formulierungen,
- Minimierung der notwendigen Benutzereingaben (Verwendung von 'default'-
  Werten),
- visuelle Gruppierung numerischer Felder,
- standardisierter Bildschirmaufbau.

Praktisch bewährt hat sich folgender Aufbau:

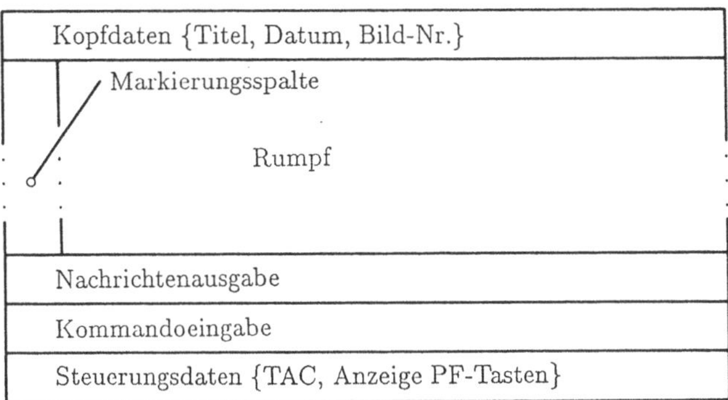

Abb. 8-8. Standard-Bildschirmaufbau für Masken ohne Fenster

8.9 Fehlerbehandlung

Aus der Sicht der Industriepraxis ist die Fehlerbehandlung von großer Bedeutung (vgl. auch: Norman 83, Human Error). Ein Dialogbenutzer sieht sich mit folgenden Fehlerarten konfrontiert:

(1) Die Programme sind fehlerhaft.
(2) Der Benutzer macht Fehler, weil er schlecht geschult ist oder weil das System zu kompliziert ist und Bedienungsfehler begünstigt.

Fehlerkategorie (1) spielt in der funktionalen Spezifikation nach OBAS eine besondere Rolle (s. weiter unten Kap. 10). Fehlerkategorie (2) muß bereits beim Dialogentwurf berücksichtigt werden: Der Entwurf muß so klar sein, daß wenig Schulung erforderlich ist oder daß Fehler gar nicht erst vorkommen. Wenn der Benutzer *doch* einen Fehler macht, muß ihm möglichst präzise gesagt werden, was er richtigerweise tun soll.

Ein klarer Entwurf entsteht, wenn man die Entwurfsprinzipien für Dialoge beachtet (s. Abschn. 8.2). Für **Fehlermeldungen** gelten ganz besonders die Entwurfsprinzipien bezüglich Sprache, Klarheit, Konsistenz usw.. Eine herausragende Rolle spielt die Fehlerlokalisierung. Bei administrativer Software lassen sich **Datenfehler** nicht automatisch verhindern. Man kann den Benutzer nur in beschränktem Maße davon abhalten, *fachlich* fehlerhafte Daten in den Computer einzugeben. Diese Daten können in anderen Situationen als bei der Dateneingabe zu Inkonsistenzen und Fehlern führen. Ein entscheidendes Qualitätsmerkmal der Software ist es, dem Benutzer die Fehlerquelle als Fehlermeldung anzuzeigen. Häufig kann er sie selbst korrigieren.

Beispiel: Das Manuskript zum vorliegenden Buch wurde mit einer Textsoftware erstellt. Hierzu gibt es ein nicht kommerziell vertriebenes Zusatzprogramm, das ein Inhaltsverzeichnis mit Seitenzahlen druckt. Die Seitenwechsel der Textsoftware sind in bestimmten Datenkonstellationen nur sehr schwer erkennbar. Das Programm für das Inhaltsverzeichnis kann in diesen Fällen nicht weiterarbeiten und bricht ab. Es wäre ein unverhältnismäßiger Aufwand, dieses Programm 100%-ig korrekt machen zu wollen. Eine für den Benutzer akzeptable Lösung ist es, die nicht interpretierbare Textzeile vor dem Abbruch angezeigt zu bekommen. Da die Datenkonstellation sehr selten vorkommt (auf 400 Textseiten ca. dreimal), wird der Benutzer die kleine Datenkorrektur akzeptieren, die ihn dieser „blinde Fleck" des Programms kostet. Ohne eine Hilfe bei der (Daten-) Fehlerlokalisierung wird der Benutzer die stundenlange Sucharbeit bei solchen Fehlern keinesfalls akzeptieren.

Es kann nicht das Ziel von Spezifikation und Entwurf sein, *jeden Fehler um jeden Preis* zu verhindern (vgl. hierzu auch: Winograd 79, Beyond Languages). Hat ein Fehler keinerlei gefährliche Auswirkungen, kann man nicht nur Fehler in fertigen Programmen akzeptieren, sondern im Entwurf einplanen: *Es gibt auch den fehlertolerierenden Benutzer.* Von dieser Annahme darf allerdings nur nach reiflicher Überlegung Gebrauch gemacht werden.

8.10 Erstellung eines Prototyps

Ein **Prototyp der Benutzeroberfläche** läßt sich in sehr kurzer Zeit erstellen, wenn man über ein Dialogwerkzeug verfügt (s. Kap. 11) und die Maskenentwürfe mit einem dazu kompatiblen Maskeneditor erstellt hat, der einen lauffähigen Code generiert. Wenn mit den Mitgliedern des Projektteams aus der Fachabteilung Einigkeit über den wesentlichen Dialogablauf besteht, sind nur noch folgende Schritte erforderlich:

(1) **Start- und Auswahlebene** des Menübaums werden aus vorgefertigten Programmen erstellt. Hierzu müssen die Namen der Anwendung und die Transaktionscodes angegeben werden.

(2) Die **Masken** werden in Programmskelette eingebunden, die **Benutzeroberfläche der Blätter** des Baumes programmiert: Hierzu ist nur die Datenversorgung der in den Masken angezeigten Felder zu programmieren.

Damit liegt ein benutzbarer Prototyp vor. Ein erfahrener Programmierer benötigt mit einem geeigneten Werkzeug für ca. 20 Masken höchstens zwei Stunden, wenn die Masken vorher schon existieren. Die weiteren Schritte vervollkommnen den Prototyp:

(3) **Fehlermeldungen, einfache Berechnungen** und **Hilfetexte** werden ergänzt. Hilfetexte lassen sich leicht erstellen, falls sie nicht schon als Einträge im Data Dictionary existieren. Einfache Berechnungen werden programmiert, ohne in der Datenbasis gespeichert zu werden. Die Werte existieren dann nur solange das hinter der Maske stehende Programm aktiv ist. Der Benutzer bekommt jedoch bereits einfache Ergebnisse des Systems geliefert. Fehlermeldungen lassen sich nur für einfache Eingabefehler in einen Prototyp einbinden. Sie vermitteln dem Benutzer einen Eindruck vom Verhalten des Systems im Fehlerfall.

(4) Eine **Testdatenbasis** wird eingebunden. Dieser Schritt zerfällt in lesende und schreibende Zugriffe. **Lesende Zugriffe** sind einfach zu beherrschen und zu vermitteln. Bei **schreibenden Zugriffe**n muß man Vorkehrungen treffen, damit die Testdatenbasis nicht von ihren Inhalten her außer Kontrolle gerät. Eine Möglichkeit dazu ist ein tägliches Neuladen des alten Datenbankzustandes. Veränderungen an den Datenbankinhalten können bei mehreren Benutzern zu Verwirrung führen. Daher ist sehr sorgfältig zu prüfen, was man mit ihnen bezweckt und wie ein Prototyping durchgeführt werden soll.

Schritt (4) ist die anspruchsvollste Stufe eines Prototyps der Benutzeroberfläche. Abb. 8-9 zeigt dies graphisch. In Stufe (3) ist der Benutzer einbezogen: Fehlermeldungen und Hilfetexte werden mit den Benutzervertretern im Projektteam erstellt.

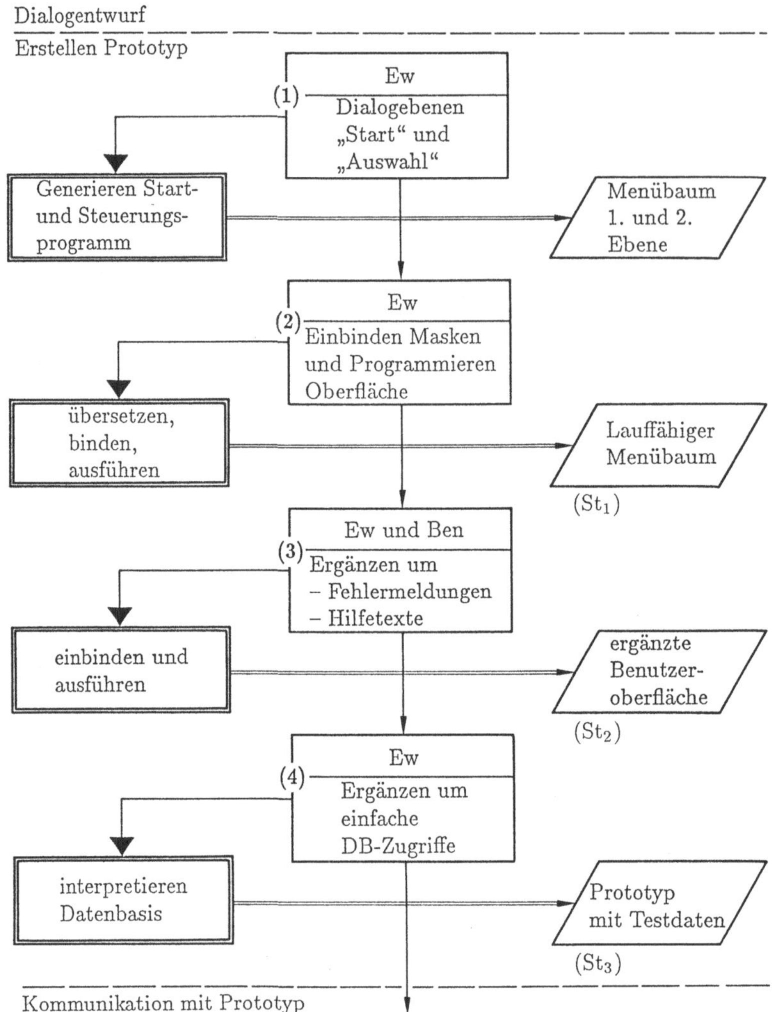

Abb. 8-9. Ablauf und stufenweise Vervollständigung bei der Erstellung eines Prototyps der Benutzeroberfläche
Ew = Entwickler,   Ben = Benutzervertreter,   St = Ausbaustufe des Prototyps

9. Kommunikation, Lernprozesse und Prototyping

> „Die immer neue Frage: Wie verständigen sich Menschen untereinander? – könnte durch ein ungenaues aber zutreffendes: Gar nicht! ebenso lakonisch wie vollständig beantwortet werden." (Das Streiflicht, Süddeutsche Zeitung v. 6.5.83)

Wer schon einmal für andere Software zu erstellen hatte, weiß, daß Kommunikationsprobleme bei der Softwareentwicklung nicht die Ausnahme, sondern die Regel sind. Daher erscheint ein Blick „über den Gartenzaun" des Software Engineering durchaus angemessen. Eine ernsthaftere Beschäftigung mit dem Kommunikationsproblem führt zu folgenden Fragen:

- Was muß der Softwareentwickler (abgekürzt: Entwickler) über den Benutzer und die Kommunikation mit ihm wissen, um zielgerichtet mit Prototypen arbeiten zu können?
- Welche Denk- und Verhaltensmuster herrschen normalerweise bei einem Entwickler, welche bei einem Benutzer vor?
- Welche Lernprozesse verlangt der Entwickler dem Benutzer ab und wie kann er sie günstig beeinflussen?

9.1 Annahmen des Software Engineering über Kommunikation

Die Mehrheit der Entwickler und auch das traditionelle Software Engineering (s. Abschn. 3.1.2 und 3.4.1) machen grob gesagt folgende Annahmen über die Kommunikation mit dem Benutzer:

- **Kommunikation** ist beschränkt auf das Austauschen von **sachlichen Nachrichten**.
- **Schriftliche Spezifikationen** sind das geeignete Kommunikationsmedium zwischen Entwickler und Benutzer. Der Benutzer versteht die Spezifikation so, wie sie der Entwickler meint. Man braucht eine feste Vertragsgrundlage, sonst legt sich der Benutzer nie fest. Wenn er „ja" zu etwas sagt, meint er auch „ja".

- Die **Denkschemata** und Vorerfahrungen des Benutzers sind einfach strukturiert:
  - Der Benutzer kann sowieso nicht abstrakt denken,
  - der Benutzer weiß schon, was er braucht.
- Ein Entwickler ist ein geeigneter **Kommunikationskanal**, um die Realität korrekt in eine Spezifikation umzusetzen.

Dazu einige Skizzen zum Erkenntnistand der Psychologie.

9.2 Kommunikation

„**Kommunikation** ... ist ein Vorgang, bei dem Sender und Empfänger Nachrichten zum Zwecke der Verständigung austauschen" (Fittkau 80, Kommunikation, S.9). Die Zweckgebundenheit in dieser Definition schließt ein, daß Kommunikation nur zwischen Lebewesen möglich ist (s. auch Abschn. 8.1, Mensch-Computer-*Interaktion*).

Eine Nachricht umfaßt vier Aspekte (Schulz von Thun 81, Kommunikation, S.6ff.):

Sachinhalt: „Worüber ich informiere".
Selbstoffenbarung: „Was ich von mir kundgebe".
Beziehung: „Wie wir zueinander stehen".
Appell: „Wozu ich dich veranlassen möchte".

Fittkau et al. stellen den Grundvorgang der Kommunikation in folgendem Modell dar (Symbole sinngemäß):

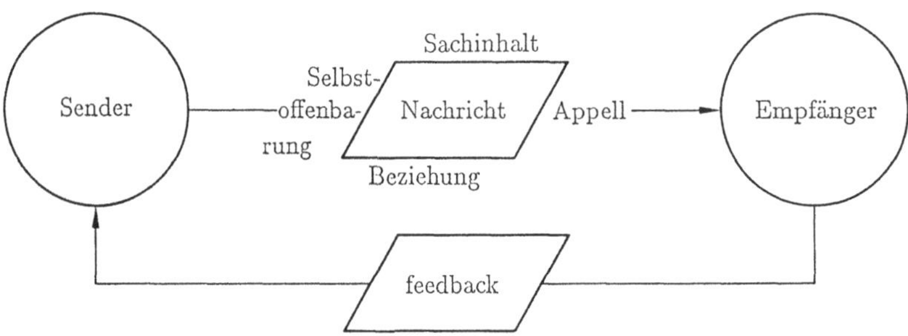

Abb. 9-1. Psychologisches Modell zwischenmenschlicher Kommunikation (Fittkau 80, Kommunikation, S.27)

Eine Nachricht wird vom Sender nicht nur verbal vermittelt sondern mit jeder Form des Verhaltens: Mimik, Gestik, paralinguistischen Phänomenen wie Tonfall usw.. Da es nicht möglich ist, sich nicht zu verhalten, formuliert Watzlawick (74, Kommunikation, S.53): *Man kann nicht nicht kommunizieren.*

Im Kommunikationsprozeß einer Softwareentwicklung spielen neben dem Sachinhalt besonders die **Beziehung** (z. B. wer hält was vom anderen?) und der **Appell** (der Entwickler will den Benutzer mit etwas „beglücken") eine Rolle. Im allgemeinen wird nicht offenbar, wenn eine Diskussion scheinbar auf der Sachebene abläuft, in Wirklichkeit aber auf der Beziehungsebene stattfindet. Dies ist z. B. der Fall, wenn sich eine Diskussionsrunde hinschleppt und keine konstruktiven Lösungen erarbeitet werden. Das sind die Diskussionen, in denen mit Sachargumenten auf der Beziehungsebene gefochten wird. Sachargumente, die auf der Beziehungsebene treffen sollen, sind Bemerkungen wie:

- „Wenn unser Projektleiter ja ein Konzept hätte, wären wir schon weiter."
- „Dies ist aber ein Denkfehler im Bereich elementarer Mathematik."
- „So etwas Grundlegendes wissen Sie bei *Ihrer* Qualifikation nicht?"

Wenn diese Verflochtenheit von Sach- und Beziehungsebene eintritt, gibt es als Lösung nur noch die **Metakommunikation**, d.h.: *Ein Gespräch über die gerade abgelaufene Kommunikation und die Klärung der Beziehung.*

Dies ist kein Thema für esoterische Selbsterfahrungsgruppen, sondern Realität für Softwareentwickler. Konkrete Anleitungen hierzu geben z. B. Hansel und Lomnitz (Hansel 87, Projektleiter). Hofstetter (85, Psychologische Probleme) berichtet über Projektfehlschläge in Millionenhöhe, weil die Verflochtenheit von Sach- und Beziehungsebene in Projektgruppen nicht rechtzeitig erkannt und abgebaut wurde.

9.3 Denkschemata und Interessenlagen der Beteiligten

Untersuchungen aus dem Gebiet der Informatik zu den **Denkschemata von Softwareentwicklern** zeigen, daß Entwickler sehr formal und abstrakt zu denken gewohnt sind, aber auch bildhaft über formal-sprachliche Gebilde wie Programme denken. Kommunikation im Team und mit dem Benutzer suchen sie nicht gerade aus eigenem Antrieb.

Über *den* **Benutzer im Softwareentwicklungsprozeß** läßt sich festhalten: Er denkt ebenfalls bildhaft, bezüglich der Handhabung von Daten aber weniger formal und noch stärker in Beispielen als der Entwickler. Normalerweise beschäftigt er sich nicht mit der Struktur seines Arbeitsprozesses.

Für den **Kommunikationsprozeß** zwischen **Entwickler** und **Benutzer** bedeutet dies:

- Der Entwickler muß mit den weniger formalen Denkschemata des Benutzers umgehen lernen.
- Bildhafte Darstellungen sind ein wichtiges Darstellungsmittel.

- Der Entwickler muß die vom Benutzer geäußerten Meinungen über Arbeitsprozesse und Arbeitsmittel vorsichtig bewerten und hinterfragen. Benutzerbeteiligung kann nicht bedeuten, alle Wünsche des Benutzers zu realisieren.

Beim Entwickler kann man davon ausgehen, daß er üblicherweise sachorientiert an eine Kommunikation herangeht. Beim Benutzer muß man zwei Fälle unterscheiden, die seine Haltung prägen: Das Projekt bringt Arbeitserleichterung, Qualitätsverbesserung seiner Arbeit und Prestigevergrößerung, oder es führt zu Arbeitsplatzverlust, Prestigeverlust (er ist nicht unersetzlich) und Dequalifizierung. In diesem Fall ist nicht zu erwarten, daß der Benutzer auf der Sachebene kommuniziert. Aufgrund seiner Interessenlage wird er versuchen, das Projekt zu Fall zu bringen. Mambrey und Oppermann (Mambrey 85, Partizipation, S.50f.) bilden folgende Kategorien der Benutzerpartizipation. Der Benutzer als:

- Adressat von Leistungen (passiv-neutral),
- Partner (aktiv),
- Korrektiv (aktiv-kritisch),
- Gegner (aktiv-feindlich).

Passive Benutzer sollten aktiviert werden. Aktive und kritische Benutzer sind gute Partner im Kommunikationsprozeß. Ein Benutzer, der ein Projekt unterwandern will, kann nicht einbezogen werden.

9.4 Gruppenprozesse in Projektteams

In der Realität kommunizieren meist Benutzer- und Entwickler*gruppen* mit- und untereinander. Zwei Fälle sind zu unterscheiden:

- *Die Benutzer* (bzw. ihre Vertreter) *sind im Projektteam integriert.* Benutzerkommunikation findet *innerhalb* der Projektgruppe statt. Typische Beziehungsprobleme sind formelle/informelle Führung, Gruppendruck, Neigung zu erhöhtem Risiko usw. (vgl. auch Hansel 87, Projektleiter; Rosenstiel 86, Organisationspsychologie).
- *Das Projektteam besteht nur aus Entwicklern.* Das Team kommuniziert mit Benutzern, die außerhalb stehen. Benutzerkommunikation ist eine Beziehung zwischen Gruppe und Umwelt. Hier bestimmen andere Probleme die Kommunikation: Z. B. Abkapselungstendenzen, Realitätsablösung, Selbstverstärkungsmechanismen (vgl. z. B. Schnupp 83, Wirklichkeit).

Es gibt zur Lösung von problematischen Gruppenkonstellationen keine Patentrezepte. In unserem Zusammenhang kann jedoch ein Softwareentwickler bereits einen konstruktiven Beitrag zur Kommunikationssituation leisten, wenn er die Situation erkennt und bei Fehlentwicklungen Gegenmaßnahmen ergreift.

9.5 Psychologische Theorien der Kognition und des Lernens

Verschiedene psychologische Ansätze zum menschlichen Verhalten sind für das Prototyping relevant.

9.5.1 Kognitive Ansätze

Nach Miller et al. (Miller 73, Handlungsstrategien) ist das Verhalten des Menschen in Plänen und Bildern organisiert. **Pläne** sind grob gefaßte Handlungsvorstellungen (z. B. eine Neukonzeption der Stammdatenpflege), die die Handlungen für die Ausführung eines Planes so kontrollieren, daß sie zum Planziel führen. Detailschritte sind nicht im Plan enthalten, sondern nur das gewünschte Ergebnis und die Vorgehensstruktur (z. B. Erstellen eines Absatzplanes). Neue Pläne werden meist aus alten entwickelt und modifiziert oder einfach von anderen Personen übernommen. Sie werden selten völlig neu entworfen. Am Anfang eines neuen Plans stehen auch sprachliche Instruktionen oder Modelle, die sich durch Übung zu neuen Plänen und Handlungen aufbauen. Angst, z. B. vor Arbeitsplatzverlust, ruft Abwehr gegenüber Planveränderungen (= Neuerungen) hervor.

Bilder beinhalten nach Miller et al. alles gelernte und organisierte Wissen eines Individuums über sich selbst und seine Umwelt. Neisser (79, Kognition) bezeichnet sie als **Orientierungschemata.**

Das Vermitteln neuer Pläne ist zentrales Anliegen eines jeden Lehrenden. Ein Entwickler befindet sich gegenüber dem Benutzer in der Situation desjenigen, der neue Pläne – etwa einen maschinell unterstützten Arbeitsablauf – vermitteln möchte. Diese Situation wird jedem Entwickler gegenwärtig sein, der versucht hat, einer Fachabteilung Dialoge (= *neue* Pläne und Bilder) nahezubringen, während die Fachabteilung auf Listen (= *alte* Pläne und Bilder) bestand.

Sprachliche Informationen rufen **Vorstellungsbilder** hervor. Sie verlangen sehr viel Abstraktion. Für vorgestellte Ereignisse stellt Neisser (S.135) fest: „*Wir können über entfernte Ereignisse nicht sprechen, bevor wir sie uns vorstellen können*".

Nun ist es keineswegs so, daß angebotene Informationen so wahrgenommen werden, wie man sie darbietet. **Wahrnehmung** ist ein aktiver, konstruktiver Prozeß, bei dem Information in vorhandene Erfahrungen und Denkschemata (Orientierungsschemata) eingeordnet wird. Je mehr Wahrnehmungskanäle (Sehen, Hören, Fühlen) angesprochen werden, um so besser wird das Dargebotene behalten. Die Aufmerksamkeit eines Individuums in einem Kommunikationsprozeß ist ausgesprochen selektiv. Übertragen auf den Softwareentwicklungsprozeß wird deutlich, was wir dem Benutzer mit lediglich schriftlichen Spezifikationen abverlangen: **Eine Wahrnehmungsantizipation über vorgestellte Ereignisse.** Dabei hat der Entwickler als Kommunikationskanal die Spezifikation über selektive Wahrnehmung bereits vorzensiert. Miller et al. sprechen von einer allgemeinen Qualitätsverschlechterung von Information, „wenn Menschen als Kommunikationskanäle verwendet werden" (Miller, S.44).

9.5.2 Lerntheoretischer Ansatz

Nach der sozialen Lerntheorie ist Lernen ein **sozialer Prozeß**, in dem durch die Beobachtung von Modellen (z. B. der Handlung anderer Menschen) neue Handlungen und Einstellungen (Verhaltenweisen) erworben werden (vgl. Bandura 76, Modellernen).

Das Beobachtungs- oder Imitationslernen ist gegenüber verbalen Instruktionen und dem Lernen durch Versuch und Irrtum die effizienteste Form des Lernens. Man kann sich das anhand der zunehmend längeren Zeiten vorstellen, die man benötigt, um z. B. den Umgang mit einem Textsystem bei folgenden Vorgehensweisen zu erlernen: Wenn man den Umgang demonstriert bekommt, ein Handbuch liest oder durch Versuch und Irrtum selbst probiert. In den Lernprozeß fließen vier komplexe Faktoren ein (vgl. Bandura 76):

- Aufmerksamkeitsprozesse,
- Gedächtnisprozesse,
- Reproduktionsfähigkeiten,
- Motivationsprozesse.

Bandura unterscheidet im Lernprozeß zwischen **Erwerb** und **Ausführung**. Ob eine Handlung tatsächlich ausgeführt wird, hängt von den antizipierten Konsequenzen ab. Wenn man mit Prototypen ein Modell der späteren Benutzeroberfläche zeigt, wird bereits eine Vorstellung als Antizipation der späteren Anwendung nur durch Zeigen und Zusehen erworben. Der modellhafte Umgang des Entwicklers mit dem Prototyp begünstigt den Lernprozeß, Übungen des Benutzers mit dem Prototyp festigen ihn. Gut erinnert werden beobachtete Ereignisse, wenn sie mit knappen, prägnanten Bezeichnungen (Codes) kombiniert werden.

Insgesamt hat eine vom Entwickler geschriebene und vom Benutzer gelesene Spezifikation sehr schlechte Chancen, so wahrgenommen zu werden, wie sie vom Entwickler gedacht war. Ein nur gezeigter Prototyp hat schon bessere Aussichten, entsprechend der Intention des Entwicklers wahrgenommen zu werden. Ergänzende Einordnungsschemata, z. B. Interaktionsdiagramme, erleichtern eine Orientierung und fördern die Motivation: Es kann über einen Aspekt mitbestimmt werden, den man verstanden hat.

9.6 Voraussetzungen für Lernprozesse mit Prototypen

Sowohl das Allgemeinwissen als auch werkzeugspezifische Kenntnisse der Benutzer sind bei der Gestaltung der Benutzeroberfläche zu berücksichtigen (Bösser 84, Lernanforderungen). Die folgende Tabelle faßt die Auswirkungen von Kommunikationshilfen und psychischen Faktoren im Softwareentwicklungsprozeß zusammen:

Tabelle 9-1. Auswirkungen auf den Lernprozeß im Softwareentwicklungsprozeß

Auswirkung	Medien / psychologische Einflüsse
fördernd	graphische Medien
	verbal-abstrahierende Codes
	knappe verbale Bezeichnungen
	Prototype (Simulationen)
	Beobachtung und Erprobung anhand von Beispielen
	der Benutzer als Partner oder Korrektiv
hemmend	Wahrnehmungsblockade
	nicht übereinstimmende Normen und Werte
	geringe Abstraktionsfähigkeit beim Benutzer
	Versuch und Irrtum als Lernmethode
	der Benutzer als Gegner
	Abkapselungstendenzen des Projektteams
	Gruppendynamische Störungen im Projektteam

Auf der Basis der psychologischen Erkenntnisse wird das fachweltliche und arbeitsplatzbezogene Wissen des Benutzers möglichst unverfälscht und zielgerichtet ermittelt, um den Übergang R $\rightarrow$ SPZ (s. Abschn. 3.1.4) für die Erstellung funktionaler Spezifikationen zu unterstützen.

9.7 Systematische Benutzerkommunikation

Die Kommunikation zwischen Benutzer und Entwickler zerfällt in eine Informationsphase und eine Meinungsaustauschphase.

In der **Informationsphase** soll der Entwickler dem Benutzer frühzeitig die Struktur, ein erstes Bild und die allgemeine Handhabung des Systems nahebringen, um die Basis für eine produktive Benutzerbeteiligung und ein Orientierungsschema zu schaffen. Die Handhabung eines Dialogs wird für *ständige Benutzer* zu einer reinen Fertigkeit. Der *gelegentliche Benutzer* dagegen braucht eine syntaktische Orientierung, um möglichst schnell die gesuchte Anwendung zu finden. Er erwirbt keine Fertigkeit. Ihm muß das Strukturkonzept des Dialogs vermittelt werden.

Es ist verfehlt, für Benutzer eines konvivialen Werkzeugs (Näheres s. Abschn. 8.5.) während der Anwendungsentwicklung einen Konsens für die Handhabung des Dialogs zu suchen. Der durch das Standard-Dialogwerkzeug vorgegebene Dialogaufbau darf für die einzelne Anwendung überhaupt nicht zur Disposition stehen. Maskenaufbau, PF-Tasten-Belegung und ähnliche Strukturen (s. Abb. 8-4) müssen organisationsweit einheitlich sein und bleiben. Sie verändern sich evolutionär mit der Technik und neuen Erkenntnissen für alle Benutzer in neuen Releases.

In der Informationsphase ist die Kommunikation weitgehend einseitig. Der Entwickler informiert über den Dialogablauf:

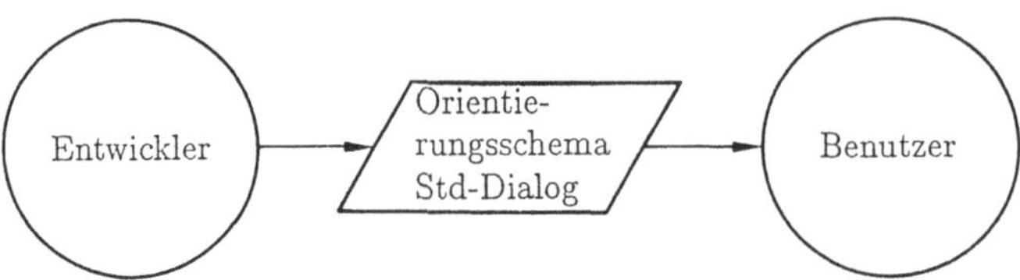

Abb. 9-2. Kommunikation in der Informationsphase
Std = Standard

In der **Meinungsaustauschphase** findet eine intensive Kommunikation statt, da der Entwickler ohne den Benutzer nicht in der Lage ist, eine fachlich korrekte Spezifikation zu erstellen. Ein erheblicher Teil des erforderlichen Fachwissens liegt beim Benutzer. Der Prozeß ist wechselseitig. In dieser Phase muß eine Abstimmung gesucht und gefunden werden. Ist sie nicht erreichbar, kann das die Einstellung eines Projektes wegen Undurchführbarkeit erfordern, oder das Projekt wird weiterentwickelt und später die Software gegen die Interessen der Benutzer eingeführt. In der Meinungsaustauschphase will der Entwickler eine dem technischen Stand entsprechende, kostengünstige Lösung erreichen, der Benutzer eine den fachlichen Anforderungen und seinen Komfortansprüchen entsprechende. Als Kriterium für eine Entscheidung gilt der Konsens um die Angemessenheit einer Lösung. Die Meinungsaustauschphase hat einen rückgekoppelten Ablauf:

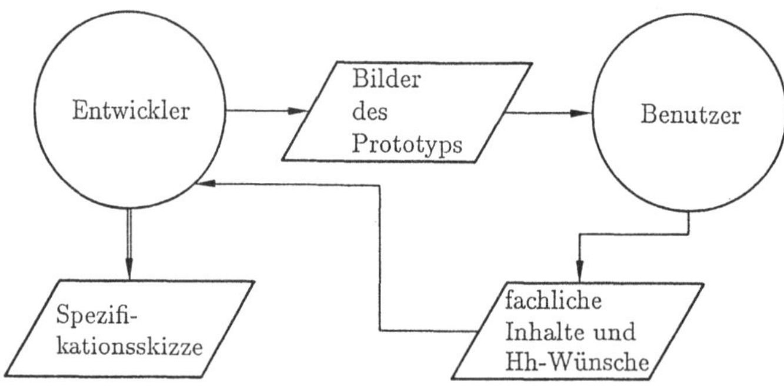

Abb. 9-3. Kommunikation in der Meinungsaustauschphase
Hh = Handhabung

Beide Phasen lassen sich in Tabellenform strukturiert darstellen. Der genaue Ablauf ist situationsabhängig:

Tabelle 9-2a. Tätigkeiten und Hilfsmittel in der Informationsphase

Tätigkeiten des Entwicklers	Medien	Ziel
Struktur Arbeitsablauf/ SOLL und Dialog zeigen und erläutern	graphische Darstellungen	Strukturen (= Pläne) schaffen
Prototyp Benutzeroberfläche zeigen und erläutern	Prototyp (Simulation)	Lernen am Beispiel
wichtige Dialogteile hervorheben und benennen	Codes	Strukturen verfeinern durch Bilder und Codes
spontan geäußerte Ideen schriftlich fixieren	Metaplan-Karten	Vorstellungen aus der Benutzerwelt unverfälscht festhalten

Tabelle 9-2b. Tätigkeiten und Hilfsmittel in der Meinungsaustauschphase

Tätigkeiten von Benutzer und Entwickler	Medien	Ziel
Benutzer handhabt den Prototyp; dabei gibt Entwickler Hilfestellung	Prototyp = Simulationsmodell	Plan und Bilder über die Anwendung beim Benutzer schaffen
Detailmängel in Handhabung und Layout korrigieren	Dialogwerkzeug	Handhabungsanforderungen des Benutzers erfüllen
Jede Maske durchsprechen, und zwar die Verarbeitung jedes Datenelements und	Datendefinitionen (DATA DICTIONARY)	fachbezogene Handhabungen evaluieren
den vom Benutzer gewünschten Effekt jeder Transaktion	offenes Protokoll	Spezifikationsskizzen
Fehlermeldungen und Hilfetexte abstimmen und implementieren	Fehlermeldung als präzisierendes Beispiel	Spezifikationsskizzen konkretisieren

Ergebnis des Entwurfsschrittes Benutzerkommunikation sollen Spezifikationsskizzen sein, anhand derer funktionale Spezifikationen erstellt werden (s. Abb. 4-5). Dazu werden die Vorgangsketten aus Phase 1 herangezogen und mit dem Prototyp in Verbindung gebracht.

9.8   Beispiel einer Spezifikationsskizze

Auf der Basis der Vorgangskette **Pflege Teilestammdaten** wurde eine Maske für
den Prototyp entworfen (s. Abb. 8-2c), und zwar für die Elementarfunktion *Pflege
Verkaufsdaten* die Teilfunktion *Anlegen*:

```
 Prog : TSVK001P              MODE AG Hemdheim              Dat : 25.06.87
 Bild : TSVK001M           Pflege Teilestammdaten          Zeit: 19:25:25
 ------------------------------- Anlegen -------------------------------


                        +++   Verkaufsdaten   +++

         Artikel-Nr.....: ________
         Bezeichnung....: ________________________________________

         Artikelgruppe..: ___       Preisgruppe........: _
         Saison.........: _         Preislisten-Nr.....: _
         Verkaufsbeginn.: __/__     Produktions-Art-Nr.: ________


       ----------------------------------------------------------------
 PF1 = HILFE    PF3 = ZURÜCK    PF12 = ENDE            DatFreig = WEITER
```

Erläuterungen:

- Das fünfstellige Feld am Beginn des Striches der zweitletzten Zeile ist die Eingabemöglichkeit
  für den **Transaktionscode** für schnelle Bewegungen im Menü. Das Feld wird bewußt nicht
  weiter bezeichnet, da es nur für fortgeschrittene Benutzer gedacht ist. Die Benutzung wird
  in Abschn. 11.4.6 gezeigt.
- **Meldungen** erscheinen über dem Strich in der drittletzten Zeile.
- Die **technischen Daten** im Kopfteil (Programm-, Maskenname, Datum und Uhrzeit) dienen
  der Wartung und Fehlerdiagnose. Mehr darüber in Kap. 12.

Für die Spezifikationsskizze wird die Vorgangskette/SOLL je Attribut um An-
merkungen in freier Form erweitert. Ggf. werden vergessene Attribute im Datenmodell und auf der Maske ergänzt. Wenn der Bezug zwischen Attribut des
Datenmodells zu Element der Maske nicht intuitiv klar ist, kann er durch Erweiterung der Tabelle um eine Spalte mit den Feldnamen der Maske hergestellt
werden. Die Vorgangskette enthält jetzt durchgängig die Standardabkürzungen
für Tätigkeiten. Außerdem sind redundante Tätigkeiten gegenüber der Fassung
IST/SOLL-Vergleich gestrichen. Die unterschiedliche Behandlung einiger Attribute für verschiedene Rollen wird aus der Spezifikationsskizze ersichtlich:

Vorgangskette: **Pflege Teilestammdaten**; Sicht **Verkauf** (VK)

Objekttyp/Attribut	Rolle	Tätigkeit	Sender	Empfänger	Anmerkung
TEIL		erz	VK	VK	verantwortlich für OT
typ#	'vkt'	anz	R	VK	
	'wt'	anz	R	VK	
	'prt'	anz	R	EW	die Sicht für die
	'mat	anz	R	EW	Entwicklung folgt!
teil#		anl	VK		automatische Vergabe
bezeichnung		festl	VK		Normbezeichnungen beachten, Schlüsselverzeichnis verwenden
DIN-Nr		erg	EW		
datum		anz	R		Anlegedatum rückwirkend änderbar
mengeneinheit		festl	EW		
produktgruppe#	'vkt'	festl	VK		m = modisch h = hochmodisch s = standard
	'wt'	–	–		entfällt vorläufig
bezugsart#		festl	EK		
herstellkosten		erg	BH	EK	
verkaufsbeginn-dat		eing	VK	EW	Monat/Jahrzehnt; nur für Verkaufsteil!
		korr	EW	VK	wenn Wunschtermin nicht haltbar
saison-knz					**fehlt** im Datenmodell! H = Herbst F = Frühjahr
vertriebsweg					**fehlt!** E = Einzelhandel W = Warenhaus
preisgruppe		eing	VK		Werte '1 – 6' erlaubt
preisliste#		eing	VK	BH	Werte '1 – 4' erlaubt
		korr	BH		
TEIL-STRUKTUR		anl	R		
teil#	'mast'	anz	R		
teil#	'komp'	eing	VK	EW	welcher Rohartikel? (bei Verkaufsteil!)
		änd	EW		Vorschlag des Verkaufs
menge		eing	EW		

Taste WEITER: zum Anlegen nächster Artikel

Der Übergang von der Langform der Tätigkeitsbezeichnungen auf die Kurzform zeigt, wie man Spezifikationen stufenweise in eine knappere wartbare Form überführen kann. Die Vorgangskette selbst wird jetzt nicht mehr als Kommunikationsmedium bei der Arbeit benutzt, sondern als Protokoll der Entwickler. Die Maske des Prototyps wird um die noch gefundenen fehlenden Felder ergänzt (hier *saison-knz*, *vertriebsweg*). Sie wird als Grundlage für die funktionale Spezifikation weiterverwendet.

10. Funktionale Spezifikation

Der Dialogentwurf und die sich anschließende Kommunikation mit dem Benutzer
wird auf der Ebene der kleinsten Einheiten der Benutzeroberfläche durchgeführt,
der Ebene der Masken. Aus dem Entwurfsschritt Benutzerkommunikation liegen
Skizzen über diese kleinsten Einheiten vor. Die Skizzen sind zusammenfassend so
zu bearbeiten, daß die gewünschte objektorientierte Sicht des Teilsystems nicht
verlorengeht. Diese Sicht ist auf der Ebene der **Elementarfunktionen** gegeben
(s. Abb. 8-7). Hier werden alle Operationen zur Bearbeitung einer Vorgangskette
oder ihrer Objekttypen zusammengefaßt. Kap. 10 enthält

- einen knappen Überblick über Spezifikationsmethoden,
- eine Klassifizierung typischer administrativer Grundfunktionen mit jeweils unterschiedlichen Anforderungen an eine Spezifikationsmethode,
- Beispiele, spezifiziert in einer halbformalen, pragmatischen Form, die mit einfachen Werkzeugen verarbeitet werden kann.

10.1 Überblick über Spezifikationsmethoden

Eine funktionale Spezifikation soll sicherstellen, daß die Realität korrekt abgebildet *und* daß eine Basis für eine fehlerfreie Implementierung geschaffen wird. Zur
Verdeutlichung sei auf Abb. 2-9 zurückgegriffen:

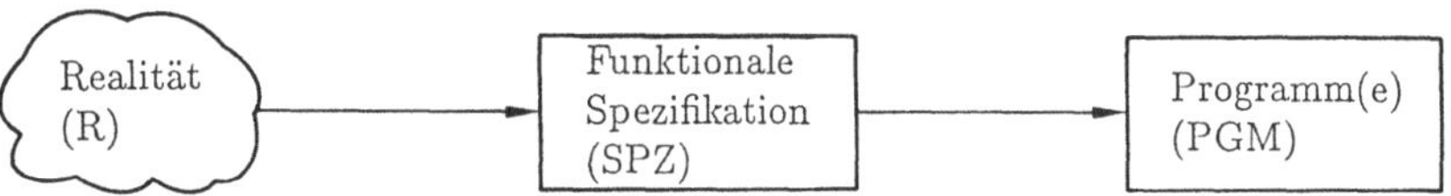

Abb. 10-1. Die Spezifikation als Brücke von R nach PGM

Fehlermöglichkeiten ergeben sich

- beim Übergang R $\rightarrow$ SPZ,
- bezüglich der Konsistenz von SPZ (s. hierzu auch Abschn. 2.3.2),
- bei der Umsetzung von SPZ $\rightarrow$ PGM.

Die größten Fehlerquellen beinhaltet allerdings der in der Industrie immer noch weit verbreitete *direkte* Übergang R → PGM, bei dem man glaubt, die Spezifikation einsparen zu können. Es gibt vier Möglichkeiten, eine Spezifikation auszuführen:

- Informal,
- halbformal,
- formal,
- ausführbar.

Welche Methode man wählt, ist nicht entscheidend, solange die wirklich wichtigen Type von Funktionen spezifiziert werden (Näheres hierzu s. Abschn. 10.2ff).

10.1.1 Informale Spezifikation

In einer informalen Spezifikation wird beschrieben, was eine Elementarfunktion tun soll. Die Form bleibt dem Entwickler überlassen.

Methoden. Vorherrschende Darstellungsform ist Prosa mit einfachen Graphiken. Eine Hilfe dabei sind Dokumentenmuster, auch *Standard-Inhaltsverzeichnisse* genannt.

Bewertung. Es muß kein spezieller Ausbildungsaufwand betrieben werden. Die Spezifikation kann der zu spezifizierenden Problemstellung angepaßt werden. Nachteile sind: Durch Mißinterpretationen können Mehrdeutigkeiten entstehen. Es besteht nicht die Möglichkeit einer Konsistenzprüfung. Die Ergebnisse verschiedener Entwickler sind nicht vergleichbar (wird verbessert durch Dokumentenmuster).

Die Liste der Nachteile sollte nicht über die große praktische Bedeutung hinwegtäuschen. Der Entwickler durchdenkt beim Formulieren seines Problems in einer anderen als der Programmiersprache eine Fülle unklarer und falsch verstandener Punkte, strukturiert sie und klärt sie durch Rückfragen beim Benutzer. Die Spezifikation dient als Mittel zur Selbstkontrolle. Die negativen Effekte entstehen vor allem dann, wenn die Spezifikation nur als Pflichtübung ohne Auseinandersetzung mit dem Problem abgearbeitet wird. Eine informale Spezifikation ist für Außenstehende, selbst für einen Projektleiter, bei realistischen Größenordnungen nicht mehr überprüfbar.

Beispiel: In Spitta 83, Projektbibliothek, wird über eine Systemsoftware berichtet, die 130 000 lines of code in PL/1 umfaßte. Das System wurde vollständig informal spezifiziert, und zwar auf ca. 1 500 Textseiten. Trotz seiner hohen Komplexität und der Tatsache, daß es faktisch unmöglich war, die Spezifikationen zu überprüfen, wurde das System reibungslos installiert und erwies sich in technischer Hinsicht als außerordentlich betriebsstabil und erweiterungsfähig.

Man kann die Nachteile einer informalen funktionalen Spezifikation dadurch mildern, daß man eine formale oder halbformale *Spezifikation des Entwurfs* durchführt. Kap. 11 ist hierfür ein Beispiel. Dort wird keine administrative sondern eine Systemsoftware spezifiziert. Im einfachsten Fall spezifiziert man den Entwurf in Form von Modulköpfen mit Kommentaren in der Syntax der Zielsprache (s. auch Abschn. 4.3).

10.1.2 Halbformale Spezifikation

Die halbformale Spezifikation erzwingt durch Formalismen entweder partiell oder vollständig eine bestimmte Darstellungsform. Sie erleichtert Konsistenzprüfungen. Die Zahl der Methoden ist so groß, daß hier lediglich einige bekannte oder repräsentative Beispiele erwähnt werden können:

(1) Datenflußorientierte Methoden,
(2) prozeßorientierte Methoden,
(3) deskriptive Methoden.

(1.1) Datenflußorientierte Methoden (s. auch Kap. 1) beruhen auf der Darstellung von Transformationsbeziehungen nach dem E → V → A-Prinzip. Zu nennen sind:

- HIPO: IBM Corp.,
- SADT: SOFTECH Inc.,
- SA: GEI GmbH,
- ISAC: ACTIS GmbH.

(1.2) Bewertung (s. auch Abschn. 3.4.1 und 6.1). Datenflußorientierte Methoden liefern zuverlässig die Konsistenz aller Input-Output-Beziehungen. Sie sind auf einer detaillierten Entwicklungsstufe wie der funktionalen Spezifikation jedoch ohne Werkzeug nicht konstruktiv einsetzbar und selbst mit modernen Werkzeugen außerordentlich aufwendig.

(2.1) Prozeßorientierte Methoden stellen Zeitablauf und Verarbeitung in den Vordergrund. Sie sind meist in umfangreichen Verfahren enthalten. Teilweise zielen sie auf eine automatische Umsetzung der Spezifikation in eine Programmiersprache. Sie treten entweder in verbaler (= **prozeduraler**) oder in graphischer (= **netzorientierter**) **Form** auf (vgl. hierzu: Reisig 85, Netze).

Beispiele:
- Requirements Network aus RSL (benutzt im militärischen Bereich der USA),
- Mehrdimensional abgestufter Entwurf (Österle 81, Info-Systeme),
- PSDL – 'Problem Statement and Design Language' (Philips GmbH),
- SLAN-4 – 'Software Language-4' (IBM Corp.),
- Spezifikationsteil von ADA.

(2.2) Bewertung. Prozeßorientierte Methoden sind der Implementierung strukturell am ähnlichsten. Dies verringert das Risiko von Umsetzungsfehlern beim Übergang SPZ → PGM. Es besteht jedoch die Gefahr, daß Problemdarstellung und Problemlösung in Form algorithmischer Abläufe zu stark vermischt werden. Dies zwingt bei rein technischen Änderungen, z. B. an der Datenbasis, zu Folgeänderungen in der Spezifikation.

(3.1) Deskriptive Methoden abstrahieren vom Lösungsablauf und versuchen, allein die Logik des Problems darzustellen. Sie spielen eine zunehmend wichtigere Rolle, vor allem im Zusammenhang mit der Beschreibungssprache PROLOG. Das Konzept von PROLOG fordert für Funktionsbeschreibungen eine ebenso strikte

Trennung von Problemlogik und Kontrollstruktur wie dies bei Daten z. B. im Relationenmodell gebräuchlich ist. Die meisten in Kap. 1 genannten Verfahren enthalten für Einzelaspekte auch deskriptive Elemente. Weitgehend deskriptiv orientiert sind das Methoden- und Werkzeugsystem

- EPOS (Jovalekic 83, EPOS; TU Stuttgart; GPP mbH): Der Beschreibungsteil EPOS-R beruht auf einer außerordentlich verbreiteten deskriptiven Methode, die auch separat benutzt wird:
- Entscheidungstabellen (Strunz 77, Entscheidungstabellen; z. B. mbp GmbH): Es gibt eine Reihe von Übersetzern, die aus Entscheidungstabellen ablauffähige Codes generieren.

(3.2) Bewertung. Für administrative Systeme scheinen deskriptive Spezifikationsmethoden am sinnvollsten zu sein, weil Abläufe eine sehr untergeordnete und Fallunterscheidungen eine dominierende Rolle spielen (Näheres dazu s. Abschn. 10.2ff.).

10.1.3 Formale Spezifikation

In einer formalen Spezifikation wird das Problem mit mathematischen Methoden so beschrieben, daß die Spezifikation als korrekt bewiesen werden kann. Wenn dazu noch automatisch aus der Spezifikation ein Programm abgeleitet wird, ist die Transformation bis zum Programm richtig, sofern das Umsetzprogramm korrekt ist.

Bei einigen formalen Spezifikationsmethoden werden **Axiome** aufgestellt. Axiome sind Aussagen über die relevanten Eigenschaften der zu modellierenden Objekte, deren korrekte Abbildung zu beweisen ist. Ein Korrektheitsbeweis wird geführt, indem die Widerspruchsfreiheit (= Konsistenz) der Axiome bewiesen wird. Die Problematik einiger Methoden liegt darin, daß es sehr schwer ist, alle wichtigen Axiome zu finden.

(1) Methoden. Majster gibt folgende Klassifikation der formalen Spezifikationsmethoden:

Tab. 10-1. Klassifikation formaler Spezifikationsmethoden

nicht-konstruktive Methoden	axiomatische: z. B. Hoare 69, Axiomatic Basis algebraische: z. B. Guttag 77, Data Types
konstruktive Methoden	algorithmische: Bauer 84, Programmentwicklung graphische: z. B. Majster 79, Specification

Nur die konstruktiven Methoden können eine Vollständigkeit der Axiome garantieren. Die Axiome zu finden, bleibt der Intuition und Erfahrung des Entwicklers überlassen. Nach Majster ist es sogar prinzipiell unmöglich, alle Axiome zu finden.

(2) Bewertung. Formale Methoden abstrahieren von der *Semantik der Daten* und spezifizieren nur noch Strukturen. Wedekind (81, DB-Systeme I, S.43) zeigt die Fragwürdigkeit eines solchen Vorgehens am Beispiel einer kaufmännischen Rechnung. Aus der Literatur läßt sich ein starker Trend zur Verbesserung formaler Spezifikationsmethoden und zur Entwicklung von Transformationen in Programme ablesen. Der *Aufwand* für praktische Problemstellungen ist jedoch extrem hoch. Aus der Praxis ist mir kein Fall bekannt, in dem ein System realistischer Größenordnungen (40 000 – 300 000 Zeilen PL/1) formal spezifiziert und dann eingesetzt worden wäre. Formale Spezifikationen sind

- selbst für hochqualifizierte Entwickler schwierig und nur für kleine Systeme anwendbar (Hoare 69, Axiomatic Basis, p.580),
- für praktische Problemstellungen außerordentlich komplex und daher oft falsch (Goguen 81, Specification and Verification, p.38),
- umfangreich und schwierig (Pepper 82, Spezifikation),
- aufwendig bezüglich der Spezifikation von Selbstverständlichkeiten und Formalismen (Würges 78, Abstract Specification).

Für die überwiegende Zahl administrativer Anwendungen mit oft nur wenigen Benutzern ist der Aufwand für eine formale Spezifikation zu hoch und die Sprache (= die Formalismen) kein taugliches Mittel zur Kommunikation. Für sicherheitsrelevante oder Systemsoftware (Raumfahrt, Kraftwerke, Betriebssysteme, Compiler) beantwortet sich die Frage nach dem Aufwand anders. Im ersten Fall darf der Aufwand kein Argument sein, im zweiten Fall geht es um Arbeitsmittel für Hunderttausende von Benutzern.

Die große Gefahr halbherzig ausgeführter formaler Spezifikationen besteht darin, daß Beweise nicht mehr nachvollzogen, sondern aus Gründen des Aufwandes und der Kommunizierbarkeit nach dem sog. '**trust-me-approach**' einfach *geglaubt* werden (DeMillo 77, Proofs).

10.1.4 Ausführbare Spezifikation

Eine ausführbare Spezifikation ist eine formale Spezifikation, die in einer maschinell interpretierbaren Sprache formuliert ist. Sie wird in der Regel **Prototyp** genannt. Durch die maschinelle Ausführung läßt sich die Konsistenz der Spezifikation nachweisen.

(1) Methoden. Es ist möglich, algebraische Spezifikationen oder auch andere mathematische Formalismen maschinell auszuführen. Der am stärksten verbreitete Formalismus ist die Prädikatenlogik erster Ordnung in einer speziellen Schreibweise, sog. **Horn-Klauseln**. Diese werden maschinell von PROLOG interpretiert. Gelegentlich werden auch andere Systeme als PROLOG erwähnt (vgl. ACM 82, Rapid Prototyping).

(2) Bewertung. Die Formulierung und Bearbeitung von ausführbaren Spezifikationen in PROLOG hat heute bereits eine gewisse Verbreitung. Es werden damit Systeme spezifiziert, die besonders hohe Korrektheitsanforderungen stellen.

In Abschn. 8.7 werden Prototype *dieser* Art (= Realmodelle) als *Alternative* zu Vorabversionen hingestellt. Realmodelle und Vorabversionen werden jedoch aufgrund technischer Veränderungen in naher Zukunft miteinander verschmelzen. Entwickelt man heute mit einer Vorabversion, kann man besonders wichtige Funktionen ausführbar spezifizieren. Eine vollständige Spezifikation mit Realmodellen beinhaltet zu viel Doppelaufwand. Mit fortschreitender Entwicklung wird jedoch die Trennung Prototypsprache - Produktionsprache wegfallen und eine Sprache für ausführbare Spezifikationen die Benutzeroberfläche genauso abbilden können wie die Produktionssprache (vgl. Schnupp 83, PROLOG).

10.1.5 Zusammenfassende Bewertung

Beim heutigen Stand der Technik sind halbformale Spezifikationsmethoden der konstruktiv gangbare Weg. Die Auswahl einer Methode hängt stark vom Anwendungsgebiet und dem Kenntnisstand der verfügbaren Systementwickler *und* der zukünftigen Wartungsmannschaft ab.

Es kommt weniger darauf an, *welche* Methode man benutzt, als darauf, eine gewählte Methode konsequent bei den Entwicklern *durchzusetzen* und für einen genügend langen Zeitraum *beizubehalten*. Eine solche Leitlinie erfordert knappe, auf das Wesentliche beschränkte Spezifikationen, die gewartet werden können.

10.2 Klassifikation administrativer Funktionen

Folgende Funktionstype lassen sich angeben:

(1) **Objektfunktionen** = Objekttypen verwaltende Funktionen,
(2) **Selektionsfunktionen** = Daten extrahierende Funktionen,
(3) **Berechnungsfunktionen** = Daten berechnende Funktionen.

Nur Typ (1) erzeugt **Primärdaten**. (2) und (3) erzeugen **Sekundär**-oder auch **abgeleitete Daten**. Je Typ einer administrativen Funktion werden unterschiedliche Anforderungen an eine Spezifikation gestellt. Daraus ergibt sich die zu wählende Methode. Unter Berücksichtigung der Betriebsarten Batch und Dialog ergeben sich folgende praktisch relevanten Funktionstype:

Tab. 10-2. Type administrativer Funktionen

Funktionstyp		Betriebsart	
		Dialog	Batch
1	Objektfunktion	×	
2	Selektionsfunktion	×	(×)
3	Berechnungsfunktion	×	×

× = sinnvolle Kombination
(×) = nur bei Verdichtungen mit großen Mengengerüsten

10.2.1 Objektfunktionen

Objektfunktionen verlangen die größte Sorgfalt, da von der Korrektheit und Konsistenz der Stammdaten und der Vorgänge die Brauchbarkeit der Datenbasis für alle weiteren Funktionen abhängt. Entsprechend der Unterscheidung in Grundobjekttypen und Vorgangsobjekttypen (s. Abschn. 6.5.3.1) ist bei **Grundobjekttypen** eine Elementarfunktion je Vorgangskette mit ihren Operationen zu spezifizieren. Hierbei sind innerhalb der zustandsverändernden Operationen zu beachten:

- Integritätsbedingungen (Prüfung eingegebener Daten),
- Fehlermeldungen (Annahmen über den Benutzer),
- Spezifikation logischer Transaktionen (nur bei Funktionen, die **Vorgangsobjekttypen** verwalten).

Wie die Beispiele in Abschn. 6.5.3 zeigen, löst die Buchung eines Vorganges Folgebuchungen in anderen Vorgangsobjekttypen aus. Es müssen entweder alle Buchungen oder keine durchgeführt werden, wenn die Konsistenz der Datenbasis erhalten bleiben soll. Eine Vorgangskette ist eine Elementarfunktion, die zusammenhängend spezifiziert werden muß. Während der Benutzer die Bearbeitung eines Vorgangsobjekttyps sieht, müssen rechnerintern mehrere Objekttype gemeinsam verändert werden.

Beispiele (s. Abschn. 6.5.3.3, Abb. 6-17):

(1) Funktion *Auftragseingang*

Sicht des Benutzers	Sicht des Systems
Eingabe: Beleg Auftrag	Ausgabe: Objekt AUFTRAG Objekt KREDITORENKONTO

(2) Funktion *Wareneingang*

Sicht des Benutzers	Sicht des Systems
Eingabe: Beleg Lieferschein	Ausgabe: Objekt LIEFERSCHEIN AUFTRAG.menge um LIEF.menge verringern Objekt SACHKONTO (SST)

Im Beispiel (2) werden mit einer Operation einer Elementarfunktion drei Vorgangsobjekttype verändert. Die Veränderung von SACHKONTO erfolgt über eine Schnittstelle (SST). Nach Abb. 6-20 gehört der Objekttyp SACHKONTO nicht zum Teilsystem TS_1.

10.2.2 Selektionsfunktionen

Selektionsfunktionen sind in administrativen Systemen extrem häufig: Als Kombination mit Funktionen anderen Typs, z. B. nachfolgenden Berechnungen und als direkter Informationsbedarf des Endbenutzers. Dies wird heute zunehmend als 'end-user computing' aus der traditionellen Datenverarbeitung ausgelagert. In beiden Fällen muß eine *richtige* Abfrage formuliert werden. Für die Abfragen gibt es ausführbare Sprachen. Fragen aus der natürlichen Sprache werden in die syntaktisch und semantisch korrekte Formulierung einer Datenmanipulationssprache oder auch Abfragesprache ('query language') umgesetzt. Sie sind so einfach gehalten, daß qualifizierte Endbenutzer selbst mit ihnen arbeiten können.

Beispiele:

- *Einfache Selektion*: „Welche Artikel wurden nach dem 1.12.87 angelegt?"
- *Komplexe Selektion*: „Welche Artikelgruppen kosten je Artikel weniger als 1,00 DM Herstellkosten und wurden in der 2. Saison 1986 definiert?"

Jeder Umweg über eine Zwischensprache für SPZ würde unnötige Umsetzungsfehler heraufbeschwören. Es findet ein direkter Übergang R → PGM statt, mit anderen Worten: *Es gibt nichts zu spezifizieren.*

Ein internationaler Standard für Abfragesprachen sind die von IBM entwickelten 'Query'-Sprachen:

- **SQL** = structured query language,
- **QBE** = query by example.

In die Entwicklung dieser Sprachen wurde ein erheblicher Forschungsaufwand investiert (s. Reisner 81, Query Language), um

- Umsetzungsfehler R → PGM so gering wie möglich zu halten,
- das konzeptionelle Modell des Benutzers beim Formulieren von Abfragen zu ermitteln,
- Komplexitätsstufen zu finden, die es erlauben, die Sprachen stufenweise einzuführen.

Nicht zu spezifizieren bedeutet keinesfalls, blind „draufloszuprogrammieren", im Gegenteil! Es gibt eine Fülle von Fehlerquellen bei der Formulierung von Abfragen. Solche Fehler werden von Endbenutzern *und* Programmierern gemacht. Daher sollte in diesem Entwurfsschritt durch **Prototypen** die Korrektheit der Abfragen festgestellt werden. Dies ist mit den entsprechenden Sprachen sehr wirtschaftlich. Inzwischen ist auch die Kombination mit Wirtssprachen wie COBOL und PL/1 möglich.

Beispiele:

Tab. 10-3. Beispiele für Abfragesprachen auf Datenbanken mit relationaler Sicht auf administrativen Rechnern

Datenbasis	Abfragesprache	Abfragesprache in COBOL oder PL/1 eingebettet
ADABAS	NATURAL/SUPER NATURAL	ADASQL
DB2	SQL/QBE	SQL
ORACLE	SQL/QBE	SQL

SQL und QBE legen zwar ein relationales Datenmodell nahe, erfordern es aber nicht zwingend. NATURAL entspricht dem modifizierten Relationenmodell, dem NF2-Modell, SQL dem ursprünglichen Relationmodell (Näheres s. Abschn. 6.3.4).

10.2.3 Berechnungsfunktionen

Berechnungsfunktionen sind nur solche Funktionen, die mehr als triviale Operationen wie Sortierungen, Summierungen, Durchschnitte und Prozente benötigen. Berechnungen mit Trivialoperationen lassen sich ohne Spezifikationsaufwand mit entsprechenden Werkzeugen (Sortierer oder Abfragesprachen) ausführen. **Nichttriviale Berechnungen** in administrativen Systemen sind z. B.:

Tab. 10-4. Nichttriviale Berechnungen in administrativen Systemen

Berechnungen	Beispiele
Wege in Netzen	Auftragsterminierung, Auslastung alternativer Kapazitäten
Ressourcenbelegung	Kapazitätsplanung, Fertigungssteuerung
statistische Verfahren	Zeitreihen über Absatz und Umsatz
Prüfpläne	Qualitätskontrolle
Optimierungsverfahren	Verschnitt, Tourenabwicklung, Fuhrparkauslegung, Personaleinsatz

Berechnungsfunktionen erfordern eine sehr sorgfältige Spezifikationsarbeit. Durch eine Vielzahl von Randbedingungen können nur in den seltensten Fällen bekannte Rechenverfahren der Statistik und des Operations Research schematisch eingesetzt werden. Das Hauptproblem liegt in einem fachlich korrekten Übergang von $R \rightarrow SPZ$.

Die Wahl der Spezifikationsmethode richtet sich danach, welche Methode von allen Beteiligten verstanden wird und mit welcher man das Berechnungsverfahren am besten abbilden kann. Z. B. ist ein lineares Gleichungssystem anders zu spezifizieren als ein heuristischer Algorithmus.

Bei Berechnungsfunktionen sollte man sich nicht durch iterativ entwickelte Prototypen an eine Lösung herantasten. Außerordentlich nützlich kann jedoch eine ausführbare Spezifikation sein, wenn man das Problem in der Prototypsprache formulieren kann.

10.2.4 Unterschied von Dialog- und Batchfunktionen

In eine Spezifikation von **Dialogfunktionen** gehen in erheblichem Umfang Annahmen über den Benutzer ein:

- Über welche Informationen verfügt er? Nur sie kann er als Daten eingeben.
- Was ist sein Informationsbedarf? Die Ausgabedaten müssen ihn decken.
- Welche Entscheidungen kann er in der Interaktion fällen? Sie bestimmen die Berechnungen, die programmiert werden sollen.
- Welche Fehler kann er machen? Sie bestimmen die Fehlerprüfungen.

Der Dialog läuft nach dem Schema ab: **Ausgabe = f(Eingabe, Interaktion)**.

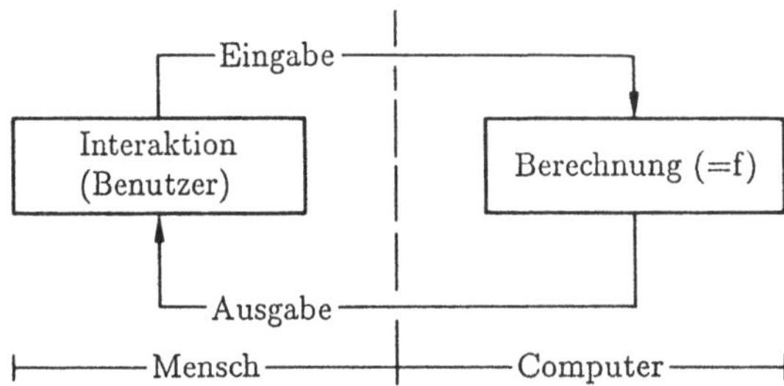

Abb. 10-2. Mensch-Computer-Interaktion im Dialog

Bei **Batchfunktionen** fällt die Interaktion weg: **Ausgabe = f(Eingabe)**. Abb. 10-2 vereinfacht sich entsprechend. Es liegt ein anderes Benutzerprofil für die Ein- und Ausgabe zugrunde. Der Daten eingebende Benutzer ist eine Hilfskraft zur Datenerfassung, der eigentliche Benutzer als Informationsquelle für die Eingabe bekommt Ergebnisse in Listenform und Fehlerprotokolle zur Korrektur (s. auch Abb. 4-9). (Zur Spezifikation von Batchfunktionen vgl. z. B. Yourdon 76, SD; Jones 86, VDM.)

10.3 Grundoperationen auf Objekttypen

Ein sehr allgemeines Schema zur Spezifikation von abstrakten Datentypen stammt von Guttag (77, Data Types). Ein **abstrakter Datentyp** (ADT) wird durch die Operationen definiert, die auf ihm möglich sind:

ADT:= {benutzte Datentype, Operationen auf ADT, Axiome zur Benutzung der Operationen}

Datentype, die in administrativen Systemen für die Datenbasis spezifiziert werden sollen, sind bereits modellierte Objekttype. Sie sind konkret und fachinhaltlich fundiert (s. Abschn. 6.3, Datenanalyse). Benutzte Datentype wären im Guttagschen Schema der Objekttyp mit allen Merkmalen. Datentyp und Objekttyp

lich fundiert (s. Abschn. 6.3, Datenanalyse). Benutzte Datentype wären im Guttagschen Schema der Objekttyp mit allen Merkmalen. Datentyp und Objekttyp werden im folgenden synonym gebraucht. Es ist wenig effektiv, für jeden Objekttyp alle Operationen neu zu spezifizieren, da eine Reihe von Operationen auf allen Objekttypen definiert sind. Diese **Grundoperationen** (Op) werden von den meisten Datenverwaltungssystemen zur Verfügung gestellt. Es sind:

Tab. 10-5. Grundoperationen auf Objekttypen der Datenbasis

Op bezüglich der Existenz des Datentyps:
Benutzer: Datenbasis-Administrator

	Op-Name	Argumentliste	Ergebnistyp
(1)	erz(eugen)	: 0 $\longrightarrow$	Datentyp
(2)	entf(ernen)	: Datentyp $\longrightarrow$	0

Op bezüglich der Elemente des Datentyps:
Benutzer: Systementwickler

	Op-Name	Argumentliste	Ergebnistyp
(3)	anl(egen)	: Datentyp, Element $\longrightarrow$	Datentyp
(4)	erg(änzen)	: Datentyp, Element, Attribut $\rightarrow$	Datentyp
(4)	änd(ern)	: Datentyp, Element, Attribut $\rightarrow$	Datentyp
(5)	lösch(en)	: Datentyp, Element $\longrightarrow$	Datentyp
(6)	les(en)	: Datentyp, Element, Attribut $\rightarrow$	Datentyp
(7)	leer?	: Datentyp $\longrightarrow$	BOOL
(8)	zum anfang	: Datentyp $\longrightarrow$	Element
(9)	zu ende?	: Datentyp $\longrightarrow$	BOOL
(10)	existiert element?	: Datentyp, Element $\longrightarrow$	BOOL

Die Grundoperationen müssen lediglich einmal bezüglich ihrer Existenz und Wirkungen im zur Verfügung stehenden Basissystem geklärt werden. Z. B. werden die Operationen (7) bis (10) in einem konventionellen Dateisystem nicht existieren.

Von den Operationen einer objektorientierten Elementarfunktion bleiben diejenigen zu spezifizieren, die objekttypübergreifend wirken. Sie müssen Integritätsbedingungen realisieren, die entweder im Basissystem deklariert werden können, z. B. mit SQL, oder explizit zu implementieren sind. Typisches *Beispiel* für eine solche Operation auf einem Datentyp TEIL ist etwa:

lösche element : TEIL, teil# $\longrightarrow$*TEIL*
zulässig, **wenn** *teil# in keiner STÜCKLISTE enthalten ist*
        sonst *Fehlermeldung.*

In SQL wäre das folgendermaßen zu formulieren:

```
ASSERT teil# ON TEIL:
  IF (SELECT teil# FROM TEIL) IS IN
    (SELECT teil# FROM STÜCKLISTE)
  THEN error.
```

10.4 Spezifikation von Objektfunktionen

Die Spezifikation hat folgende Bestandteile:

(1) Liste der Operationen

- Benutzte Grundoperationen (s. Abschn. 10.3),
- zusätzliche Operationen,
- Reihenfolgebedingungen der Operationen (sog. **Pfade**).

(2) Testfälle

- Fehlermeldungen,
- operationsinterne Testfälle.

(3) Integritätsbedingungen

- Objekttyp-übergreifende Bedingungen,
- attributbezogene Bedingungen (Plausibilitätsprüfungen),
- logische Transaktionen.

Aus den vorangegangenen Entwurfsschritten liegen vor:

- Datenmodell bzw. Vorgangsketten,
- DATA-DICTIONARY-Einträge der Attribute,
- Masken der Operationen (= Teilfunktionen).

Da sowohl die Masken als auch die Beschreibungen der Attribute im DIC-TIONARY eine Gesamtsicht des Objekttyps erschweren, wird die Spezifikation auf dem Datenmodell in Form von Vorgangsketten aufgebaut. Sie muß *nach* einer Abstimmung mit dem Benutzer (in Phase 3) in DATA-DICTIONARY-Einträge und Programmentwürfe umgesetzt werden. Ziel der Spezifikation einer Objektfunktion ist eine präzise, redundanzfreie Beschreibung derjenigen Details des Dialogs, die mit dem Benutzer abgestimmt werden müssen. Da die Spezifikation und die spätere Implementierung Softwarebausteine erzeugen sollen, die Datentypen realisieren, ist die Vorgangskette durch ihre Operationen vollständig spezifizierbar.

Es ist mit heutigen Datenbanksystemen möglich, logische Sichten nach dem konzeptionellen Schema des Relationenmodells auch physisch an der Benutzeroberfläche umzusetzen, indem ein oder mehrere Relationen als 'user view' am Bildschirm erscheinen. Dadurch treten keine Strukturbrüche zwischen Benutzeroberfläche, Spezifikation und Implementierung auf, wie immer die physische Datenbasis organisiert ist:

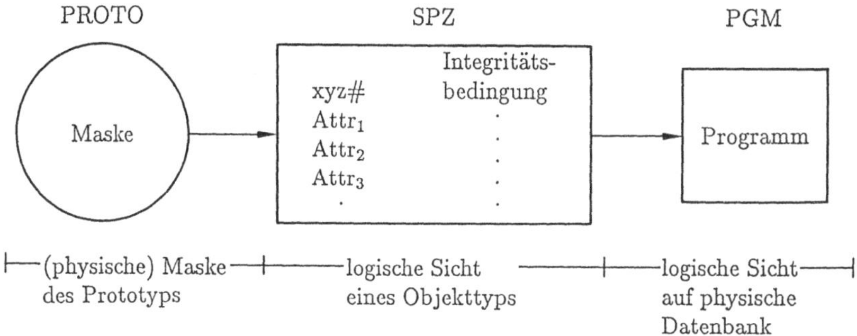

Abb. 10-3. Übergang vom Prototyp zur Produktionsversion

10.4.1 Liste der Operationen

Die Liste umfaßt die **Grundoperationen**, die für die aktuelle Vorgangskette aus Benutzersicht benötigt werden. Für sie existieren bereits Masken. Z. B. wird eine Operation *ergänzen* nur dann gebraucht, wenn Objekte eines Objekttyps als Vorgangskette von mehreren Stellen erstellt werden.

Zusätzliche Operationen sind anwendungsspezifisch, z. B. eine Kopierfunktion beim Anlegen neuer Stammdaten. **Reihenfolgebedingungen** sind Integritätsbedingungen, die für zulässige Folgen von Operationsaufrufen definiert werden und deren Einhaltung durch die Implementierung erzwungen werden soll ('path expressions'). Sie werden als Liste von Operationskürzeln mit speziellen Trennzeichen notiert, die die Art der Reihenfolge ausdrücken. Klammern werden wie in der Algebra benutzt, ggf. sind sie geschachtelt. Folgende Zeichen werden verwendet:

Tab. 10-6. Syntax in Reihenfolgebedingungen

Rb:=	Reihenfolgebedingung
,	beliebige Reihenfolge
;	Sequenz
IF '<prädikat>	bedingte ⎫
[ ]	optionale ⎬ Anwendung
..	wiederholte ⎭
...	beliebig oft
..UNTIL '<prädikat>	bis Prädikat = TRUE

Beispiel: (Abkürzungen der Grundoperationen s. Tab. 10-5, Prädikat erz = Alle Attribute *erzeugt.*) Die Reihenfolgebedingung

Rb:= anl;(les..., erg..UNTIL 'erz)...;(les..., änd...)...;lösch.

sagt aus, daß Ändern oder Löschen erst erlaubt ist, wenn der Objekttyp nach dem Anlegen vollständig ergänzt ist.

10.4.2 Testfälle

Testfälle sind gemeinsam mit dem Benutzer zu spezifizieren. Sie werden nach der Fertigstellung der Software für den Abnahmetest verwendet. Testfälle werden in Form von *Fehlermeldungen* an den Benutzer in natürlicher Sprache notiert. Sie sind eigentlich zu den Integritätsbedingungen redundant, da jede verletzte Bedingung eine Fehlermeldung an den Benutzer erfordert. Sie soll ihn veranlassen, richtige Daten einzugeben. Diese bewußte Redundanz reduziert Unterlassungsfehler. Außerdem kann die Fehlermeldung als Kommunikationhilfe benutzt werden.

Testfälle und Fehlermeldungen praktisch gleichzusetzen, geht von der Überlegung aus, daß Entwickler und Benutzer das Normalverhalten eines Dialogprogramms mit allen Normaleingaben ohne die Fehlerfälle ohnehin prüfen müssen. Außerdem ist das Normalverhalten spezifiziert (Eingaben bei ändernden Operationen). Man kann die Fehlerfälle in einem Dialog gar nicht finden, wenn man nicht wenigstens alle Normalfälle berücksichtigt hat. Da bei Dialogen jeder mögliche Eingabefehler eine Reaktion des Programms erfordert, müssen die *Fehlermeldungen* die *Fehlerfälle* behandeln. Dieses Konzept zur funktionalen Spezifikation über Fehlerfälle unterstellt, daß im Dialog getestet wird. Wenn der Test einer Dialogschnittstelle automatisch mit einem Werkzeug durchgeführt werden soll, müssen selbstverständlich *alle* Testfälle explizit angegeben werden. Es gibt nur sehr wenige solche Werkzeuge. Sie sind alle abhängig vom verwendeten TP-Monitor.

Über die anwendungsspezifischen Testfälle hinaus wird es bei administrativen Dialoganwendungen nur wenige zusätzliche Testfälle geben, die sich *nicht* mit dem Benutzerverhalten auseinandersetzen. Mangel an Ressourcen etwa äußert sich in allgemeinen Fehlermeldungen des Systems, die nicht in die Anwendungsentwicklung gehören und an dieser Stelle nicht zu spezifizieren sind.

10.4.3 Integritätsbedingungen

„**Integritätsbedingungen** beschreiben für einzelne Datenelemente, welche Werte erlaubt sein sollen..." (Schlageter 83, DB-Systeme, S.288).

Grundsätzlich kann nur der Anwender entscheiden, ob Werte richtig oder falsch sind, wenn sie in die Datenbasis eingegeben werden. Dies wird nur über Plausibilitätsprüfungen sichergestellt. Vereinzelt können Integritätsbedingungen im DATA DICTIONARY, der Abfragesprache (etwa SQL) oder dem Datenbanksystem selbst formuliert werden, jedoch klaffen hier die Realität der Werkzeuge und der Stand der Forschung noch weit auseinander. Zumindest sind die Werkzeuge so schwerfällig, daß sie für eine Kommunikation mit dem Benutzer über die Richtigkeit der Bedingungen nicht in Frage kommen. Daher wird auf der Basis der Vorgangsketten eine sehr knappe Formulierung der Integritätsbedingungen benutzt, die nach Abstimmung mit dem Benutzer in das jeweilige Werkzeug oder in die Implementierung von Prüfprozeduren übertragen werden muß. Hierbei werden Codes als Abkürzungen für Werte von Aufzählungstypen verwendet. Das bereitet bei der Kommunikation mit dem Be-

nutzer keine Probleme, da solche Codes im Alltag jeder Organisation gebräuchlich sind. Sie sind (oder sollten sein!) in rechnergestützten Schlüsselverzeichnissen
niedergelegt und jederzeit im Dialog abfragbar.

Aufzählungstype, die bestimmte Werte umfassen, sind in administrativen
Datenbasen häufig. Sie stellen einen Datentyp (= DT) vom Typ ihres Namens
dar, z. B. DT = PREISLISTE.

Die weitaus komplexeste Form der Integritätsbedingung ist die Prüfung auf
Verträglichkeit, d.h. auf die semantische Integrität verschiedener Objekttypen
oder Operationen. Sie kann sich sowohl auf einzelne Objekte beziehen als auch
auf Mengen von Objekten in einem oder mehreren Objekttypen (mehr dazu in:
Schlageter 83, DB-Systeme, S.290ff.).

Beispiele:

- `Die eingegebene Produktgruppe muß definiert sein` (= Existenzprüfung),
- `Der Durchschnittspreis der Teile der Produktgruppe 2 muß < 7,99 DM sein`
  (= Verträglichkeit/Struktur),
- `Preisgruppe erst definierbar nach Herstellkosten` (= Verträglichkeit/Reihenfolge),

Die Integrität einer Datenbasis wird mit folgenden Prüfungen sichergestellt:

Tab. 10-7. Prüfungen von Objekttypen und ihre Beschreibung

Element-Typ	Art der Prüfung	Code	[1])
Schlüssel	Existenz	Ex	
	Abhängigkeit	IEx	*)
Attribut	Typ: Standardtyp	ALPH, NUM	*)
	Aufzählungstyp	DT	*)
	Wertebereich	{w1,w2,...}	
	(= Einschränkung Standardtyp)	{w1..wn}	*)
	Verträglichkeit (Struktur-	Klartext	
	prüfungen, semantische	oder	
	Reihenfolgen)	Rb	
Text-Attribut	Trennzeichen (separator)	sep = <z>	*)

[1]) Die Codes mit *) sind in Tab. 10-8 unten näher erklärt

Die Formulierung von Integritätsbedingungen und deren Prüfung umfaßt praktisch den gesamten Code einer Änderungsoperation auf einem Objekttyp. Darüber hinausgehende Teile des Codes dienen der Bildschirm- und Cursorsteuerung
und der Handhabung der Datenbasis und gehören nicht in eine Spezifikation.

Bei der Spezifikation von Vorgangsketten auf **Vorgangsobjekttypen** kommt
noch die Angabe des Beginns und des Endes einer logischen Transaktion hinzu
(s. unten Abschn. 10.4.4.2, Beispiel des Vorgangsobjekttyps LAGERBEWE-
GUNG).

10.4.4 Beispiele zur Spezifikation von Objektfunktionen

Als durchgängig benutztes Beispiel wird die Vorgangskette TEIL-Daten spezifiziert. Die Spezifikationsskizze aus dem Entwurfsschritt Benutzerkommunikation (s. Abschn. 9.8) wird zur funktionalen Spezifikation ausgebaut. In der Spezifikation werden alle ändernden Operationen zusammengefaßt und die Operation *löschen* nur noch in einer Kurzform spezifiziert. Die Operation *lesen* besteht aus einer reinen Selektion, die nicht spezifiziert werden soll (s. Abschn. 10.4.2). Da die Masken mit den verschiedenen Sichten bereits existieren, wird neben den Attributen der Bezug zu den Feldern der Maske durch <masken-nr>/<zeilen-nr.> hergestellt. Leere Zeilen werden nicht gezählt.

Hier werden einfache Formalismen gewählt, die als Werkzeug lediglich einen Texteditor voraussetzen. Es können genausogut andere Formalismen verwendet werden, die mit den zur Verfügung stehenden Werkzeugen korrespondieren, insbesondere mit dem DATA DICTIONARY.

Die verwendeten Abkürzungen für die spezifizierten Beispiele sind in Tab. 10-8 aufgelistet:

Tab. 10-8. Codes für Integritätsbedingungen und für Schlüssel des Beispiels TEIL

Codes	Bedeutung
	Datenprüfungen
Ex	Existenz
IEx	indirekte Existenz
ALPH, NUM,	Typen, alphanumerisch u. numerisch
DT	Datentyp (Aufzählungstyp)
{w1, w2, ..., wn}	diskreter Wertebereich
{w1..wn}	fortlaufender Wertebereich
sep = <zeichen>	Trennzeichen in einem Text
	Sonstige Codes
BT	begin-transaction
ET	end-transaction
*	Feld kann auf allen Masken aller Rollen oder in vielen Zeilen auftreten
DE oder de	Datenelement
-dat	Datentyp DATUM
	Schlüssel und Codes des Beispiels
St	Stück
TSt	Tausend Stück
Kg	Kilogramm
lfd-m	laufende Meter
H	Herbst/Winter (= Saison)
F	Frühjahr/Sommer (= Saison)
E	Einzelhandel (= Vertriebsweg)
W	Warenhaus (= Vertriebsweg)
m, h, s	modisch, hochmodisch, standard

10.4.4.1   Spezifikation Pflege TEIL-Daten (GOT)

(1) Operationen

Grundoperation	Zusatzoperation	
– anl(egen) – erg(änzen) – änd(ern) – lösch(en)	– kop(ieren):	Daten eingegebener *teil#* werden nach *anlegen* kopiert.
– les(en)	– arch(ivieren):	Teil wird inaktuell, d.h. keine Herstellung oder Beschaffung mehr. Es ist jedoch noch Lagerbestand möglich.

Rb := anl;[kop...;](les...,erg..UNTIL 'erz)..UNTIL 'erz; (les...,änd...)...;[arch;]lösch.

(2) Testfälle

Op	Meldung Nr	Inhalt (x = Op anl, kop, erg, änd;)
x	1	Datum > Tagesdatum
x	2	<de-name> ungültig, z. B. Mengeneinheit ungültig
x	3	<de-name-1> nicht zulässig für <de-name-2>, z. B. Bezeichnung nicht zulässig für Produktgruppe
x	4	<de-name> nicht numerisch
x	5	<de-name>: unzulässiger Wertebereich
x	6	<de-name-1> erst definierbar nach <de-name-2>, z. B. Preisgruppe erst definierbar nach Herstellkosten
x	7	<de-name> existiert nicht, z. B. Artikel existiert nicht
x	8	Nur ganzzahlige Werte > 0 erlaubt
lösch	9	Teil noch verknüpft mit: <teil#-liste>

(3) Integritätsbedingungen

(3.1) Op= lösch

Vorgangskette: **Pflege Teilestammdaten**; Sicht **Verkauf** (VK)

Maske/ Zeile	Objekttyp/ Attribut	Rolle	Tätigkeit	Sen- der	Empfän- ger	Mel- dung	Prüfung/ Bemerkung
	TEIL		lösch	VK			
* 1	*typ#*	'vkt'	anz	R	VK		IEx
* 2	*teil#*		lösch	VK		9	IEx

Erläuterungen:

- Die Operation *löschen* betrifft nur den Primärschlüssel, nicht die Attribute. Ein TEIL kann nur gelöscht werden, wenn es in keiner Stückliste mehr verknüpft ist.

- Testfallnummern und Fehlernummern sind gleich. Die Nummern werden über beide Beispiele fortgeführt (Abschn. 10.4.4.1 und 10.4.4.2), da viele Meldungen mehrfach verwendet werden.

(3.2) Op= anl, kop, erg, änd

Vorgangskette: **Pflege Teilestammdaten**; Sicht **Verkauf** (VK)

Maske/ Zeile	Objekttyp/ Attribut	Rolle	Tätigkeit	Sender	Empfänger	Meldung	Prüfung/ Bemerkung
	TEIL		erz	VK			Eindeutigkeit über 6 Saisons
* 1	_typ#_	'vkt'	anz	R	VK		
		'wt'	anz	R	VK		
		'prt'	anz	R	EW		
		'mat'	anz	R	EW		
* 2	_teil#_		anl	VK		–	automatische Vergabe
* 3	_bezeich- nung#_		festl	VK		3	IEx mit Produktgruppe; Schlüsselverzeichnis!
03 4	_DIN-Nr_	'mat'	ergänz	EW			
* 2	_datum_		anz	R			Anlegedatum
		'vkt'	änd	VK		1	DT, nur < Tagesdatum
03 4	_mengen- einheit_		festl	EW		2	{St,TSt,Kg,lfd-m}
01 4	_produkt- gruppe#_	'vkt'	festl	VK		2	Ex: {m,h,s}
		'wt'	–	–			entfällt vorläufig
02 4	_bezugsart#_		festl	EK		2	DT
04 5	_herstell- kosten_		erg	BH	EK	4,5	NUM, >0, $<$max-wert für die Produktgruppe
01 6	_verkaufs- beginn-dat_	'vkt'	eing	VK	EW	2,6	DT, nur $>$Tagesdatum+T, T aus Schlüsselverzeichnis
			korr	EW	VK		
01 5	_saison-kzn_	'vkt'				2	Ex: {H,F}
01 7	_vertriebsweg_	'vkt'				2	Ex: {E,W}
01 4	_preis- gruppe_	'vkt'	eing	VK		2	{1..6}
						6	DT, nur nach Herstellkosten
01 5	_preis- liste_	'vkt'	eing	VK	BH	2	{1..4}
			korr	BH		2	
	TEIL- STRUKTUR		anl	R			automatisch angelegt
09	_teil#_	'mast'	anz	R			
01 6	_teil#_	'komp'	eing	VK	EW	7	Ex, nur bei 'vkt'
09 4			änd	EW			Vorschlag des Verkaufs
09 6	_menge_		eing	EW		8	>0, ganzzahlig

Taste WEITER: zum Anlegen nächster Artikel

Erläuterung: Am Beispiel _preisgruppe_ läßt sich verdeutlichen, warum hier ein Datentyp steht und nicht der Verkaufspreis. Preisänderungen lassen sich auf einfache Weise im Schlüsselverzeichnis durchführen. Stünde der Verkaufspreis im Objekt selbst, wäre das erheblich aufwendiger.

10.4.4.2 Spezifikation Buchen Lagerbewegungen (VOT)

Als weiteres Beispiel wird ein Vorgangsobjekttyp spezifiziert, der auf TEIL auf-
baut, die LAGERBEWEGUNG aus der Lagerbestandsführung. Das Beispiel bezieht sich auf das Objekttyp-Strukturmodell in Abb. 6-20 und gehört wie der
Objekttyp TEIL zu Teilsystem 1. Zum besseren Verständnis wird die Maske mit
abgebildet.

(1) Operationen

Die Zusatzoperationen basieren *alle* auf der Grundoperation *anlegen*. Der Benutzer kann keine Sätze löschen.

Grundoperationen	*Zusatzoperationen*
– anl(egen)	– zu(gang)
– les(en)	– ab(gang)
	– korr(ektur): Es wird die zu korrigierende Buchung mit der inversen Menge ausgebucht und dann ein Zugang gebucht. Keine Buchung wird überschrieben.

Rb:= zu;[ab;](zu...,ab...,korr...).

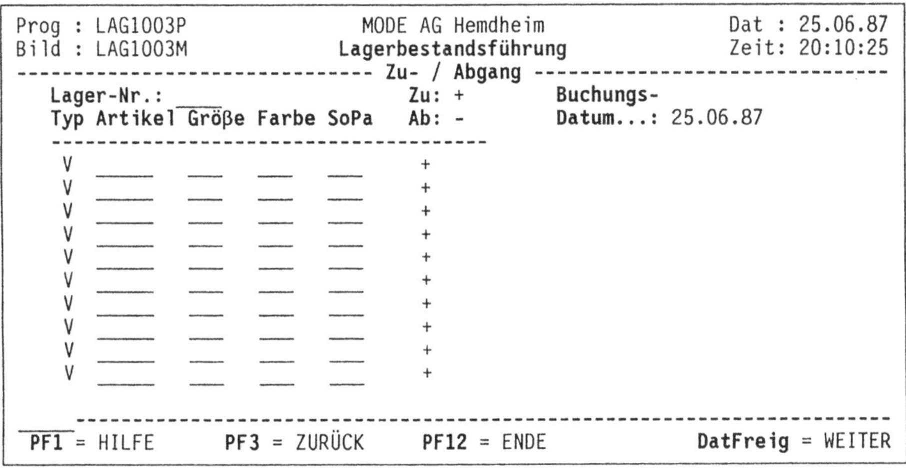

Erläuterungen:
- SoPa = Sonderverpackung,
- Die Maske enthält Vorbesetzungen ('V' = Verkaufs-Einzelteil, '+' = Zugang, Buchungs-
  datum), die überschrieben werden können.

(2) Testfälle

Op	Meldung Nr	Inhalt
zu/ab	10	Zahlenüberlauf? Prüfen Sie die eingegebene Menge! {Da Menge 6-stellig ist, wird bei Eingabe einer 7-stelligen Zahl in das Feld Zu-/Abgang eine Ziffer eingegeben.}
zu/ab	11	Wollen Sie wirklich 0 Teile verbuchen?
zu/ab	12	Lagerplatz reicht nicht; wollen Sie a: Teillieferung, b: Storno? Auswahl: _
zu/ab	13	#Lagerbestand negativ; wollen Sie a: Teillieferung, b: reservieren? Auswahl: _
zu/ab	14	<de-name> muß $\geq$ 0 sein; z. B. Mindestbestand muß ...
korr	15	Lagerbestand reicht nicht aus. Buchung wird gespeichert und später automatisch ausgeführt.
all	20	Eingabe wiederholen; kein Zugang gebucht.

(3) Integritätsbedingungen

Die Felder Artikel, Größe, Farbe, Sonderverpackung entsprechen im Datenmodell dem Attribut *teil#*. Die Felder für Zu- und Abgang haben keine Entsprechungen im Datenmodell, da sie Operationen steuern. Die Operationen definieren jedoch Rollen von Attributen.

(3.1) Op = zu/ab

Vorgangskette: **Zugang/Abgang Lagerbewegung**

BT/ET Maske/ Zeile	Objekttyp/ Attribut	Rolle	Tätigkeit	Sender	Empfänger	Meldung	Prüfung/ Bemerkung
BT	LAGERBEWEGUNG (=BEW)						
1 3	*lager#*		eing	LgV		2	Ex
1 *	*typ#*	'vkt'	anz	R			
		' * '	eing	LgV		2	Ex; andere Type als 'vkt' eingeben
1 *	*teil#*		eing	LgV		2	Ex
1 *	*datum#*		anz	R			
1 *	*menge*	'zu'	eing	LgV		10	< 1 Mio Teile (6 ST)
						11	> 0 Teile
		'ab'	eing	LgV		11	> 0 Teile
ET	LAGERBESTAND automatische Buchung durch R						
	lager#						
	lagerplatz#						
	typ#						
	teil#						
	lzt-zugang-dat						
	lzt-abgang-dat						
	bestand	'zu'	*BEW.menge* addieren			12	> max-bestand
		'ab'	*BEW.menge* subtrah.			13	< 0
	mindest-best					14	$\geq$ 0; Mindestbestand
Transaktion						20	Buchung wiederholen!

Erläuterung: Die Vorgangskette umfaßt einen VOT (= LAGERBEWEGUNG) und einen GOT (= LAGERBESTAND). Der Bestände führende GOT tritt an der Benutzeroberfläche nur in Form von Fehlermeldungen in Erscheinung. Die Operationen werden in verschiedenen Vorgangsketten dargestellt.

(3.2) Op = korr

Die Operation *korr* umfaßt die Fälle:

- „echte" Korrekturbuchung: $VON.lager\# = AN.lager\#$
- Umlagerung: $VON.lager\# \neq AN.lager\#$

Vorgangskette: **Bestandskorrektur**

BT/ET Maske/ Zeile	Objekttyp/ Attribut	Rolle	Tätigkeit	Sender	Empfänger	Meldung	Prüfung/ Bemerkung
BT	LAGERBEWEGUNG (=BEW)						
2 1	*lager#*	'von'	eing	LgV		2	Ex
		'an '	eing	LgV		2	Ex
2 *	*typ#*	'vkt'	anz	R			
		' * '	eing	LgV		2	Ex; andere Type als 'vkt' eingeben
2 *	*teil#*		eing	LgV		2	Ex
2 1	*datum#*		anz	R			
2 *	*menge*		eing	LgV		14	Verträglichkeit mit Bestand: bestand > 0
ET	LAGERBESTAND	wie VgK Zugang/Abgang !					

10.5 Spezifikation von Berechnungsfunktionen

Die Spezifikation von Berechnungsfunktionen ist wie die von Objektfunktionen an Objekttypen geknüpft. Die Berechnung legt primäre Daten zugrunde und bedient sich dabei der lesenden Operationen (*lesen*, *kopieren*), die die Objektfunktionen zur Verfügung stellen. Da abgeleitete Daten aus Objekttypen der Datenbasis ermittelt werden, sind keine Integritätsbedingungen zu spezifizieren. Statt dessen müssen die **Prozesse** dargestellt werden. Als informales Kommunikationsmittel werden wieder Testfälle verwendet, für die Prozeßbeschreibungen werden dem Problem angepaßte Darstellungsformen gewählt.

Bei Berechnungsfunktionen spielt die Benutzeroberfläche eine untergeordnete Rolle für die Spezifikation. Hinter einer trivial wirkenden Oberfläche können sich hochkomplexe Algorithmen verbergen. Daher ist ein Prototyping der Benutzeroberfläche kein geeigneter Weg, um zu einer Spezifikation zu kommen. Eine Spezifikation hat bei Berechnungsfunktionen folgenden Aufbau:

(1) Liste der Operationen

- benutzte Operationen
  - des zugrundeliegenden Objekttyps,
  - anderer gelesener Objekttypen,
- neu zu spezifizierende Operationen,

(2) Testfälle,

(3) Prozesse.

10.5.1 Liste der Operationen

Da sich auch **Berechnungsfunktionen** *als Operationen* auf einem Objekttyp darstellen und spezifizieren lassen, stellen die Berechnungsfunktionen eine Erweiterung der Grund- und Vorgangsobjekttypen mit ihren Zugriffsoperationen dar (s. oben: Zugrundegelegter Objekttyp). Reihenfolgebedingungen treten bei lesenden Operationen nicht auf.

10.5.2 Testfälle

Testfälle werden in natürlicher Sprache spezifiziert und mit dem Benutzer durchgesprochen. Praktisch nützlich ist die Vergabe von Codes oder Nummern, um einfache Referenzen auf die Testfälle zu ermöglichen. Die direkte Verbindung zwischen Fehlermeldungen an den Benutzer und Testfällen (s. Abschn. 10.4.2) ist *nicht* gegeben, da bei Batchprogrammen möglichst viele Fehlerfälle programmintern abgefangen werden sollten. Es hat sich jedoch praktisch gezeigt, daß unter der Fragestellung *„was könnte falsch werden?"* Probleme kritischer durchdacht werden als mit der Frage nach der Korrektheit. Schätzungsweise deckt die nur positive Problemlösung höchstens 40% des Codes einer administrativen Software ab. Die Behandlung von Ausnahmesituationen, Randbedingungen u.ä. umfaßt dagegen mindestens 60% des Codes.

10.5.3 Prozesse

Prozesse sind mit halbformalen Methoden oder auch in ausführbarer Form zu spezifizieren. Eine wichtige Rolle spielen in administrativen Systemen **Entscheidungstabellen,** da die meisten heuristischen Verfahren von ihrer Ablauflogik her *Fallunterscheidungen* sind. Dies gilt auch für wissensbasierte Systeme. Entscheidungstabellen gehören in der Wirtschaftsinformatik seit langem zum Standardrepertoire. Gekoppelt mit entsprechenden Werkzeugen lassen sie sich ebenso als **ausführbare Spezifikationen** und damit als **Prototype** sehen, wie Spezifikationen, die etwa mit PROLOG formuliert sind. Neben dem Generieren von Code prüfen Entscheidungstabellen-Vorübersetzer (z. B. VORELLE von Fa. mbp) eine Tabelle auf Widerspruchsfreiheit.

10.5.4 Beispiel der Spezifikation einer Berechnungsfunktion

Das folgende Beispiel wird in zwei Ausbaustufen dargestellt, den Stufen 0 und
1. Es entspricht dem prozeßorientierten Phasenmodell *und* der Realität. Der
Benutzer fordert zunächst eine (scheinbar) einfache Lösung und bemerkt dann,
daß die Realität doch komplexer ist als zunächst angenommen. Dies erfordert
eine erweiterte Version. Das Beispiel ist authentisch.

Problembereich: Die Berechnung ist im weiteren Umfeld des Objekttyps TEIL im Bereich
der Lagerhaltung zu sehen. Objekte vom Typ TEIL werden als Lagerbestand geführt. Der
Außendienst soll über Datenfernübertragung die Lieferfähigkeit von Artikeln übermittelt bekommen. Nicht lieferbare Artikel dürfen gar nicht erst als Auftrag verbucht werden, da dies
teure ablauforganisatorische Prozesse nach sich zieht. Die Beurteilung der Lieferfähigkeit bezieht sich auf einen *zukünftigen* Lagerbestand, der nicht deterministisch voraus zu bestimmen
ist.

Die Anwendung ist aus technischen Gründen keine Dialoganwendung. Es werden jedoch
Parameter des heuristischen Algorithmus vom Benutzer im Dialog gepflegt. Für die Ermittlung
der Lieferfähigkeit wird der Auftragseingang des Vortages und der Lagerbestand der letzten n
Tage zugrundegelegt.

Elementarfunktion: **Lieferfähigkeit ermitteln.** Je Artikel (VKT.TEIL) wird täglich durch Prüfung im Objekttyp LAGERBESTAND festgestellt, ob der Artikel
lieferfähig ist oder nicht. Der Objekttyp muß um eine Operation *lieferfähigkeit*
erweitert werden. Sie wird als Schnittstelle einer Funktion beschrieben, die einen
BOOLschen Wert liefert:

---

lieferfähigkeit : *LAGERBESTAND, teil#* ⎯⎯⎯⎯⎯⎯→*BOOL*
       :=**wenn** *teil#* *nicht lieferfähig,*
        dann *FALSE*
        sonst *TRUE.*

Die Spezifikation wird skizzenhaft in einer für eine Fachabteilung verständlichen
Form notiert.

Objekttyp: LAGERBESTAND

(1.0) Operationen. Zusätzlich zu den bereits in Abschn. 10.4.4.2 spezifizierten
Operationen wird die geforderte Operation beschrieben.

---

lieferfähigkeit := *JA,*   **wenn** *lieferfähig,*
        := *NEIN* **sonst.**

Eingabe: *teil#, d-tage*; (nur Benutzereingabe!)

Ausgabe: lieferfähig oder nicht.

Daten: *d-tage*: Zahl der Tage, für die der durchschnittliche Lagerbestand errechnet wird.
$1 < d\text{-}tage \leq 20$. *d-lager-best*: Durchschnittlicher Lagerbestand der letzten *d-tage*. *d-lager-best*
wird als gewichteter Durchschnitt durch eine Funktion ermittelt, die parametrisiert werden
kann. *mindest-best*: s. Datenmodell, Objekttyp LAGERBESTAND

Funktion: Da der Absatz stark schwankt, kann der aktuelle Lagerbestand nicht für die Beurteilung der Lieferfähigkeit herangezogen werden. Zur Ermittlung von *d-lager-best* s. (3.0),
Prozess.

(2.0) Testfälle

Nr	Inhalt	Ergebnis
1	*d-lager-best* $<$ *mindest-best*	nicht lieferfähig = NEIN
2	*d-lager-best* $\geq$ *mindest-best*	lieferfähig = JA

(3.0) Prozeß. Der gleitende Durchschnitt errechnet sich nach folgender Formel (*gewicht* pro *tag* wird durch den Benutzer festgelegt):

$$\textit{d-lager-best} := \left(\sum_{\textit{tag}=1}^{\textit{d-tage}} \textit{lager-best} * \textit{gewicht} \right) / \textit{d-tage}$$

Beispiel: (*d-tage* = 10; *lager-best* in tausend Teilen)

tag	1	2	3	4	5	6	7	8	9	10	Summe
gewicht	1	3	4	3	2	1	1	1	1	1	
lager-best	1	7	12	4	0	2	6	15	10	5	
gew-lager-best	1	21	48	12	0	2	6	15	10	5	120
d-lager-best											12,0

Damit ergibt sich:

lieferfähigkeit := **wenn** d-lager-best $<$ mindest-best
$\qquad\qquad$ **dann** *NEIN*
$\qquad\qquad$ **sonst** *JA.*

Die Lösung stellt sich bald nach der Implementierung als unpraktikabel heraus, da sie die Realität zu sehr simplifiziert. Die Operation **lieferfähigkeit** muß Lieferzustände abbilden können, die mit Wahrscheinlichkeiten belegt sind. Dies führt auf eine erweiterte Version der Operation lieferfähigkeit:

lieferfähigkeit : *LAGERBESTAND, teil#* $\longrightarrow$ *lieferfähigkeit*
$\qquad\qquad$:= {*KAUM, KNAPP, JA, EXZELLENT, NEIN*}

Die Werte sind nach absteigenden Wahrscheinlichkeiten geordnet, wie sie sich bei einer optimalen logistischen Versorgung einstellen würden. Der Wert KAUM realisiert die günstigste Lagerhaltungspolitik, da er am wenigsten Kapital bindet.

(1.1) Operationen

lieferfähigkeit := *KAUM,* **wenn** *bedingt lieferfähig,*
              := *KNAPP,* **wenn** *gerade lieferfähig,*
              := *JA,* **wenn** *lieferfähig,*
              := *EXZELLENT,* **wenn** *sehr gut lieferfähig,*
              := *NEIN,* **wenn** *nicht lieferfähig.*

Eingabe: *teil#, d-tage, vorschau-tage*;

Ausgabe: s. Wertebereich von *lieferfähigkeit.*

Daten: *vorschau-tage*: Zahl der Tage in der Zukunft, die in die erweiterte Lieferfähigkeitsbetrachtung einbezogen werden. Für diese Zeit sind aus der Produktion Lagerzugänge für das Fertigfabrikatelager angekündigt. Die Zugänge sind jedoch mit einem Risiko behaftet, z. B. Transportverzögerungen. $0 < vorschau\text{-}tage \leq 5$. *erwart-lager-best*: Durchschnittlicher erwarteter Lagerbestand innerhalb von *vorschau-tage* (arithmetisches Mittel). *erweit-lager-best*:= *d-lager-best* + *erwart-lager-best.*

Funktion: Die Ermittlung von *d-lager-best* bleibt bestehen.

(2.1) Testfälle

Nr	Inhalt
1	*d-lager-best < mindest-best*
2	*d-lager-best > mindest-best*
3	*d-lager-best = mindest-best*
4	*erweit-lager-best < mindest-best*
5	*erweit-lager-best > mindest-best*
6	*erweit-lager-best = mindest-best*

(3.1) Prozeß. Der Prozeß ist jetzt erheblich komplexer. Er wird durch eine Entscheidungstabelle dargestellt (B = Bedingung; A = Aktion; RS = Regel-Sonst; J = JA; N = NEIN; die Abkürzung *-best* wird weggelassen):

Bedingungen und Aktionen			Regeln					
	Nr	Inhalt	R1	R2	R3	R4	R5	RS
	1	*d-lager < mindest UND erweit = mind.*	J	N	N	N	N	
	2	*d-lager < mindest UND erweit > mind.*	N	J	N	N	N	
B	3	*d-lager = mindest UND erwart > 0*	N	N	J	N	N	
	4	*d-lager > mindest UND erwart > mind.*	N	N	N	J	N	
	5	*erweit < mindest*	N	N	N	N	J	
	1	*lieferfähigkeit := KAUM*	J	–	–	–	–	
	2	*lieferfähigkeit := KNAPP*	–	J	–	–	–	
A	3	*lieferfähigkeit := JA*	–	–	J	–	–	
	4	*lieferfähigkeit := EXZELLENT*	–	–	–	J	–	
	5	*lieferfähigkeit := NEIN*	–	–	–	–	J	J

Anmerkung: Die Entscheidungstabelle ist besonders einfach, da die Bedingungen einander ausschließen. Dadurch gibt es genauso viele Aktionen wie Bedingungen.

11. Ein Prototyp- und Dialogwerkzeug

Beschrieben wird ein Werkzeug, wie man es für ein systematisches Prototyping braucht. Es wurde auf sehr verschiedenen Basissystemen implementiert und eingesetzt: IBM MVS/XA und VM/VSE-SP mit ADABAS/NATURAL, IBM/38 mit dem Datenbanksystem dieser Maschine und RPG III sowie einem PC-Netz unter MS-DOS mit COBOL und C-Programmen. Die ADABAS/NATURAL-Version wurde auf Siemens BS 2000 und DEC VAX portiert. (Zur Entwicklung dieses Systems vgl. die Vorbemerkungen zu Abschn. 8.5, Allgemeine Dialogstruktur.) Der Aufbau dieses Kapitels entspricht im wesentlichen den Dokumentenmustern von OBAS:

- Vorstudie,
- Spezifikation,
- Entwurf,
- Implementierung,
- Releaseplanung.

Die Phase Systemabgrenzung entfällt vollständig, da es sich um Systemsoftware (Softwarewerkzeug) handelt.

11.1 Vorstudie (Anforderungen)

(1) Ziele

- Benutzbarkeit für die Erstellung von Prototypen *und* für den Produktionsbetrieb von Dialogsoftware. Hierdurch ist eine inkrementelle Entwicklung möglich.
- Unterstützung der Stufen (1) bis (3) (s. Abschn. 8.10, Abb. 8-9), die zur Erstellung eines Prototyps notwendig sind, d.h. die schnelle Herstellung eines ablauffähigen Dialogs mit Masken. Sie können dem Benutzer bereits einfache Verarbeitungen zeigen, z. B. Meldungen und elementare lesende Datenbasiszugriffe.
- Zentralisierung aller Entwurfsentscheidungen für Dialoge der Produktionsversion, die allgemeingültig für die Dialoganwendungen sind.

(2) Benutzermodell. Es gibt zwei Benutzergruppen mit verschiedenen Anforderungen. Der *Entwickler* erstellt damit Software, die der *Endbenutzer* anwendet. Die Benutzergruppen haben unterschiedliche funktionale und qualitative Anforderungen.

(3) Benutzerwünsche. Der Entwickler benötigt das Werkzeug sowohl für die Simulation der Benutzeroberfläche als auch für ausführbare Spezifikationen. Der Dialogablauf sollte graphisch generierbar sein, z. B. als Interaktionsdiagramm. Die erstellten Programme müssen leicht zu warten sein. Im übrigen s. Abschn. 8.2. Ferner sind gewünscht:

- Leichte Handhabung und Durchschaubarkeit,
- Flexibilität, insbesondere in der Dialogsteuerung,
- effizienter Ablauf.

(4) Technische Wünsche. Das Werkzeug *soll* universell einsetzbar und portabel sein. Es *muß* einen effizienten Dialogablauf ermöglichen. Externe, bereits existierende Moduln, z. B. Datumsprüfungen, müssen verwendbar sein.

(5) Lösungsalternativen

A1: Einmalige Realisierung in einer portablen Sprache. Auch die Transaktionssteuerung muß portabel implementiert werden.

A2: Allgemeingültige Spezifikation der Funktionalität und des Entwurfs. Implementierung von portablen Teilen unter Berücksichtigung der Gegebenheiten gängiger Basissysteme. Ausnutzung der Leistungen der Basissysteme.

(6) Bewertung und Aufwandschätzung. *A1* setzt die genaue Kenntnis der Eigenschaften aller relevanten Entwicklungsumgebungen und TP-Monitore voraus. Der Aufwand wäre in jedem Fall sehr hoch. Die Gefahr, daß sich nach großem Analyseaufwand A1 als undurchführbar erweist, ist groß. *A2* erfordert bei Portierungen eine wiederholte Implementierung. Das Risiko kann vernachlässigt werden, wenn man allgemeine Leistungsprofile gängiger Basissysteme zugrunde legt und Leistungen der Basissysteme benutzt. Der Aufwand für die erste Implementierung ist sehr viel geringer als bei A1. Wenn man den Portierungsaufwand kennt, läßt sich der Gesamtaufwand einigermaßen verläßlich einschätzen. Eine erste quantitative Aufwandschätzung ist auf der Basis der Spezifikation möglich.

(7) Entscheidung. Aufgrund des viel zu hohen Risikos wird A1 verworfen. A2 wird genauer spezifiziert.

11.2 Spezifikation

11.2.1 Basissystem

Eine Reihe von **Annahmen über das Basissystem** sind erforderlich, da das Werkzeug Leistungen des jeweiligen Basissystems nutzt (= importiert).

Ein **TP-Monitor** steuert die Abfolge synchroner Programme, ihre Verbindung zur Datenbasis und den Ablauf asynchroner Hintergrundprogramme. Es existieren Sprachmittel, mit denen ein aktives Programm die Steuerung an den Monitor übergibt. Benutzerprogramm und Monitor interagieren *transaktionsorientiert*, d.h. alle Daten einer Maske werden gleichzeitig übergeben. (Bei einer *Dialogorientierung* würden die Daten je Feld übergeben.)

Ein **Datenbank-Verwaltungssystem** ermöglicht Veränderungen an der Datenbasis im laufenden Betrieb, z. B. das Hinzufügen von Feldern. Es gibt logische Sichten der Programme auf die Datenbasis. Der Datenbankzugriff mit einem Schlüssel auf Satzebene ('tupel') ist effizient.

Eine **dialogfähige Programmiersprache** enthält entweder Anweisungen für die Dialogverarbeitung oder sie erweitert die Batch-Sprache in Form von Precompiler-Anweisungen (z. B. CICS-Commands + COBOL). Die Sprache ermöglicht

- einen Datenaustausch zwischen Programmen (Parameter, globale Objekte o.ä.),
- den Aufruf externer Unterprogramme aus einer aktiven Transaktion (Standard-CALL-Schnittstelle),
- den dynamischen Aufruf von Folgeprogrammen, wobei der Name des gerufenen Programms Inhalt einer Variablen ist,
- das Erkennen von Steuerungsdaten des Terminals im Programm, insbesondere der PF-Tasten und des Cursors. Wünschenswert ist auch ein Datentransfer zwischen Monitor und Programm, durch den das Programm die Identifikation des aktiven Benutzers auswerten kann.

Als **Basiswerkzeuge** stehen zur Verfügung:

- Ein interaktiver **Maskengenerator**, der Masken als separate physische Moduln generiert,
- leistungsfähige **Editoren**, möglichst kontextabhängig (= syntaxgesteuert. Für das DATA DICTIONARY benötigt man einen anderen Editor als für die Programmentwicklung),
- die **Integration** der Datenbankwerkzeuge (z. B. Editor für die Erstellung logischer Sichten) mit der Programmentwicklungsumgebung,
- ein **Sicherheitssystem** zur Überwachung von Berechtigungsprüfungen.

Von den in der administrativen Datenverarbeitung üblichen Systemen erfüllen die TP-Monitore CICS, Complete, Shadow, UTM und das Betriebssystem von IBM/38 im wesentlichen diese Forderungen. Bei den Sprachen sind CICS-Commands + COBOL oder PL/1, MANTIS, NATURAL u.ä. 4GL, RPG III (/38) oder UTM + COBOL zu nennen. Zu allen Sprachen gibt es mehr oder weniger integriert ergänzende Werkzeuge, wie sie hier zugrundegelegt werden. Die Frage, inwieweit die Datenbanksysteme (ADABAS, DB2, DB-/38, IMS, ORACLE, SESAM, TOTAL, UDS) den Integrationsanforderungen genügen, wird hier offengelassen.

11.2.2 Dialogentwurf

(1) Dialogstruktur. Als allgemeine Dialogstruktur wird unterstellt, daß unterhalb der **Monitorschicht** (M) **Applikationen** (A) liegen, darunter **Dialoge** (D) wie in Abb. 8-4:

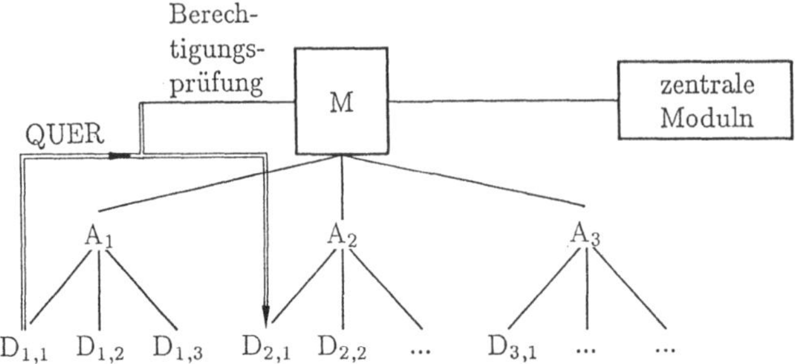

Abb. 11-1. Dialogstruktur

Die Dialoge lassen QUER-Bewegungen zwischen Applikationen zu, sofern der Benutzer dazu berechtigt ist. Die Berechtigungsprüfung führt die Monitorschicht durch. Die Monitorschicht erlaubt die Auswahl zwischen Applikationen. Zentrale Moduln sind von allen Moduln ansprechbar. Sie sind reentrant, d.h. mehrfach gleichzeitig benutzbar.

Die Dialoge sind durch folgende Ebenen definiert (der Leser wird auch ohne eine Wiederholung die Ebenen der Dialogstruktur in Abb. 8-4 diesem Schema zuordnen können):

0: Startebene: Erledigt allgemeine Aufgaben für die Applikation, z. B. Berechtigungsprüfungen, die auf Werte von Datenelementen bezogen sind.

1: Auswahlebene: Ausgezeichnete Ebene, die keine Selektionsdaten benötigt, z. B. die Auswahl zwischen Datentypen.

2: Selektionsdatenebene: Ebene, die mit Daten versorgt werden muß, z. B. Schlüssel für die Änderungsoperation auf einem Objekt oder Zeitraum für eine Verdichtung. Sie kann in sich mehrstufig sein.

3: Bearbeitungsebene: Datenerzeugung oder Datengewinnung entsprechend den Eingaben des Benutzers. Auch diese Ebene kann mehrstufig sein.

Berücksichtigt man die Stufen innerhalb der Ebenen, sollten 10 Stufen als Obergrenze gesetzt werden. Tief gestufte Dialoge sind schwerfällig in der Handhabung und unübersichtlich.

(2) Benutzerprofile. Zugriffsberechtigungen für Entwickler und Endbenutzer vergibt eine zentrale Stelle, die **Datenbasis-Administration**. Der *Entwickler* darf zur Testzeit alle Zugriffe ausführen, die für mindestens einen Endbenutzer erlaubt

sind. Der *Benutzer* kann im Rahmen vergebener Zugriffsberechtigungen selbst
QUER-Funktionen definieren.

(3) Dialogsteuerung. Die Tastaturen der Bildschirme sollten über mindestens
12 PF-Tasten verfügen (dies ist gängige Praxis). Alle allgemeinen Funktionen
müssen über eine PF-Taste einen Rückweg zur aufrufenden Stelle haben. Bewegungen im Dialog unterscheiden sich nach Standardbewegungen und problemspezifischen Bewegungen.

Standardbewegungen werden über *PF-Tasten* oder *Datenfreigabe* realisiert.
Die Benutzer sollen in allen Applikationen eine einheitliche Benutzeroberfläche
zur Steuerung haben. **Problemspezifische Bewegungen** werden über Menüs oder
Transaktionscodes realisiert. Sie sind Bewegungen innerhalb der Applikationen
und zwischen ihnen.

Obwohl die Steuerung eine reine Entwurfsentscheidung ist, gehört sie in die
Spezifikation, denn sie ist mit dem Benutzer abzustimmen.

11.2.3 Funktionale Spezifikation

Das Werkzeug muß an allgemeinen Funktionen bereitstellen:

Tab. 11-1. Funktionen des Dialogwerkzeugs

Funktionen für den Benutzer	Funktionen für den Betreuer
Dialogsteuerung	Diagnose
Hilfe	Fehlerlogging
Kompaß	Systemsperre
Meldungen	
Kummerkasten	
Batch-Start	
Durchfallen	

Die **Dialogsteuerung** hat für den Benutzer nur eine mittelbare Funktion, denn
er arbeitet nicht explizit mit ihr. Sie wird beim Entwurf spezifiziert.

Zu jeder Maske müssen **Hilfetexte** in beliebiger Länge möglich sein. Für
triviale Masken muß ein Standardtext anzeigen, daß keine Hilfe vorhanden ist.

Ein **Kompaß** muß dem Benutzer auf Wunsch anzeigen, wo er sich im
Menübaum befindet und welche Zweige für ihn erreichbar sind.

Die **Meldungen** teilen sich in allgemeine, systemübergreifende und anwen-
dungsspezifische. Die allgemeinen (z. B. `Falsche Auswahl`) müssen im gesamten
System gleich formuliert sein und in gleicher Form dargeboten werden.

Ein **Kummerkasten** ist ein Datenbestand, in dem der Benutzer Nachrichten
an den Systembetreuer absetzen kann, eine Art elektronischer Briefkasten. Er
muß dem Systembetreuer automatisch anzeigen, daß im Kummerkasten eine
Nachricht vorliegt. Der Betreuer muß eine Antwort in denselben Datenbestand
formulieren und an den Verfasser zurückschicken können. Der Absender bekommt

automatisch angezeigt, daß eine Antwort vorliegt. Der Kummerkasten sollte zum **mailbox-System** (Nachrichten der Benutzer untereinander) ausbaufähig sein.

Ein **Fehlerlogging** steigert die Effektivität der Systembetreuung. Im Fehlerfall müssen alle relevanten Dialogzustände festgehalten werden, um die Diagnose zu erleichtern.

Die meisten Dialoganwendungen sind bei großen Datenbeständen verknüpft mit länger laufenden Batch-Auswertungen. Der Benutzer löst Batchläufe mit Hilfe eines **Batch-Start-Verfahrens** im Dialog aus, wobei Zeiteinschränkungen automatisch beachtet werden müssen. Das Verfahren bringt dem Benutzer eine Meldung an den Bildschirm, wenn sein Batch-Job beendet ist. In den meisten Rechenzentren gibt es dialogintensive Tageszeiten, in denen keine langlaufenden Batch-Jobs gestartet werden dürfen.

Durchfallen erhöht den Benutzerkomfort für den Dialogablauf bei QUER-Bewegungen. Häufig wird eine sachlich korrespondierende Anwendung gewählt, z. B. die Anzeige von Umsatz und Absatz für ein Produkt in einem Zeitraum. Dann ist es nicht nötig, die Maske der Selektionsdatenebene anzuzeigen, da das System die Selektionsdaten bereits kennt. Der Benutzer sieht nur einen direkten Sprung zu einer Zielmaske, während das System eine Reihe von Programmen durchläuft, ohne die Masken anzuzeigen.

11.3 Entwurf

11.3.1 Allgemeine Entwurfsentscheidungen

Das System wird nach den Prinzipien der Datenabstraktion bzw. des 'information hiding' entworfen: Jeder (logische) Modul beinhaltet eine isolierbare, begründete Entwurfsentscheidung, ggf. einen Datentyp mit allen Zugriffsoperationen. Die meisten in der funktionalen Spezifikation aufgezählten Funktionen lassen sich als solche Moduln realisieren. Ein Programm bearbeitet nicht mehr als eine Maske. Hierdurch lassen sich alle Steuerungsfunktionen aus problemspezifischen Moduln (Anwendungsmoduln, s. Abschn. 4.3) auslagern in zentrale Steuermoduln. Die Programme kommunizieren über einen einheitlichen Datenbereich, der je nach Implementierung als Parameter oder geschützter globaler Datenbereich realisiert wird.

11.3.2 Modulstruktur

Das System enthält zwei Typen von Moduln: **Steuer-** und **Servicemoduln.** Steuermoduln sind eine Auswahl von Folgeprogrammen, Servicemoduln alle in Abschn. 11.2.3 spezifizierten Funktionen. Drei zentrale Steuermoduln werden von allen Moduln im System benutzt:

- **Dialogstack**: Kennt und verwaltet die Dialogebenen (0, 1, 2, ... 9), z. B. befindet sich ein Programm der Startebene auf Stufe 0 des Stack.

- **PF-Tasten**: Kennt und verwaltet die PF-Tasten und die ihnen entsprechenden Folgeprogramme.
- **Transaktionscodes**: Kennt und verwaltet die zu einem Transaktionscode (TAC) gehörenden Folgeprogramme und den Programmpfad dorthin.

Außerdem gibt es ein Dialog- und ein Batch-Skelettprogramm. In die Skelette sind die Aufrufe zentraler Moduln eingebunden. Die Benutzt-Struktur des Systems läßt sich folgendermaßen abbilden:

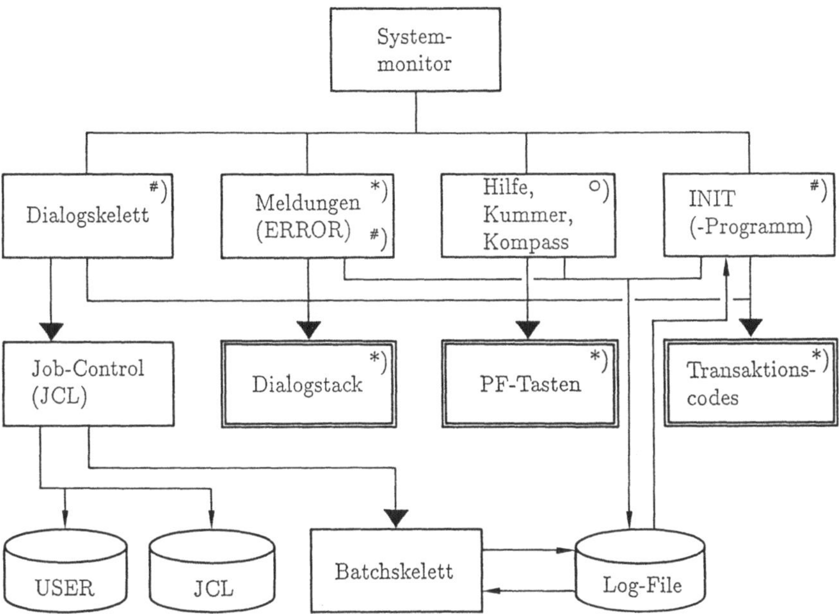

Abb. 11-2. Benutzt-Struktur des Dialogwerkzeugs
Die zentralen Steuermoduln sind doppelt umrandet.
*) = Aufruf aus dem Dialogskelett
#) = Aufruf über *Systemmonitor*
o) = Aufruf über den Modul *PF-Tasten*

Alle Moduln unterhalb des Monitors werden von diesem gesteuert. Alle Moduln außer dem Batchskelett benutzen die zentralen Steuermoduln. Alle Dialoge melden sich in einem zentralen Log-File an; der INIT-Modul fragt das Log-File ab, ob eine Nachricht vorliegt. Batchprogramme melden sich bei Laufbeginn im Log-File an und bei Programmende wieder ab.

Der Modul **Job-Control** kennt die **User-Tabelle** und die Struktur von **Job-Control-Statements** und generiert hieraus einen lauffähigen Batchjob. Er greift auf einen Datenbestand zu, in dem Berechtigungen von Benutzern (USER) abgelegt sind.

Das Dialog-Skelettprogramm ist kein echtes, vielfach verwendbares Unterprogramm. Es wird für jedes Anwendungsprogramm kopiert und dann anwendungsspezifisch codiert. Das Skelett beinhaltet jedoch eine wesentliche Entwurfsentscheidung: Die Struktur, in der eine Maske abgearbeitet wird, inklusive des Wiederanzeigens im Fehlerfall mit Möglichkeiten der Cursorpositionierung. Es legt einen Standard-Maskenaufbau zugrunde und enthält die Zugriffe auf alle zentralen Moduln in Form von Unterprogrammaufrufen. Die Reihenfolge dieser Aufrufe wird in Abschn. 11.4 dargestellt. Das Batch-Skelettprogramm enthält die Aufrufe zum An- und Abmelden im Log-File. Sonst enthält es keine strukturellen Vorgaben.

Sind die Masken einer Anwendung realisiert, kann man die Skelettprogramme mit den Masken verbinden und die Programmfolge codieren. Man erhält so in sehr kurzer Zeit einen lauffähigen Prototyp, der Masken ohne Daten anzeigt.

11.3.3 Modulspezifikation

Für die Modulspezifikation wird die Sprache SPEZI (Koch 79, SPEZI) mit einigen Abwandlungen benutzt. Sie dürfte ohne besondere Erklärung verständlich sein. Beispielhaft werden das Dialogskelett und drei zentrale Moduln spezifiziert. Die Modifikationen in der Verwendung von SPEZI sind pragmatische Anpassungen an den Kontext dieses Buches:

- Statt *defines* wird **exports**, statt *applies* wird **imports** geschrieben.
- Es wird ein optionales Konstrukt **kontext** benutzt. Hiermit werden Abhängigkeiten offengelegt, die sonst implizit bleiben würden.
- Kommentare stehen in { }.

Als **elementare Datentype** werden verwendet:

```
type char is zeichen
     text is value set of char
     int is ganze zahl
     real is reelle zahl
     alpha is value set of (char, int).
```

Ein **Modul** der folgenden Spezifikation ist ein Datentyp, der mit Hilfe von Prozeduren Leistungen und Daten des Typs exportiert.

```
module interface
     exports proc nimm daten an, (in parm import-dat),
          proc gib daten weiter (out parm export-dat).

     proc nimm daten an (in parm import-dat):
          purpose: Empfängt Daten vom Vorgängerprogramm. end
          kontext: Es werden ausschließlich Sprachmittel des
               Basissystems verwendet. end
     endproc nimm daten an.

     proc gib daten weiter (in parm export-dat):
          purpose: Übermittelt Daten des aktuellen Programms an
```

```
                    das zu rufende Folgeprogramm. end
              kontext: siehe nimm daten an. end
        endproc gib daten weiter.
        type parm is
              value set of (text, alpha, int, real)
        endtype parm.
  endmodule interface.


  module dialogskelett
        exports proc bildschirmbearbeitung (in-out user-dat ud,
                                    out text message).
        imports from pf-tasten:
              proc pf-tasten prüfen (in pf-taste pf,
                                    out char steuer) result prog,

              from dialogstack:
              proc push (in prog akt-prog) {aktuelles Programm},
              proc pop result prog {zu rufendes Programm},

              from transaktionscodes:
              proc tac-handler (in tac ziel-tac) result pfad
              {Die Prozedur liefert die Sequenz der zu durchlaufenden
              Programme bis zum Zielprogramm},

              from kompass:
              proc zeige menüposition (in prog akt-prog) result tree,
              proc zeige weg zu transaktion (in prog ziel-tac) result tree,
              {Der Ergebnistyp ist eine für den Benutzer sichtbare
              Baumstruktur des Menüs},

              from message:
              proc get message (in int msg-code) result text,
              proc error-handler result text
              {Error-handler hat keine direkten Übergabeparameter,
              sondern nur indirekte: Er fängt System-Fehlermeldungen
              ab und gibt dem Benutzer Erklärungen und Hinweise}

              from kummerkasten:
              proc mailbox (in text kummer) result text,
              proc antwort (in text kommentar) result text,

              from interface:
              proc nimm daten an (in parm import-dat),
              proc gib daten weiter (in parm export-dat),

              from system-monitor:
              proc fetch-prog (in prog ruf-prog)
              {Die Steuerung geht an ruf-prog ohne Rücksprung zu akt-prog über},

              from db-system:
              {Grundoperationen der Datenbasis}.
        proc bildschirmbearbeitung (in-out user-dat ud,
                                    out text message):

        purpose: Eingabe und Ausgabe der mit Daten gefüllten
                    Bildschirmmasken. Anzeige von Meldungen. Der
                    genaue Effekt ist der Ablaufbeschreibung der
                    Implementierung in Abschn. 11.4.1 zu entnehmen.
                    end
```

>   *kontext: Nur Sprachmittel des Basissystems.* **end**
> **endproc** *bildschirmbearbeitung.*

type *tac* **is**
>   **value** *alpha*
endtype *tac.*

type *user-dat* **is**
>   **value set** of *(text, alpha, int, real, tac)*
endtype *user-dat.*

endmodule *dialogskelett.*

module <u>*dialogstack*</u>
>   *kontext: Der Modul ist nur von Modul* <u>dialogskelett</u> *benutzbar.*
>   **end**
>   **exports proc** *push* **(in prog** *akt-prog)*,
>   **proc** *pop* **result prog.**

type prog is
>   **value** *program identifier*
endtype *prog*
>   {*Der Typ* **stack** *wird nicht explizit spezifiziert*}.

proc *push* **(in prog** *akt-prog):*
purpose: Speichert den übergebenen Namen des aktuell aktiven
>   *Programms gemäß den Konventionen eines Stack.* **end**
kontext: Da der Aufruf von push durch Einbindung in ein
>   *Skelettprogramm erfolgt, kommt ein 'stack-overflow'*
>   *praktisch nicht vor. Es genügt eine Fehlermeldung an*
>   *den Entwickler. Der Fehler kann nur bei mehr als*
>   *9-stufigen Dialogen auftreten.* **end**
endproc *push.*

proc *pop* **result prog:**
>   *purpose: Herausnahme des aktuellen Programms aus dem*
>   *Stack und Übergabe des nächsten zu rufenden*
>   *Programms. Hierdurch werden Rückwärtsbewegungen*
>   *im Dialogbaum ermöglicht.* **end**
endproc *pop.*
endmodule *dialogstack.*

module <u>*pf-tasten*</u>
>   *kontext: Der Modul ist nur von Modul* <u>dialogskelett</u> *benutzbar.*
>   **end**
>   **exports proc** *pf-taste* *prüfen* **(in pf-taste** *pf,* **out char** *steuer)*
>   **result prog.**
>   **imports from** *dialogstack:*
>   **proc** *pop* **result prog.**

type *pf-taste* **is**
>   **value set** *(PF1, PF2,... , PF12)*
>   {*Der Wertebereich kann je nach Hardware verändert werden*}
endtype *pf-taste*

proc *pf-taste* *prüfen* **(in pf-taste** *pf,* **out char** *steuer)* **result prog:**
>   *purpose: Liefert den Namen des aufzurufenden Folgeprogramms,*
>   *das einer übergebenen PF-Taste zugeordnet*
>   *ist, außerdem ein Steuerzeichen mit Wert*

'E' für EXIT, falls vom normalen Dialogablauf
abgewichen werden soll. EXIT bewirken folgende
Funktionen: HILFE, KUMMER, KOMPASS, ZURÜCK. **end**
{z. B. wird nach Drücken von PF1 der help-handler aufgerufen
und zeigt den Hilfetext an}
effect: **if** *pf = ZURÜCK*
      then *pf-taste prüfen := pop.*
endproc *pf-taste prüfen.*
endmodule *pf-tasten.*

Der hier nicht explizit spezifizierte Modul <u>*kompass*</u> verwaltet einen Datentyp **tree-picture**:

module <u>*kompass*</u>

    type tree-picture is
       value set of char
       {Der Menübaum wird als Zeichenfolge dargestellt}
     endtype tree
  ***endmodule** kompass.*

11.4 Implementierung

11.4.1 Aufbau des Dialogskeletts

Das folgende Dialogskelett stellt die Prozeduraufrufe dar. Die in [ ] stehenden Teile sind nicht im Skelett enthalten. Sie werden je nach Problemstellung der Anwendung in der aktuellen Kopie des Skeletts codiert. Als Folge der transaktionsorientierten Verarbeitung gibt es keinen wiederverwendbaren Maskenmodul (**proc** *bildschirmverarbeitung* existiert real nicht als Prozedur), sondern nur ein Skelettprogramm, das kopiert werden muß. Die Transaktionsorientierung steht teilweise auch im Widerspruch zur strukturierten Programmierung (Näheres vgl. Zinke 85, CICS). Hieraus resultieren der Ausgabeparameter *steuer* der Prozedur *pf-taste prüfen* und die Sprünge nach *ausgang*.

```
dialogskelett:
nimm daten an (import-dat);
push (akt-prog);
repeat
    [read (daten-ein); ud:= daten-ein;]
    repeat
        bildschirmbearbeitung (ud, message);
        ruf-prog:= pf-tasten prüfen (pf, steuer);
        if tac not = empty
            then ruf-prog:= tac-handler (tac);
            goto ausgang;
```

```
              else if steuer = 'E '
                  then goto ausgang;
                  [else daten prüfen;]
          until message = empty; endrepeat;
          [write (daten-aus);]
      until keine daten mehr; endrepeat;

      gib daten weiter (export-dat);
      [ruf-prog:= '<programmname>';]
  ausgang:
      fetch-prog (ruf-prog);
  end dialogskelett.
```

Help-Handler, Kummerkasten und Kompaß sind auf der Basis ebensolcher Skelette erstellt. Dadurch kann mit der PF-Taste ZURÜCK die Bearbeitung des ursprünglich verlassenen Programms *von Anfang an* wieder aufgenommen werden. Ein feldweises HELP läßt sich mit dieser Lösung allerdings nicht realisieren.

11.4.2 Implementierungsalternativen

Mit einer prozeduralen Sprache, etwa PASCAL, braucht man keine umfangreichen Skelettprogramme. Das Skelett besteht nur noch aus Prozeduraufrufen, die Codestücke zusammenfassen, was eine redundante Codierung weitgehend vermeidet. Ob dies zu Laufzeitproblemen führt, kann mit einem Prototyp getestet werden.

Dialogsprachen und -werkzeuge, wie sie in der Industrie üblich sind, etwa CICS-Commands + COBOL oder NATURAL, haben in den gegenwärtig (Anfang 1988) einsatzbereiten Releases erhebliche Restriktionen bei Prozeduraufrufen (= externe Unterprogramme). Relativ umfangreiche Dialogskelette sind unvermeidlich. Da sich jedoch mit wenig Aufwand Werkzeuge schaffen lassen, die Skelette *generieren*, ist ein umfangreicher und redundanter Code zu verkraften.

Weitere Restriktionen liegen in den Mechanismen zum Datentransfer begründet. Datentype, die kontrolliert zu handhaben sind, wie der oben spezifizierte **module** *interface*, stehen nicht zur Verfügung. Es bleibt nur die Möglichkeit, eine gleichartig aufgebaute Parameterschnittstelle zu realisieren, auf die diszipliniert (= vorgegeben über das Skelett) zugegriffen wird.

11.4.3 Datentransfer zwischen Programmen

Jedes Programm kann *lesend* auf folgende Daten zugreifen:

KOMMUNIKATIONSBEREICH *applikation#, von-applikation,*
    akt-applikation,akt-transaktion,akt-prog,next-prog,user-id).

Abkürzungen: akt = aktuell, prog = Programm, id = Identifikation.

Jedes Programm kann *schreibend* folgende Standarddaten an das Folgeprogramm übertragen:

PROGRAMM-PROGRAMM-SCHNITTSTELLE *von-prog#,akt-pf-taste,*
folge-tac,masken-steuerzeichen,meldung,anwendungs-daten).
type *anwendungsdaten* **is value set of** *(export-dat, import-dat).*

Die Parameter *akt-pf-taste* und *folge-tac* werden von den Moduln *pf-tasten* (Parameter: *pf*) und *transaktionscodes* (Parameter: *ziel-tac*) ausgewertet.

11.4.4 Implementierung mit NATURAL

Die erste Implementierung wurde mit NATURAL Release 1.2 ausgeführt. Nach einer Pilotinstallation des Datenbanksystems ADABAS mit der Sprache NATURAL im SCHERING-Konzern 1982/83 wurde ein softwaretechnisch orientiertes Konzept zur Benutzung der Sprache konzipiert (vgl. Mönckemeyer 84, Prototyping). Der Programmaufbau wurde normiert und ein Systementwurf im Rahmen eines großen Anwendungsprojektes erstellt. Der Entwurf war am Konzept Datenabstraktion orientiert, allerdings noch bei weitem nicht so detailliert wie hier beschrieben. Mit fortschreitender Entwicklung der Anwendung konnten Servicemoduln hinzugefügt werden, ohne daß an der Systemstruktur etwas geändert werden mußte. Z. B. entstand der Modul *message* erst recht spät, *kummerkasten* ist noch nicht zum Mailbox-System ausgebaut und *kompass* wurde zunächst zurückgestellt.

Da NATURAL Rel. 1.2 keine echten Unterprogrammaufrufe auf NATURAL-Prozeduren, wohl aber auf COBOL und andere Sprachen zuließ, wurden *dialogstack*, *pf-tasten* und Hilfsmoduln (z. B. Text zentrieren, Datum prüfen) in COBOL realisiert.

Angewendet wurde diese Version mittlerweile auch in mehreren anderen Firmen für die Entwicklung umfangreicher Dialogsysteme. Es sind ca. 4 500 Programme aktiv in Produktion.

11.5 Releaseplanung

Die mit Abstand breiteste Anwendung des Werkzeugs ist die ADABAS/NATURAL-Version. Daher wird diese Version als Beispiel behandelt.

Im Laufe des Jahres 1988 kommt NATURAL Release 2 zum Einsatz. Es wird damit möglich sein, NATURAL-Pozeduren als echte Unterprogramme aufzurufen. Die Programmskelette werden erheblich kleiner. Durch den einheitlichen Aufbau aller Skelette ist es möglich, die alten Skelette entweder im Zuge der Wartung sukzessive umzustellen oder mit Konvertierprogrammen zu verändern.

Die Flexibilität des Konzepts läßt sich an einem Beispiel zeigen: Der *help-handler* greift heute auf Hilfetexte zu, die in normalen SOURCE-Bibliotheken abgelegt und mit dem Programm-Editor bearbeitet werden. Dies war mit den gegebenen Mitteln eine schnelle und kostengünstige Lösung. In absehbarer Zeit werden Hilfetexte jedoch im DATA DICTIONARY enthalten sein. Durch Umbau *eines* zentralen Moduls läßt sich dann ohne rückwirkende Änderungen die Leistung von HILFE verbessern.

Falls die mit NATURAL Rel. 2 und ADABAS Rel. 5 in Aussicht gestellte erhebliche Performanceverbesserung eintritt, können ohne Entwurfsänderung und ohne Änderungen an alten Programmen die COBOL-Unterprogramme durch NATURAL-Unterprogramme ersetzt werden.

11.6 Beispiel

Das folgende Beispiel stammt aus einem aktuellen System. Es realisiert die Pflege von Artikelstammdaten eines Textilherstellers. Diese Stammdaten werden per Datenfernübertragung an die Mitarbeiter des Außendienstes übertragen. Die Mitarbeiter empfangen die Daten mit einem mobilen Datenerfassungsgerät (MDE), in das sie auch ihre Aufträge eingeben. Sie können nur Artikel bestellen, die lieferbar sind. Die Daten werden über Modems täglich in die Zentrale überspielt. Die in Abschn. 10.5 spezifizierte Berechnungsfunktion *Lieferfähigkeit ermitteln* ist ebenfalls Teil dieses Systems. Zunächst ein Interaktionsdiagramm als Überblick:

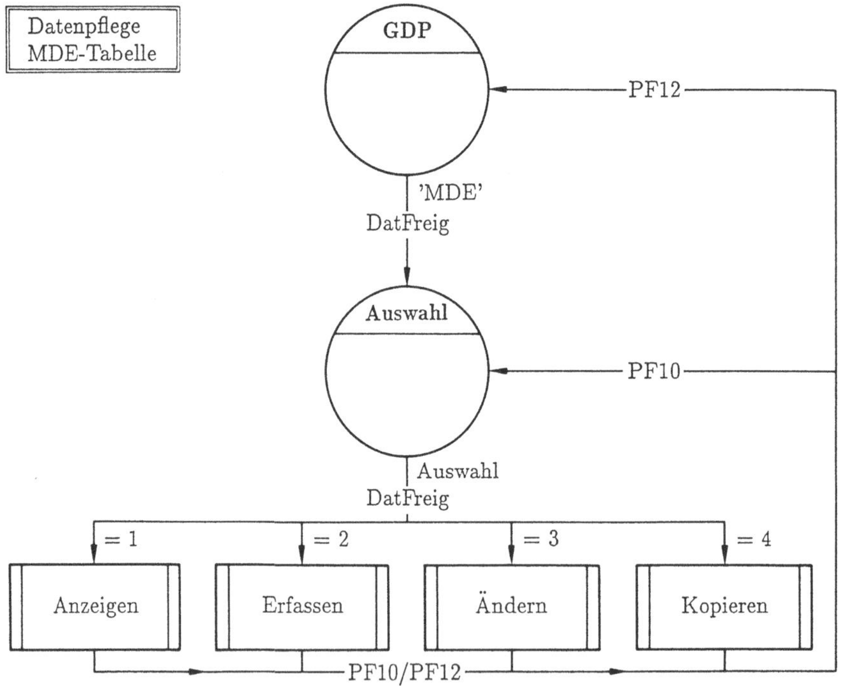

Abb. 11-3a. Start- und Auswahlebene einer Anwendung des Dialogwerkzeugs
GDP = Grunddatenpflege

Eine Verfeinerung:

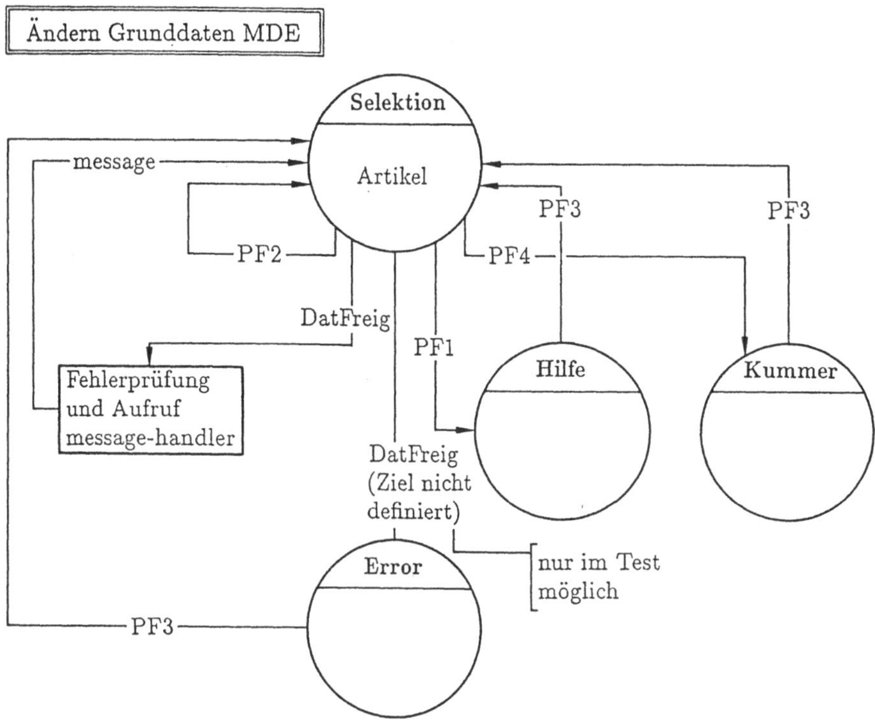

Abb. 11-3b. Untermenü Selektionsdatenebene mit Servicefunktionen

PF-Tasten-Belegung:

PF1 = Hilfe	PF4 = KUMMER
PF2 = 1. Bild (bei Folgemasken)	PF10 = Auswahlebene
PF3 = ZURUECK; DatFreig = WEITER;	PF12 = Startebene

Erläuterungen: Das Interaktionsdiagramm zeigt beispielhaft alle von einer Maske ausgehenden Zustandsübergänge mit Ausnahme des Zwischenzustandes im Modul *pf-tasten*, von dem der Benutzer nichts bemerkt. Alle Übergänge in andere Moduln (*hilfe*, *kummerkasten*, *error*) führen auf eine Maske, aus der der Rücksprung mit PF3 erfolgt. Der zur Selektion gehörende Modul ist das einzige Rechteck in der Zeichnung. Er überprüft seinerseits die Eingabedaten und bedient sich im Fehlerfall des Moduls *message*. PF2 bewirkt bei sog. „Rollmasken" die Anzeige des ersten Bildes. Dies wird durch einen rekursiven Aufruf erreicht. Die Normalausgänge aus dem aufgerufenen Programm, *DatFreig* und *PF3*, sind nicht gezeichnet, da sie in diesem einfachen Beispiel genauso wirken wie die eingezeichneten Tasten *PF10* und *PF12*.

Es folgen die Masken einer Anwendung, die mit dem Dialogwerkzeug erstellt wurde (*die eingegebenen Daten sind schräg gedruckt*). Es werden nur wichtige PF-Tasten angezeigt:

Applikation; Startebene:

```
Prog : ZDP1000P          MODE AG Hemdheim            Dat : 21.05.87
Bild : ZDP1000M   * ORGANISATION und INFORMATION *   Zeit: 19:25:25
------------------------------------------------------------------

                    XXXXXXXXXXXXXXXXXXXXX
              XXXXXXXXX              XXXXXXXXXXX
           XXXXXXXXX                    XXXXXXXXXXX
         XXXXXXXXXX      Z e n t r a l e    XXXXXXXXXX
        XXXXXXXXX                          XXXXXXXXXX
      XXXXXXXXX        D a t e n p f l e g e     XXXXXXXXXX
        XXXXXXXXX                          XXXXXXXXXX
         XXXXXXXXXX                       XXXXXXXXXX
           XXXXXXXXX                    XXXXXXXXXXX
              XXXXXXXXX              XXXXXXXXXXX
                    XXXXXXXXXXXXXXXXXXXXX

                  Transaktionscode : MDE1_

------------------------------------------------------------------
 PF1 = HILFE (gültige Transaktionscodes)        PF3/PF12 = ENDE
```

Transaktion; Auswahlebene:

```
Prog : MDE1001P          MODE AG Hemdheim            Dat : 21.05.87
Bild : MDE1001M   Pflege Teilestammdaten für MDE     Zeit: 19:25:26
------------------------- Funktionsauswahl -----------------------

                    Anzeigen..: 1
                    Erfassen..: 2
                    Ändern....: 3
                    Löschen...: 4
                    Kopieren..: 5
                    Auswerten.: 6

                    Auswahl...: 2




------------------------------------------------------------------
 PF1 = HILFE      PF3 = ZURÜCK                    PF12 = ENDE
```

Selektionsdatenebene:

```
 Prog : MDE1003P          MODE AG Hemdheim            Dat : 21.05.87
 Bild : MDE1003M    Pflege Teilestammdaten für MDE    Zeit: 19:25:48
 ----------------------- Erfassen - Selektion -----------------------


            Artikelgruppe   Nr.231_ oder Bezeichnung : __________

               Größe        Nr.__

         oder Farbe         Nr.___ oder Bezeichnung : __________







 ------------------------------------------------------------------
 PF1 = HILFE      PF3 = ZURÜCK                        PF12 = ENDE
```

Bearbeitungsebene:

```
 Prog : MDE1004P          MODE AG Hemdheim            Dat : 21.05.87
 Bild : MDE1004M    Pflege Teilestammdaten für MDE    Zeit: 19:26:01
 ---------------- Erfassen Artikelgruppe Lieferfähigkeit --------------

 Artikelgruppe  Nr. 0231    Bezeichnung : Superschlank

         Artikel  lieferbar (J/N)  Größen (J/N)  Farben (J/N)

            81756       J                J             J
            61764       J                J             J
            25439       N *)             J             J
            45671       J                J             J




 MDE1A **) ----------------------------------------------------------
 PF1 = HILFE      PF3 = ZURÜCK      DatFreig = WEITER     PF12 = ENDE
```

*) Erste Eingabe vor PF1

**) Zweite Eingabe: QUER zur Änderungstransaktion *nach* Rückkehr aus HILFE

Erläuterung: Die Maske zeigt zwei zeitlich versetzte Eingaben. Die Eingabe *) vor dem Drücken von PF1 und die Eingabe **) nach der Rückkehr von Hilfe. Bei der zweiten Eingabe wird ein Transaktionscode für die QUER-Funktion links unten eingegeben.

Die eingeblendete **Hilfemaske**:

```
 Prog : MDE1004P          MODE AG Hemdheim           Dat : 21.05.87
 Bild : MDE1004H    Pflege Teilestammdaten für MDE   Zeit: 19:26:12
 ----------------- Erfassen Artikelgruppe Lieferfähigkeit --------------

                           *** Hilfe ***

    Überschreiben Sie in der zutreffenden Position 'J' mit 'N',
    wenn ein Artikel nicht lieferbar ist.

    Sind einzelne Größen nicht lieferbar, geben Sie 'N' bei den
    Größen ein.
    Entsprechendes gilt für Farben.
    In beiden Fällen erscheint eine Folgemaske, in der Sie die
    nicht lieferbaren Positionen angeben können.



 ------    ---------------------------------------------------------
              PF3 = ZURÜCK                          PF12 = ENDE
```

Die Eingabe des Transaktionscodes in der Bearbeitungsmaske MDE1004M führt direkt (= **QUER**) mit DURCHFALLEN auf folgende *korrespondierende Maske*:

```
 Prog : MDE1008P          MODE AG Hemdheim           Dat : 21.05.87
 Bild : MDE1004M    Pflege Teilestammdaten für MDE   Zeit: 19:27:14
 -----------------  Ändern Artikelgruppe Lieferfähigkeit --------------

    Artikelgruppe   Nr. 0231     Bezeichnung : Superschlank

                    Artikel  lieferbar (J/N)  Größen (J/N)  Farben (J/N)

                     81756         J               J             J
                     61764         J               J             J
                     25439         N               J             J
                     45671         J               N             J



 ------    ---------------------------------------------------------
  PF1 = HILFE      PF3 = ZURÜCK     DatFreig = WEITER      PF12 = ENDE
```

12. Softwarepflege und -evolution

Es ist mittlerweile fast eine Binsenwahrheit, daß Wartung wichtig und teuer ist. Trotzdem gibt es fast keine Hinweise, wie man Betreuung und Versionsplanung organisieren kann, welche Werte eine Rolle spielen und wie man die Wartung wirtschaftlich organisiert. Daher soll dieses Kapitel

- einen Eindruck von der Höhe der Softwareinvestitionen in einem mittelgroßen Betrieb vermitteln,
- Hinweise zum Wartungsmanagement geben,
- ein Datengewinnungs- und -auswertungssystem für Betreuung und Versionsplanung vorstellen, das praktisch eingesetzt wird,
- das Vorgehen bei einer Versionsplanung skizzieren.

12.1 Software als erhaltungswürdiges Wirtschaftsgut

Bezogen auf den Umgang mit Software gibt es zwei Typen von Organisationen. In Softwarehäusern und an Hochschulen steht die *Entwicklung* von Software im Vordergrund. Wartung wird wenig betrachtet. Bei Betrieben und Verwaltungen steht die *Benutzung* von Software im Vordergrund. Hier spielt die Wartung eine gewichtige und stetig zunehmende Rolle. Dieses Kapitel wird die Phase Wartung ausschließlich aus der Sicht der zweiten Gruppe betrachten und Probleme der Wartung und Weiterentwicklung von Lizenzsoftware außer Acht lassen.

In Industrie und Verwaltung wird Wartung häufig noch unkontrolliert und auf Zuruf betrieben. Entwicklung und Betreuung werden nicht voneinander getrennt. Es gibt in jüngster Zeit Bemühungen, dem entgegenzuwirken (vgl. HMD 87, Wartung). Das einsetzende Problembewußtsein hat jedoch erst wenig durchgreifende Verhaltensänderungen bewirkt. Die vor allem in kleineren Organisationen noch übliche Praxis einer unkontrollierten Evolution der Software begünstigt funktionale und softwaretechnische Erosionsprozesse. Ziel der Softwarewartung muß eine geregelte, durchsichtige Abgrenzung, Vor- und Nachkalkulation der Tätigkeiten in der Wartung sein (s. Abschn. 4.5.2.3). Da Abgrenzung und Berechnung zunächst Aufwand verursachen, muß der Aufwand begründet werden können. Dies erreicht man, indem man die verwalteten Werte deutlich herausstellt.

Jede höherwertige Maschine ist im Anlagevermögen einer Firma verbucht und erscheint in der Bilanz. Die Investitionssummme ist bekannt (häufig > 100 000 DM), die Wartung wird von Personal durchgeführt, das höher qualifiziert und bezahlt ist als das Bedienungspersonal. In der Wartung achtet man sorgfältig auf die Bewahrung der Substanz, teilweise wird vorbeugend gewartet. Produktions-Stillstandskosten durch den Ausfall einer Anlage sind bekannt (häufig > 50 000 DM/Tag).

Bei selbsterstellter Anwendungssoftware ist meist weder dem Benutzer, der spontane Anforderungen definiert, noch dem Wartungspersonal der Wert der Anlage bekannt. Die Investition ist auch nirgendwo dauerhaft verbucht, da sie nur in den Kosten registriert ist. Ein Softwareausfall kann im schlimmsten Fall zu Produktionsstillstand und Lieferunfähigkeit führen. Ein marktnahes Unternehmen kann dadurch einen direkten Absatzverlust von mehr als 100 000 DM/Tag erleiden.

Die folgende Modellrechnung zeigt, wie man überschlägig im Nachhinein den Wert von Softwaresystemen ermitteln kann, um dem Management und dem Wartungspersonal deutlich zu machen, über welche Werte sie verfügen.

Beispiel: Ein Unternehmen der Konsumgüterindustrie mit 200 Mio DM Jahresumsatz und einem Mindest-Tagesumsatz von 300 000 DM betreibt 1 200 selbsterstellte COBOL-Programme. Nennenswerte Neuentwicklungen von Software hat es seit 3 Jahren nicht mehr gegeben, da die Programmierer zu 4/5 mit Wartung beschäftigt sind.

weitere Zahlen:

lines of code (LOC); Daten und Prozeduren	2 000 LOC/PGM
Produktivität über alle Entwicklungsphasen	5 LOC/Std
Verrechnungspreis für Entwickler	100 DM/Std
durchschnittliches Alter der Software	6 Jahre
angenommener Umwälzungsfaktor je LOC	2

hieraus läßt sich berechnen:

LOC gesamt	(1 200 * 2 000)	2,4 Mio LOC
investierte Stunden	(2 400 000 / 5)	0,45 Mio Std
invest. Erstentwicklung	(450 000 * 100)	45 Mio DM
(ohne Abschreibung)		
Gesamtinvestition	(45 Mio * 2)	**90 Mio DM**

Die Zahlen des Beispiels dürfen nicht absolut gesetzt werden. Sie demonstrieren, warum Bemühungen um ein Wartungsmanagementverfahren wirtschaftlich erforderlich sind (vgl. hierzu Martiny und Unkel in: HDM 87, Wartung) und mit welchen Größenordnungen man in der Softwarewartung bereits in einer mittelgroßen Firma umgeht.

Fortführung des Beispiels: Die Produktivität von 5 LOC/Std COBOL wurde empirisch ermittelt und deckt sich mit den Angaben von Jones (87, Produktivität). Eine Gegenrechnung ergibt, daß das vorhandene Personal selbst in 12 Jahren nur ca. 160 000 Std und nicht 450 000 Std Arbeitsleistung erbracht haben kann. Die Erklärung ist fatal:

Sehr viele Programme sind erheblich „produktiver" entstanden als mit 5 LOC/Std, nämlich durch **Kopieren** ähnlicher Programme. Die Kopien müssen jedoch einzeln gewartet werden, d.h. man muß Wartungsaufwand für alle Zeilen aller Kopien erbringen.

Es muß verhindert werden, daß so viele LOC durch Kopieren entstehen. Die Zahl der zu wartenden Programme kann durch modulares Entwickeln klein gehalten werden.

12.2 Management und Organisation der Wartung

12.2.1 Tätigkeiten

Fehler wurden schon in Abschn. 4.5.2.3 besprochen. Bei Fehlern ist die schnellstmögliche Wiederherstellung der Verfügbarkeit der Software oberstes Ziel.

Die anderen beiden Tätigkeiten in der Wartung müssen den Schutz der Softwareinvestitionen allen anderen Zielen voranstellen. Da der Benutzer nicht erkennen kann, ob ein Änderungswunsch in die Kategorie Änderung oder Versionsplanung fällt, müssen alle Wünsche als sog. *Wartungsantrag* (WAT) vom Benutzer schriftlich formuliert werden. Sie werden nach betriebswirtschaftlichen und technischen Kriterien bewertet, gebündelt und als *Wartungsauftrag* (WAF) bearbeitet, wenn sie in die Kategorie **Änderung** fallen. Als Grundsatz muß gelten: *Nichts geschieht auf Zuruf unter Umgehung des Managements.*

Die Bearbeitung einer Änderung erfolgt nach einem verkürzten Vorgehensmodell, in dem es folgende Zustände eines Wartungsauftrages gibt (die Verschlüsselung hat Lücken, damit sie mit der Versionsbearbeitung vergleichbar ist, bei der mehr Zustände unterschieden werden):

Tab. 12-1. Zustände bei der Bearbeitung einer Änderung

Zustand		Dokument
0	WAT eingetragen	W-Logbuch
1	WAF erteilt, WAT eingruppiert und grob vorkalkuliert	Vorstudie
4	WAT spezifiziert, Konstruktion begonnen	funktionale Spezifikation
6	Konstruktion beendet, Testfälle abgenommen, Codierung und Test in Arbeit	Code, Testfälle
9	WAF erledigt, abgenommen und nachkalkuliert	W-Logbuch

Ab welchem vorkalkulierten Aufwand eine Änderung oder eine Version bearbeitet wird, hängt von der Organisationsgröße ab. Die Obergrenze für *Wartungsaufträge* sollte nicht unter 5 Mitarbeitertagen (MT) und nicht über 3 Mitarbeitermonaten (MM) liegen. Da *Versionen* nach Regeln des Projektmanagements bearbeitet werden (s. Vorgehensmodell Phase 0 bis 4), ist eine Grenze unter 5 MT zu schwerfällig. Die maximale Obergrenze für ein Teilsystem sollte nicht unter 20 MT (= 1 MM) liegen.

Die Qualitätssicherung der Änderungen und Fehlerkorrekturen läßt sich am besten über das DATA DICTIONARY durchführen. Die Kontrolle über jede Art von Programmänderung muß über die Programmbibliothek erfolgen, die jeden Zustandsübergang von der Produktion in die Betreuung und umgekehrt festhalten muß. In der Produktionsbibliothek darf keine Programmänderung möglich sein, nicht einmal eine Fehlerkorrektur (s. Abb. 4-14, Übergabewerkzeug).

12.2.2 Personaleinsatz

Entwicklung und Wartung sind personell und organisatorisch streng zu trennen. Es dürfen nicht die schwächsten Mitarbeiter eingesetzt werden, wie es gängige Praxis ist, sondern es müssen die besten Entwickler die Wartung durchführen. Um keine Dequalifikation und Demotivation zu bewirken, muß eine 'job rotation' zwischen Entwicklung und Wartung stattfinden. Niemand sollte länger als ein Jahr zusammenhängend in der Wartung tätig sein (vgl. hierzu auch Schneidewind 87, Maintenance).

12.3 Erfassung und Auswertung von Wartungsdaten

Die Erfassung von Wartungsdaten muß folgende Ziele unterstützen:

- Die einfache **Verwaltung** von Wartungsanträgen,
- die **Nachkalkulation** und Kostenverrechnung von Änderungen,
- die Ermittlung von Kennzahlen über die Qualität der Anwendungssoftware; dadurch eine Früherkennung von Verschlechterungen (**Qualitätsbeobachtung**),
- die Unterstützung der **Versionsplanung** je System oder Teilsystem.

Diese Ziele lassen sich nur kostengünstig mit einer online-Datenerfassung der Entwickler verfolgen. Dies ist nicht unproblematisch, da eine Leistungserfassung nach dem Betriebsverfassungsgesetz mitbestimmungspflichtig ist. Die Beschreibung des Verfahrens wird zeigen, daß keine Leistungskontrolle der Entwickler stattfindet.

12.3.1 Datenmodell für Wartungsdaten

Es gibt zwei neue Objekttypen, die mit bereits vorhandenen verknüpft werden: WARTUNGSANTRAG und TAGESBERICHT. Jeder Entwickler erstellt für jeden Arbeitstag einen Tagesbericht der Arbeitszeiten mit n Kontierungen, d.h. er arbeitet an ein oder mehreren Wartungsanträgen. Eine KONTIERUNG ist der einer KOSTENSTELLE belastete Aufwand für einen Wartungsantrag. Das Objekttyp-Strukturmodell sieht folgendermaßen aus:

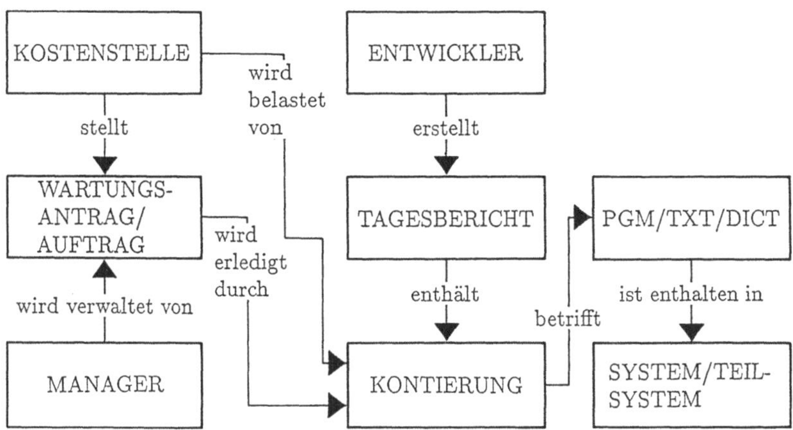

Abb. 12-1. Objekttyp-Strukturmodell für den Tagesbericht eines Entwicklers

Das vollständige Datenmodell umfaßt (PGM = Programm):

WARTUNGSANTRAG (<u>wat#</u>,*kostenstelle#,teilsystem#,status,statustermin, wunschtermin,zusagetermin,erfassungsdatum,wat-inhalt, priorität,geschätzter-aufwand,kumulierter-aufwand*)

TAGESBERICHT (<u>*tb#,datum#,programmierer-name#*</u>,*tagesbericht#S*)

KONTIERUNG (<u>*tagesbericht#,wat#*</u>,*kostenstelle#,status,aufwand,tätigkeit*)

BEARBEITETES-PGM (<u>*tagesbericht#,wat#,pgm#*</u>)

Erläuterungen: Das Attribut *kumulierter-aufwand* ist ein abgeleitetes Datum aus der Summe der Tagesberichte zum WARTUNGSANTRAG. Für online-Auskünfte ist es sinnvoll, dieses Attribut jederzeit abfragbar zu halten, ohne daß erst verdichtet werden muß.

Die Entwickler schreiben den Status eines Wartungsantrages fort, indem sie beim Übergang auf einen neuen Status während der Arbeit entsprechend kontieren. Den Status *abgenommen* kann nur der Manager setzen. Stati können nicht rückwärts verändert werden.

Es gibt folgende Kategorien: **F** (= Fehler), **W** (= Wartung), **P** (= Projekt), **D** (= Dauertätigkeit). Durch die Kontierung der geänderten Programme ist es belanglos, ob Fehler als F oder W kontiert werden. Häufig geänderte Programme werden gezielt analysiert und stellen sich meist als erneuerungsbedürftig heraus.

Hinter dem Programmierer-Namen verbirgt sich die USER-ID, die er überall im System verwendet. Es gibt keine Verbindung zur Personalnummer des Personalabrechnungs-Systems. Abwesenheitszeiten werden nicht geführt. Das System ermöglicht keine vergleichenden Auswertungen von Leistungsdaten, da keine Leistungsgrößen geführt werden (LOC pro Zeiteinheit oder ähnliches).

Das Datenmodell wurde hier etwas vereinfacht, so daß folgender Aspekt implizit bleibt: Fehler können nicht gegen Wartungsaufträge kontiert werden, da es ex definitionem keine Wartungsanträge für Fehler geben kann (wer soll sie beantragen?). Dies wird über Sammel-Wartungsaufträge gelöst.

12.3.2 Wartungslogbuch als Dialog

Ein Dialog auf der Basis einer Datenbank verzichtet auf das Erfassen von Inhalten. Ein Textsystem kann zwar gut Inhalte verwalten, aber sehr schlecht Strukturen. Es kann das Ziel *einfache Verwaltung* nur bedingt, die Ziele *Nachkalkulierbarkeit* und *Qualitätsbeobachtung* gar nicht unterstützen (s. Abschn. 12.3). Nach negativen Erfahrungen mit einem Wartungsmanagementsystem, das auf einem Textsystem aufgebaut war, wurde bewußt ein Dialogsystem auf der Basis einer Datenbank konzipiert. Inhalte werden wie vom Fachbereich geliefert auf Papier verwaltet bzw. ohnehin vom Bearbeiter spezifiziert. Durch die online-Datenerfassung werden Fehler am Entstehungsort abgefangen oder sofortige Rückfragen erzwungen.

Der Dialogentwurf faßt die durch die relationale Betrachtung (1NF) zerlegten Objekttypen zu zwei Benutzersichten zusammen:

- WARTUNGSANTRAG: Benutzer ist der Softwaremanager,
- TAGESBERICHT: Benutzer ist der Entwickler. Er gibt für jeden Arbeitstag 1 bis n Kontierungen ein, in denen jeweils 0 bis m Programme bearbeitet wurden.

Die beiden Dialoge lassen sich wie folgt skizzieren:

(1) Pflege Objekttyp WARTUNGSANTRAG

Grundoperationen	*Zusatzoperationen*	
– anl(egen)	– ausw(erten):	Es werden verschiedene Standardauswertungen
– änd(ern)		vorbereitet, die per Menü abgerufen werden.
– les(en)		Einfache Auswertungen stehen im Dialog zur
		Verfügung, für laufzeitintensive Auswertungen
		wird ein Batch-Abruf gestartet.
	– arch(ivieren):	Batch-Operation.

Rb:= anl; (les...,änd...,ausw...); arch.

(2) Pflege Objekttyp TAGESBERICHT

Grundoperationen	*Zusatzoperationen*
– anl	– korr: Es gibt keine Löschungen bei Falschbuchungen,
– les	sondern nur Stornierungen
– änd: *nicht*	– arch: Batch-Operation
Attribut *aufwand* !	– ausw: s. WARTUNGSANTRAG

Rb:= anl; (les...,änd...,korr...,ausw); arch.

Die Integritätsbedingungen, die bei Änderungs- und Archivierungsoperationen zwischen den beiden Objekttypen bestehen, werden hier nicht ausgeführt.

12.3.3 Auswertungen aus dem Wartungslogbuch

Das Dialogsystem **Logbuchpflege** erlaubt eine Vielzahl von Auswertungen, durch die alle vier in Abschn. 12.3 genannten Ziele unterstützt werden: Die Ziele *Verwaltung* und *Nachkalkulation* dienen eher administrativen und kostenrechnerischen Aufgaben, die unter dem Begriff **Wartungsmanagement** zusammengefaßt werden können. Die Auswertungen bieten Informationen über:

- Kosten je Wartungsfall, Kostenstelle, Zeitraum und Teilsystem,
- Wartungsanträge nach den verschiedensten Terminen, nach Prioritäten oder nach Bearbeitungszuständen,
- Zahl der parallel bearbeiteten Wartungsfälle pro Entwickler.

Die Ziele *Qualitätsbeobachtung* und *Versionsplanung* dienen der inhaltlichen Fortschreibung der Software. Das ist die **Softwareevolution**, von der im Phasenmodell (Kap. 3) die Rede war. Hierzu lassen sich folgende Auswertungen aus dem Wartungslogbuch erzeugen:

- Änderungswünsche je Teilsystem und Organisationseinheit,
- geänderte Programme und Änderungsaufwand je Teilsystem und Zeitraum,
- Ausfälle und Verfügbarkeit je Teilsystem und Zeitraum,
- Änderungsaufwand pro Änderungsfall,
- Datenbasis-Änderungen je Teilsystem und Zeitraum.

Solche und weitere Auswertungen sind notwendig für die Qualitätssicherung der Software während der Wartung. Sie liefern die Basis für die Versionsplanung. Die Auswertungen werden in allen denkbaren Formen erzeugt:

- Periodische Berichte als Übersichtslisten,
- durch Menü online auswählbare Standardauskünfte,
- ad hoc programmierte Abfragen an die Datenbasis des Wartungslogbuchs.

Beispiel für eine zeitraumbezogene Listen-Auswertung:

```
+-------+----------------------------+--------------------+----------+
I Mode I Wartungsantraege im ZeitraumI PGM   : WATN060P I L-Nr: 775 I
I  AG  I                             +--------------------+----------+
IHemdh.I     5.01.87 - 31.03.87     .I D-Dat.: 31.03.87 I Seite   1 I
+-------+----------------------------+--------------------+----------+

Erledigt
Kat WAT Anford. KSt   System Thema                    Aufwand Kosten
    Nr.                                               (Std)   (DM)
-------------------------------------------------------------------
 F 009 Meier    026  LAGER  Fehler in Buchungen        12,0   1.200
 F 027 Müller   220  LOGIST Abruf Dispo-Statistik       7,5     900
 F 136 Meier    060  MDE    Absturz Übertragung         3,5     350
-------------------------------------------------------------------

 Summe Kategorie "Fehler"                              23,0   2.450

 P 105 Schulze 210  FIBU   Dialoganzeige Kreditoren    182,0  18.200
 P 121 Meier   026  LOGIST Belegerstellung im FB        38,4   4.834
-------------------------------------------------------------------

 Summe Kategorie "Projekt"                            220,4  23.034

 W 015 Otto    010  FIBU   Lieferantenstatistik         2,5     250
 W 076 Meier   026  LOGIST Kennziffern Bestände         2,0     200
 W 110 Hugo    120  LOGIST EAN-Nr. auf Prod-Auftrag     6,0     600
 W 116 Schulze 210  FIBU   Zahlungsverkehr B-Bank      48,0   4.800
 W 182 Mock    110  SWWART Überarbeitung Trans. ZEIT   87,0   8.950
 W 186 Meier   026  LOGIST Bereinigung Art.Stammdat.   18,0   2.090
-------------------------------------------------------------------

 Summe Kategorie "Wartung/Änderung"                  163,5  16.890

In Arbeit:
Kat WAT Anford. KSt   System Thema                    Aufwand Zusage-
    Nr.                                               (Std)   Termin
-------------------------------------------------------------------
 F 001 Spitta  100          Fehler allgemein          41,0
 F 192 Meier   026  KUNDE   Unvollständige Adressen     2,0 15.04.87
-------------------------------------------------------------------

 Summe Kategorie "Fehler"                             43,0

 P 133 Spitta  100  RZ      JOB-Redesign              247,0 31.03.88
 P 137 Meier   026  ADSTEU  Tourenkontrolle Außend.   425,0 28.02.88
-------------------------------------------------------------------

 Summe Kategorie "Projekt"                           672,0
```

12.4 Versionsplanung

Für eine Versionsplanung, wie sie als Dokumentenmuster in Abschn. 4.5.2.6
vorgestellt wurde, sind nicht nur softwaretechnische Aspekte wie etwa Lei-
stungsänderungen maßgeblich. Viel wesentlicher ist die Beurteilung des Nutzens
der Software für die Organisation und die Ziele, die man mit Hilfe der Software
erreichen will. Aus den Auswertungen des Wartungslogbuchs ergeben sich keine
Daten, die ohne nähere Interpretation weiterverwendet werden können. So kann
der Wert *änderungswünsche je teilsystem* bedeuten, daß

- die Software die Realität nicht gut genug abbildet,
- die Realität sich schnell ändert (z. B. durch Marktbewegungen),
- der die Software benutzende Fachbereich schlecht organisiert ist und daher undiszipliniert Änderungswünsche formuliert.

Das Vorgehen bei der Versionsplanung ähnelt stark der Erstellung einer Vorstudie (s. Kap. 5). Die Bewertung von Änderungswünschen im Hinblick auf die Organisationsziele ist wichtiger als die technische Perfektionierung ihrer Umsetzung. Ebenso muß über Maße wie *zahl der geänderten programme je wartungsfall* oder *zahl der änderungen je teilsystem* das Ende der Lebensdauer einer Software erkannt werden. Dies zieht ein neues System und keine Version nach sich.

Die Dokumentation der Versionsplanung ist stark inhaltlich geprägt. Daher ist in diesem Fall eine Textdokumentation angebracht. Sie bildet die Basis für die Bearbeitung einer neuen Version oder eines neuen Teilsystems. Wenn man die objektorientierte Methodik von OBAS als Leitlinie benutzt und technische Aspekte außer Acht läßt, kann man sich ganz grob an folgender Klassifikation orientieren:

Tab. 12-2. Kriterien für die Wahl des Evolutionsschrittes

Änderungswunsch	Evolutionsschritt
neue Berechnungen aus Datentypen neue Attribute zu Datentypen	neue Version
geändertes Daten-Strukturmodell (neue Objekttype)	neues Teilsystem

Abschließend sei der Ablauf der Versionsplanung und die Bearbeitung einer neuen Version mit einem Bild verdeutlicht:

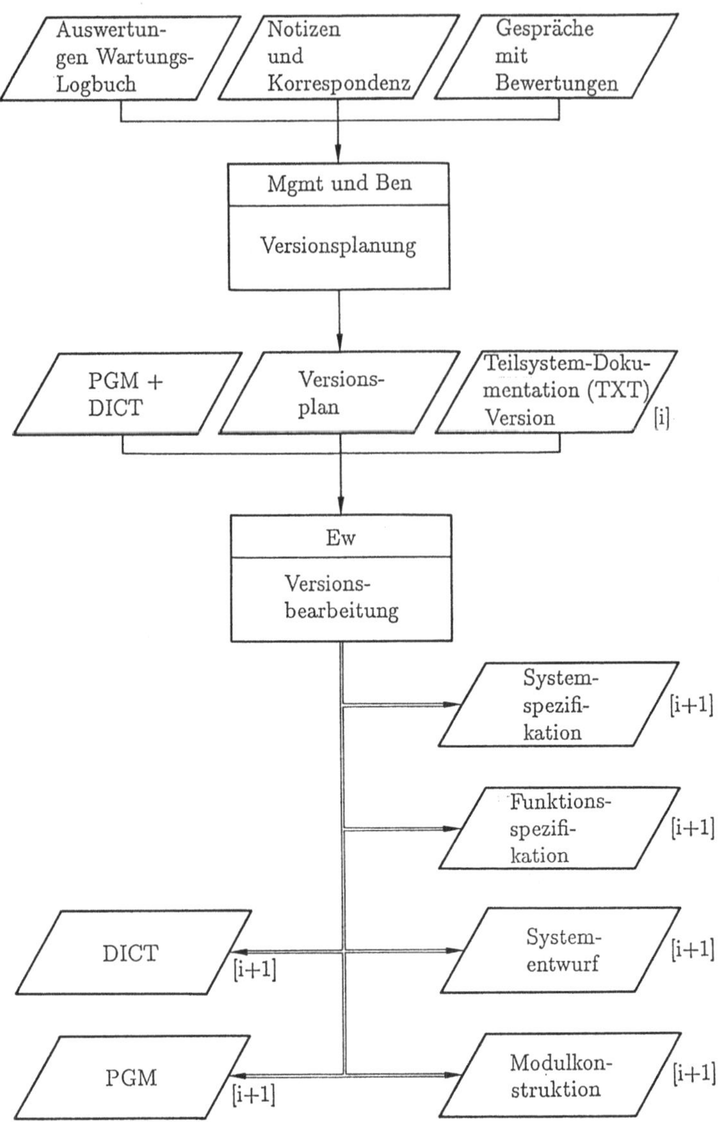

Abb. 12-2. Versionsplanung und -bearbeitung

Literatur

Abkürzungen:

CACM	Communications of the ACM
ICSE	International Conference on Software Engineering
IFB	Informatik-Fachberichte
Mgmt Sc	Management Science
Proc.	Proceedings
SEN	Software Engineering Notes (ACM)
SWT	Softwaretechnik-Trends
Trans. on Comp.	Transactions on Computers
Trans. on SE	Transactions on Software Engineering
ZfB	Zeitschrift für Betriebswirtschaft
ZfBF	Zeitschrift für betriebswirtschaftliche Forschung

ACM 82, Rapid Prototyping
ACM (ed.): Special Issue on Rapid Prototyping – Working Papers Workshop 19-21 Apr., Columbia, Maryland. ACM SEN *7*, no. 5 (1982)

ACTIS 81, ISAC
ACTIS (Hrsg.): ISAC – Informationsfluß-Symbolik für Angewandte Computertechnik (Verf.: Jochum, F., Pfeifer, M.). Firmenbroschüre ACTIS GmbH, Stuttgart 1981

Alford 77, RSL
Alford, M.A.: A Requirements Engineering Methodology for Real-Time Processing Requirements, in: IEEE Trans. SE *3*, no. 1 (1977) 60-69

Appleton 83, Prototyping
Appleton, D.S.: Data-Driven Prototyping, in: Datamation *29*, no. 9 (1983) 259-268

Balzer 78, Informality
Balzer, R., Goldman, N., Wile D.: Informality in Program Specifications, in: IEEE Trans. SE *4*, no. 2 (1978) 94-103

Balzer 79, Specification
Balzer, R., Goldman, N.: Principles of Good Software Specification and Their Implications for Specification Language, in: IEEE Proc. Conf. on Specification of Reliable Software, Cambridge, Mass. 1979, pp. 58-67

Balzert 81, Methoden
Balzert, H.: Methoden, Sprachen und Werkzeuge zur Definition, Dokumentation und Analyse von Anforderungen an Software-Produkte, in: Informatik-Spektrum *4*, H. 3 (1981) 145-163 und H. 4, 246-260

Balzert 82, Entwicklung
Balzert H.: Die Entwicklung von Software-Systemen, Reihe Informatik, Bd. 34. Bibliographisches Institut, Mannheim Wien Zürich 1982

Bandura 76, Modellernen
Bandura, A.: Lernen am Modell. Ansätze zu einer sozial-kognitiven Lerntheorie. Klett, Stuttgart 1976

Bauer 82, Informatik
Bauer, F.L., Goos, G.: Informatik – Eine einführende Übersicht, Bd. 1 u. 2, 3., neu bearb. u. erw. Aufl. Springer, Berlin Heidelberg New York Tokyo 1982 u. 1984

Bauer 84, Programmentwicklung
Bauer, F.L., Wössner, H.: Algorithmische Sprache und Programmentwicklung, 2. verb. Aufl. Springer, Berlin Heidelberg New York Tokyo 1984

Beichter 84, SLAN-4
Beichter, F.W., Herzog, O., Petzsch, H.: SLAN-4 – A Software Specification and Design Language, in: IEEE Trans. SE *10*, no. 2 (1984) 155-162

Blum 82, Life Cycle
Blum, B.I.: The Life Cycle – A Debate Over Alternate Models, in: ACM SEN *7*, no. 4 (1982) 18-20

Boehm 76, Engineering
Boehm, B.W.: Software Engineering, in: IEEE Trans. Comp. *25*, no. 12 (1976) 1226-1241

Boehm 84, Prototyping
Boehm, B.W., Gray, T.E., Seewaldt, T.: Prototyping Versus Specifying: A Multiproject Experiment, in: IEEE Trans. SE *10*, no. 3 (1984) 290-303

Bösser 84, Lernanforderungen
Bösser, T.: Lernanforderungen als Gestaltungsgrundlage für die Mensch-Maschine-Schnittstelle von Rechnern, in: Dirlich 84, Kognitive Aspekte, S. 69-84

Brown 83, Error Messages
Brown, J.P.: Error Messages: The Neglected Area of the Man/Machine Interface?, in: CACM *26*, no. 4 (1983) 246-249

Budde 84, Prototyping
Budde, R., Kuhlenkamp, K., Mathiassen, L., Züllighoven, H. (eds.): Approaches to Prototyping. Springer, Berlin Heidelberg New York Tokyo 1984

Bullinger 85, Ergonomie
Bullinger, H.-J.: Software-Ergonomie '85 Mensch-Computer-Interaktion. Teubner, Stuttgart 1985

Busch 83, IKS
Busch, U: Konzeption betrieblicher Informations- und Kommunikationssysteme (IKS). Erich Schmidt, Berlin 1983

CW/CSE 85, Software-Forum
CW/CSE (Hrsg.): Software-Engineering und Informations-Management: Software-Forum'85. CW/CSE, München 1985

Chen 76, Entity-Relationship
Chen, P.P.-S.: The Entity-Relationship Model – Toward a Unified View of Data, in: ACM Trans. on Database Systems *1*, no. 1 (1976) 9-36

Codd 70, Relational Model
Codd, E.F.: A Relational Model of Data for Large Shared Data Banks, in: CACM *13*, no. 6 (1970) 377-387

Dahl 72, Programming
Dahl, O.J., Dijkstra, E.W., Hoare, C.A.R.: Structured Programming. Academic Press, London New York 1972

DeMillo 77, Proofs
DeMillo, R.A., Lipton, R.J., Perlis, A.J.: Social Processes and Proofs of Theorems of Programs, in: CACM *22*, no. 5 (1979) 271-280 (im Original 1977 erschienen)

Denert 77, State Diagrams
Denert, E.: Specification and Design of Dialogue Systems with State Diagrams, in: Proc. Intern. Computing Symposium Liège, pp. 417-424

Denert 79, Modularisierung
Denert, E.: Software-Modularisierung, in: Informatik-Spektrum *2*, H. 4 (1979) 204-218

Denert 80, Projektmodell
Denert, E., Hesse, W.: Projektmodell und Projektbibliothek: Grundlagen zuverlässiger Software-Entwicklung und Dokumentation, in: Informatik-Spektrum *3*, H. 4 (1980) 215-228
Dijkstra 76, Discipline
Dijkstra, E.W.: A Discipline of Programming. Prentice-Hall, Englewood Cliffs, N.J. 1976
Dinkelbach 82, Entscheidungsmodelle
Dinkelbach, W.: Entscheidungsmodelle. De Gruyter, Berlin New York 1982
Dirlich 84, Kognitive Aspekte
Dirlich, G., Freska, C., Schwatlo, U., Wimmer, K.,(Hrsg.): Kognitive Aspekte der Mensch-Computer-Interaktion (Workshop, München, April 1984), Informatik-Fachberichte, Bd. 120. Springer, Berlin Heidelberg New York Tokyo 1986
DoD 83, ADA-Concept
Department of Defense: ADA Methodologies, Concepts and Requirements, in: ACM SEN *8*, no. 1 (1983) 33-50
Dreyfus 79, Limits
Dreyfus, H.L.: What Computers Can't Do – The Limits of Artificial Intelligence, 2nd edn. Harper & Row, New York Hagerstown San Francisco London 1979
Ehrig 81, Stücklisten
Ehrig, H., Fey, W., Kreowski, H.-J.: Algebraische Spezifikation eines Stücklistensystems – eine Fallstudie, in: Floyd 81, Spezifikation, S. 75-90
Eisenhuth 85, Berichtswesen-Projekt
Eisenhuth, A., Spitta, Th., Vleugels, P.: Ein Berichtswesen-Projekt auf Konzernebene – Softwaretechnik und Lösungen für Endbenutzer, in: SWT *5*, H. 2 (1985) 7-30
Fähnrich 85, Architektur
Fähnrich, K.-P., Kärcher, M.: Software Architekturen für Mensch-Computer-Schnittstellen, in: Bullinger 85, Ergonomie, S. 445-454
Fischer 85, SADT/DSA
Fischer, A.: Wo greifen graphisch-orientierte Verfahren? Erfahrungen mit SADT und DSA, in: Morgenbrod 85, Große Systeme, S. 257-275
Fittkau 80, Kommunikation
Fittkau, B., Müller-Wolf, H.-M., Schulz von Thun, F.: Kommunizieren lernen (und umlernen), 2. Aufl. Westermann, Braunschweig 1980
Flon 76, Verifiable Software
Flon, L., Habermann, A.N.: Towards the Construction of Verifiable Software Systems, in: SIGPLAN Notices *8*, no. 2 (1976) 141-148
Floyd 81, Process Approach
Floyd, C.: A Process-oriented Approach to Software Development, in: Systems Architecture, Proc. of the 6th European ACM Regional Conference, Westbury House 1981, pp. 285-294
Floyd 81, Spezifikation
Floyd, C., Kopetz, H. (Hrsg.): Software Engineering – Entwurf und Spezifikation. Teubner, Stuttgart 1981
Floyd 84, Methoden
Floyd, C.: Eine Untersuchung von Softwareentwicklungsmethoden, in: Morgenbrod 84, Programmierumgebungen, S. 248-274
Floyd 85, Große Systeme
Floyd, C., Pasch, J.: Methoden für den Entwurf großer Softwaresysteme, in: Morgenbrod 85, Große Systeme, S. 12-37
Frölich 83, SET
Frölich, R.: Piloteinsatz der System-Entwicklungs-Technologie (SET) für den Anwendungsentwurf eines kommerziellen Großprojektes, in: Kupka 83, GI-Jahrestagung, S. 328-343
GEI 86, PROMOD
GEI (Hrsg.): Die Systementwicklungsumgebung ProMod (Verf.: Hruschka, P.), Firmenunterlage Gesellschaft für Elektronische Informationsverarbeitung mbH. Aachen, April 1986

Gal 81, Entscheidungstechniken
   Gal, T., Gehring, H.: Betriebswirtschaftliche Planungs- und Entscheidungstechniken. De Gruyter, Berlin New York 1981

Gewald 79, Software Engineering
   Gewald, K., Haake, G., Pfadler, W.: Software Engineering, 2. Aufl. Oldenbourg, München Wien 1979

Gladden 82, Life Cycle
   Gladden, G.R.: Stop the Life-Cycle, I Want to Get Off, in: ACM SEN *7*, no. 2 (1982) 35-39

Goguen 81, Specification and Verification
   Goguen, J.A.: More Thoughts on Specification and Verification, in: ACM SEN *6*, no. 3 (1981) 38-41

Guttag 77, Data Types
   Guttag, J.: Abstract Data Types and the Development of Data Structures, in: CACM *20*, no. 6 (1977) 396-404

HMD 87, Wartung
   Bischoff, R. (Hrsg.): Wartung und Pflege von Anwendungssystemen, Themenheft Handbuch der modernen Datenverarbeitung (HMD) *24*, H. 135 (1987). Forkel, Wiesbaden 1987

Hacker 87, Ergonomie
   Hacker, W.: Software-Ergonomie; Gestalten rechnergestützter geistiger Arbeit?!, in: Schönpflug 87, Ergonomie, S. 31-54

Härder 86, Transaktionssysteme
   Härder, T., Meyer-Wegener, K.: Transaktionssysteme und TP-Monitore, in: Informatik – Forschung und Entwicklung *1*, H. 1 (1986) 3-25

Hansel 87, Projektleiter
   Hansel, J., Lomnitz, G.: Projektleiter-Praxis. Springer, Berlin Heidelberg New York 1987

Hansen 85, GI-Jahrestagung
   Hansen, R. (Hrsg.): GI/OCG/ÖGI-Jahrestagung 1985 Wien, Informatik-Fachberichte, Bd. 108. Springer, Berlin Heidelberg New York 1985

Hausen 85, Produktionsumgebungen
   Hausen, H.-L., Müllerburg, M., Sneed, H.M.: Software-Produktionsumgebungen. Müller, Köln 1985

Heinen 85, Industrie-BWL
   Heinen, E.: Industriebetriebslehre, 8. durchges. u. erw. Aufl. Gabler, Wiesbaden 1985

Heinrich 82, Datenanalyse
   Heinrich, A.W., Zorn, D.: Datenanalyse – Firmeninterne Schulungsunterlagen zur IBM-Verfahrenstechnik. SCHERING AG, Berlin 1982

Hesse 81, Methoden
   Hesse, W.: Methoden und Werkzeuge zur Software-Entwicklung – Ein Marsch durch die Technologie-Landschaft; in: Informatik-Spektrum *4*, H. 4 (1981) 229-245

Hesse 84, Begriffssystem
   Hesse, W., Keutgen, V., Luft, A.L., Rombach, H.D.: Ein Begriffssystem für die Softwaretechnik – Vorschlag zur Terminologie, in: Informatik-Spektrum *7*, H. 4 (1984) 200-213

Hill 74, Organisationslehre
   Hill, W., Fehlbaum, R., Ulrich, P.: Organisationslehre, Bd. 1 u. 2. UTB Haupt, Bern Stuttgart 1974

Hoare 69, Axiomatic Basis
   Hoare, C.A.R.: An Axiomatic Basis for Computer Programming, in: CACM *12*, no. 10 (1969) 576-583

Höping 88, Projektbibliothek
   Höping, F.-J.: Eine einfache und kostengünstige Projektbibliothek mit Implementierung in einem PC-Netz. Diplomarbeit FB Mathematik (Informatik), Universität Münster 1988.

Hofstetter 85, Psychologische Probleme
   Hofstetter, H.: Psychologische Probleme und Verfahren bei der Softwareentwicklung, in: SWT *5*, H. 2 (1985) 63-72

Hommel 83, Requirements
Hommel, G., Krönig, D. (Hrsg.): GI: Arbeitstagung Friedrichshafen, Requirements Engineering, Informatik-Fachberichte, Bd. 74

Howden 86, Testing
Howden, W.E.: A Functional Approach to Program Testing and Analysis, in: IEEE Trans. SE *12*, no. 10 (1986) 997-1005

IBM 76, VT
IBM (Hrsg.): Verfahrenstechnik, div. Broschüren: IBM-Form SR 12-1675-0, SR 12-1657-0, F 12-008 (11/76), GL 20-1851, GQ 12-1049-0. IBM Corporation 1976 ff.

IEEE 82, Glossary
IEEE Computer Society: A Glossary of Software Engineering Terminology (IEEE Project 729). IEEE, New York 1982

Jackson 75, JSP
Jackson, M.A.: Principles of Program Design. Academic Press, London New York San Francisco 1975

Johnson 83, Prototyping
Johnson, J.R.: A Prototypical Success Story, in: Datamation *29*, no. 9 (1983) 251-256

Jones 79, Specifications
Jones, C.: A Survey of Programming Design and Specification Techniques, in: IEEE Proc. Conf. on Specifications of Reliable Software, pp. 91-103. Cambridge, Mass. 1979

Jones 86, VDM
Jones, C.B.: Systematic Software Development Using VDM. Prentice-Hall International 1986

Jones 87, Produktivität
Jones, C.: Effektive Programmentwicklung – Grundlagen der Produktivitätsanalyse. McGraw-Hill, Hamburg, New York 1987

Jovalekic 83, EPOS
Jovalekic, S: Erstellung von Anforderungsspezifikationen für Automatisierungssysteme mit EPOS – Eigenschaften und Erfahrungen, in: Hommel 83, Requirements, S. 92-103

Kent 83, Normal Forms
Kent, W.: A Simple Guide to Five Normal Forms in Relational Database Theory, in: CACM *26*, no. 2 (1983) 120-125

Kieser 83, Organisation
Kieser, A., Kubicek, H.: Organisation, 2. neubearb. u. erw. Aufl. De Gruyter, Berlin New York 1983

Kimm 79, Software Engineering
Kimm, R., Koch, W., Simonsmeier, W., Tontsch, F.: Einführung in Software Engineering. De Gruyter, Berlin New York 1979

Koch 79, SPEZI
Koch, W.: SPEZI – Eine Sprache zur Formulierung von Spezifikationen, Forschungsbericht Lehrgebiet Softwaretechnik. FB 20, TU Berlin 1979

Kosiol 62, Organisation
Kosiol, E.: Organisation der Unternehmung. Gabler, Wiesbaden 1962

Kreowski 81, Spezifikation
Kreowski, H.-J.: Algebraische Spezifikation von Softwaresystemen, in: Floyd 81, Spezifikation, S. 46-74

Kupka 83, GI-Jahrestagung
Kupka, I. (Hrsg.): GI: 13. Jahrestagung Hamburg, Informatik-Fachberichte, Bd. 73. Springer, Berlin Heidelberg New York 1983

Kurbel 85, Programmierstil
Kurbel, K.: Programmierstil in Pascal, Cobol, Fortran, Basic, PL/1. Springer, Berlin Heidelberg New York Tokyo 1985

Langefors 80, Infological Models
Langefors, B.: Infological Models and Information User Views, in: Information Systems *5* (1980) 17-32

Lehmann 80, Life Cycles
Lehmann, M.M.: Programs, Life Cycles and Laws of Software Evolution, in: IEEE Proceedings *68*, no. 9 (1980) 1060-1076

Lientz 81, Maintenance
Lientz, B.P., Swanson, E.B.: Problems in Application Maintenance, in: CACM *24*, no. 11 (1981) 763-769

Lockemann 78, Info-Systeme
Lockemann, P.C., Mayr, H.C.: Rechnergestützte Informationssysteme. Springer, Berlin Heidelberg New York 1978

Luce 57, Games
Luce, R.D., Raiffa, H.: Games and Decisions. Wiley, New York 1957

Ludewig 85, Modelle
Ludewig, J., Glinz, M., Matheis, H.: Software-Spezifikation durch halbformale, anschauliche Modelle, in: Hansen 85, GI-Jahrestagung, S. 193-204

Luft 82, Sprachgebrauch
Luft, A.L.: Rationaler Sprachgebrauch und orthosprachliche Standardisierung als Grundlagen des Software Engineering, in: Informatik-Spektrum *5*, H. 4 (1982) 209-223

Lundeberg 79, ISAC
Lundeberg, M., Goldkuhl, G., Nilson, A.: A Systematic Approach to Information Systems Development, in: Information Systems 4(1979), Part I: Introduction, pp. 1-12; Part II: Problem and Data Oriented Methodology, pp. 93-118

Maibaum 84, Step-by-Step
Maibaum T.S.E., Turski, W.M.: On What Exactly is Going on When Software is Developed Step-by-Step, in: 7th ICSE, pp. 528-533. Orlando, Florida 1984

Majoros 83, Testing
Majoros, M., Sneed, H.M.: Testing Programs against a Formal Specification, in: COMPSAC, Nov. 1983, pp. 512-520

Majster 77, Algebraic Specification
Majster, M.E.: Limits of the "Algebraic" Specification of Abstract Data Types, in: SIGPLAN Notices *9*, no. 10 (1977) 37-42

Majster 79, Specification
Majster, M.: Data Types, Abstract Data Types and their Specification Problem, in: Theoretical Computer Science *8* (1979) 89-127

Mambrey 85, Partizipation
Mambrey, P., Oppermann, R.: Partizipation von Benutzern bei der Softwareentwicklung – Fortschritte und Rückschläge, in: SWT *5*, H. 2 (1985) 47-62

Martin 77, Data-Base
Martin, J.: Computer Data-Base Organization, 2nd edn. Prentice-Hall, Englewood Cliffs, N.J. 1977

Martiny 87, Info-Management
Martiny, L.: Informationsmanagement auf der Basis gewachsener Unternehmensstrukturen, Dissertation (erscheint 1988 bei Oldenbourg). TU Berlin, FB Informatik 1987

Mason 83, Prototyping
Mason, R.E.A., Carey, T.T.: Prototyping Interactive Information Systems, in: CACM *26*, no. 5 (1983) 347-354

Mehlmann 81, User Interface
Mehlmann, M.: When People Use Computers. An Approach to Developing an Interface. Prentice Hall, Englewood Cliffs, N.J. 1981

Merrill 83, Program Correctness
Merrill, G.: Proofs, Program Correctness, and Software Engineering, in: SIGPLAN Notices *18*, no. 12 (1983) 96-105

Mertens 87, Wirtschaftsinformatik
Mertens, P. (Haupt-Hrsg.), Back-Hock, A. (Redaktion): Lexikon der Wirtschaftsinformatik Springer, Berlin Heidelberg New York 1987

Miller 73, Handlungsstrategien
Miller, G.A., Galanter, E., Pribram, K.H.: Strategien des Handelns, Pläne und Strukturen des Verhaltens. Klett, Stuttgart 1973

Mönckemeyer 84, Prototyping
Mönckemeyer, M., Spitta, T.: Concept and Experiences of Prototyping in a Software-Engineering-Environment with NATURAL, in: Budde 84, Prototyping, S. 122-135

Morgenbrod 84, Programmierumgebungen
Morgenbrod, H., Sammer, W. (Hrsg.): Programmierumgebungen und Compiler. Teubner, Stuttgart 1984

Morgenbrod 85, Große Systeme
Morgenbrod, H., Remmele, W. (Hrsg.): Entwurf großer Softwaresysteme. Teubner, Stuttgart 1985

Morland 83, Guidelines
Morland, D. V.: Human Factors Guidelines for Terminal Interface Design, in CACM *26*, no. 7 (1983) 484-494

Mumford 79, ETHICS
Mumford, E., Weir, M.: Computer Systems in Work Design – the ETHICS Method. London 1979

Mumford 84, Benutzerbeteiligung
Mumford, E., Welter, G.: Benutzerbeteiligung bei der Entwicklung von Computersystemen. Schmidt, Berlin 1984

Myers 79, Testing
Myers, G.J.: The Art of Software Testing. Wiley, New York 1979

Naur 68, Software Engineering
Naur, P., Randell, B. (eds.): Software Engineering. Report on a Conference. Garmisch 1968. Brüssel, NATO Scientific Affairs Division 1969

Naur 82, Formalization
Naur, P.: Formalization in Program Development, in: BIT *22* (1982) 437-453

Navathe 86, User Views
Navathe, S., Elmasri, R., Larson, J.: Integrating User Views in Database Design, in: Computer *19*, no. 1 (1986) 50-62

Neisser 79, Kognition
Neisser, U.: Kognition und Wirklichkeit. Prinzipien und Implikationen der kognitiven Psychologie. Klett-Cotta, Stuttgart 1979

Norman 83, Human Error
Norman, D.A.: Design Rules Based on Analysis of Human Error, in: CACM *26*, no. 4 (1983) 254-258

Oberquelle 87, RFA-Netze
Oberquelle, H.: Benutzerorientierte Beschreibung von interaktiven Systemen mit RFA-Netzen, in: Schönpflug 87, Ergonomie, S. 271-284

Österle 81, Info-Systeme
Österle, H.: Entwurf betrieblicher Informationssysteme. Hanser, München Wien 1981

Orr 77, Design
Orr, K.T.: Structured Systems Development. Yourdon Inc., New York 1977

Ortner 83, Konstruktionssprache
Ortner, E.: Aspekte einer Konstruktionssprache für den Datenbankentwurf. Toeche-Mittler, Darmstadt 1983

Ortner 85, Begriffskalkül
Ortner, E.: Semantische Modellierung – Datenbankentwurf auf der Ebene der Benutzer, in: Informatik-Spektrum *8*, H. 1 (1985) 20-28

Parnas 72, Criteria
Parnas, D.C.: On the Criteria to be Used in Decomposing Systems into Modules, in: CACM *15*, no. 12 (1972) 1053-1058

Parnas 79, Ease of Extension
  Parnas, D.L.: Designing Software for Ease of Extension and Contraction, in: IEEE Trans. SE *5*, no. 2 (1979) 128-137

Parnas 85, Defense Systems
  Parnas, D.L.: Software Aspects of Stategic Defense Systems, in: CACM *28*, no. 12 (1985) 1326-1335

Pepper 82, Spezifikation
  Pepper, P., Broy, M., Bauer, F., Partsch, H., Dosch W., Wirsing M.: Abstrakte Datentypen: Die algebraische Spezifikation von Rechenstrukturen, in: Informatik-Spektrum *5*, H. 2 (1982) 107-119

Peters 77, Methodologies
  Peters, L.J., Tripp, L.L.: Comparing Software Design Methodologies, in: Datamation *23*, no. 11 (1977) 89-94

Pistor 83, 2NF-Modell
  Pistor, P., Hansen, B., Hansen, M.: Eine sequelartige Sprachschnittstelle für das NF2-Modell, in: Schmidt 83, Datenbanken, S. 134-147

Ramamoorthy 86, Programming in the Large
  Ramamoorthy, C.V., Garg, V., Prakash, A.: Programming in the Large, in: IEEE Trans. SE *12*, no. 7 (1986) 769-783

Reisig 85, Netze
  Reisig, W.: Systementwurf mit Netzen. Springer, Berlin Heidelberg New York Tokyo 1985

Reisner 81, Query Language
  Reisner, P.: Human Factors Studies of Database Query Language: A Survey and Assessment, in: Computing Surveys *13*, no. 1 (1981) 13-31

Rosenstiel 86, Organisationspsychologie
  Rosenstiel, L.v., Molt, W., Rüttinger, B.: Organisationspsychologie, 6. neubearb. Aufl. Kohlhammer, Stuttgart Berlin Köln Mainz 1986

Ross 77, SA
  Ross, D.T.: Structured Analysis (SA): A Language for Communicating Ideas, in: IEEE Trans. SE *3*, no. 1 (1977) 16-34

Ross 77, SADT
  Ross, D.T., Schomann, K.E.: Structured Analysis for Requirement Definition, IEEE Trans. SE *3*, no. 1 (1977) 6-15

Roussopoulos 79, CSDL
  Roussopoulos, N.: CSDL: A Conceptual Schema Definition Language for the Design of Data Base Applications, in: IEEE Trans. SE *5*, no. 5 (1979) 481-496

Schauer 82, Informatik und Psychologie
  Schauer, H., Tauber, M.J. (Hrsg.): Informatik und Psychologie. Oldenbourg, Wien München 1982

Scheer 85, EDV-BWL
  Scheer, A.W.: EDV-orientierte Betriebswirtschaftslehre, 2. Aufl. Heidelberger Taschenbücher, Bd. 236. Springer, Berlin Heidelberg New York 1985

Schek 83, Relationenalgebra
  Schek, H.-J., Scholl, M.: Die NF2-Relationenalgebra zur einheitlichen Manipulation externer, konzeptueller und interner Datenstrukturen, in: Schmidt 83, Datenbanken, S. 113-133

Schelle 83, Software-Entwicklung
  Schelle, H., Molzberger, P. (Hrsg.): Psychologische Aspekte der Software-Entwicklung. Oldenbourg, München 1983

Schlageter 83, DB-Systeme
  Schlageter, G., Stucky, W.: Datenbanksysteme: Konzepte und Modelle, 2. Aufl. Teubner, Stuttgart 1983

Schmidt 83, Datenbanken
  Schmidt, J.W. (Hrsg.): Sprachen für Datenbanken, Informatik-Fachberichte, Bd. 72. Springer, Berlin Heidelberg New York Tokyo 1983

Schneidewind 87, Maintenance
Schneidewind, N.F.: The State of Software Maintenance, in: IEEE Trans. SE *13*, no. 3 (1987) 303-310

Schnupp 83, PROLOG
Schnupp, P. Prolog als Spezifikations- und Modellierungswerkzeug, in: Hommel 83, Requirements, S. 173-182

Schnupp 83, Softwaretechnologie
Schnupp, P.: Softwaretechnologie für den kommerziellen Anwender – Bringen die 80er Jahre einen Paradigmenwechsel? in: Schelle 83, Software-Entwicklung, S. 156-171

Schnupp 83, Wirklichkeit
Schnupp, P.: Wie wirklich ist die Software-Technologie? In: Kupka 83, GI-Jahrestagung, S. 161-177

Schönpflug 87, Ergonomie
Schönpflug, W., Wittstock, M. (Hrsg.): Software-Ergononomie '87, Teubner, Stuttgart 1987

Schröder 85, Methodenstrategie
Schröder, M.: Erfahrungen bei Aufbau und Etablierung einer integrierten Methoden-und Werkzeugstrategie, in: CW/CSE 85, Software-Forum, S. 287-323

Schulz von Thun 81, Kommunikation
Schulz von Thun, F.: Miteinander reden: Störungen und Klärungen. Psychologie der zwischenmenschlichen Kommunikation. Rowohlt, Reinbek 1981

Shneiderman 83, Direct Manipulation
Shneiderman, B.: Direct Manipulation: A Step Beyond Programming Languages, in: IEEE Computer *16*, no. 8 (1983) 57-69

Simon 86, Artificial Intelligence
Simon, H.A.: Whether Software Engineering Needs to Be Artificially Intelligent, in: IEEE Trans. SE *12*, no. 7 (1986) 726-732

Sinzig 85, Rechnungswesen
Sinzig, W.: Datenbank-orientiertes Rechnungswesen, 2. Aufl. Springer, Berlin Heidelberg New York Tokyo 1985

Smith 77, Abstractions
Smith, J.M., Smith, D.C.P.: Database Abstractions: Aggregation and Generalizition, in: ACM Trans. Database Systems, *2*, no. 2 (1977) 106-133

Smith 82, Star Interface
Smith, D.C., Irby, C., Kimball, R., Verplank, B, Harslem, E.: Desining the Star User Interface, in: Byte *4* (1982) 242-282

Sneed 80, Entwickungsmethodik
Sneed, H.: Software-Entwicklungsmethodik. Müller, Köln-Braunsfeld 1980

Sneed 82, Qualitätssicherung
Sneed, H.M., Wiehle, H.R. (Hrsg.): Software-Qualitätssicherung. Teubner, Stuttgart 1982

Spitta 83, Projektbibliothek
Spitta, T.: Eine verteilte Projektbibliothek in Verbindung mit einem Data Dictionary, in: SWT *3*, H. 2 (1983) 83-103

Spitta 85, Anforderungsprofil
Spitta, T.: Anforderungsprofil und Topologie eines verteilten Software-Entwicklungssystems, in: Hansen 85, GI-Jahrestagung, S. 585-603

Strunz 77, Entscheidungstabellen
Strunz, H.: Entscheidungstabellentechnik. Hanser, München Wien 1977

Swanson 76, Maintenance
Swanson, E.B.: The Dimensions of Maintenance, in: 2nd ICSE, pp. 492-497. San Francisco 1976

Swartout 82, Specification
Swartout, W., Balzer, R.: On the Inevitable Intertwining of Specification and Implementation, in: CACM *25*, no. 7 (1982) 438-440

Tavendale 85, Prototyping Directly
Tavendale, R.D.: A Technique for Prototyping Directly from a Specification, in: 8th ICSE, pp. 224-229. London 1985

Teichroew 77, PSL/PSA
Teichroew, D., Hershey, E.A.: PSL/PSA – A Computer-Aided Technique for Structured Documentation and Analysis of Information Processing Systems, in: IEEE Trans. SE *3*, no. 3 (1977) 41-48

Thadhani 84, Programmer Productivity
Thadhani, A.J.: Factors affecting programmer productivity during application development, in: IBM Systems Journal *23*, no. 1 (1984) 19-35

Thurner 85, Portabilität
Thurner, R.: Software-Portabilität – Die Rückversicherung für Software-Investitionen, in CW/CSE 85, Software-Forum, S. 85-119

Urban 85, Executable Specification
Urban, S.D., Urban, J.E., Dominick, W.D.: Utilizing an Executable Specification Language for an Information System, in: IEEE Trans. SE *11*, no. 7 (1985) 598-605

Vetter 85, Info-Systeme
Vetter, M.: Aufbau betrieblicher Informationssysteme mittels konzeptioneller Datenmodellierung, 2. Aufl. Teubner, Stuttgart 1985

Wasserman 79, Unified View
Wasserman, A.I., Prenner, C.J.: Toward a Unified View of Data Management, Programming Languages, and Operating Systems – A Tutorial, in: Information Systems *4* (1979) 119-126

Wasserman 81, Interactive Systems
Wasserman, A.I.: User Software Engineering and the Design of Interactive Systems, in: 5th ICSE, pp. 387-393. San Diego 1981

Watzlawick 74, Kommunikation
Watzlawick, P., Beavin, J.H., Jackson, D.D.: Menschliche Kommunikation, 4. Aufl. Huber, Bern Stuttgart Wien 1974

Weber 79, DB-Management
Weber, H., Wasserman, A.I. (eds.): Issues in Database Management. North-Holland, Amsterdam New York Oxford 1979

Weber 86, Modular Systems
Weber, H., Ehrig, H.: Specification of Modular Systems, in: IEEE Trans. SE *12*, no. 7 (1986) 784-797

Wedekind 81, DB-Systeme I
Wedekind, H.: Datenbanksysteme I, 2. Aufl. Bibliographisches Institut, Mannheim Wien Zürich 1981

Weinberg 71, Psychology
Weinberg, G.M.: The Psychology of Computer Programming. Van Nordstrand, New York 1971

Winograd 79, Beyond Languages
Winograd, T.: Beyond Programming Languages, in: CACM *22*, no. 7 (1979) 391-401

Würges 78, Abstract Specification
Würges, H.: Some Remarks on the Use of Abstract Specifications for Operating Systems, in: ACM SEN *3*, no. 3 (1978) 8-12

Yeh 79, Engineering
Yeh, R.T., Araya, A., Chang, P.: Software and Data Base Engineering – Towards a Common Design Methodology, in: Weber 79, DB-Management, pp. 109-123

Yeomans 81, SADT
Yeomans, P.H.: Requirements Analysis Using SADT, in: Floyd 81, Spezifikation, S. 202-219.

Yourdon 76, SD
Yourdon, E., Constantine, L.L.: Structured Design. Prentice Hall, Englewood Cliffs, N.J. 1976

Yourdon 86, SA
  Yourdon, E.: What Ever Happened to Structured Analysis, in: Datamation *32*, no. 11 (1986) 133-138
Zangemeister 76, Nutzwertanalyse
  Zangemeister, F.: Nutzwertanalyse in der Systemtechnik, 4. Aufl. Wittemann, München 1976
Zehnder 85, Info-Systeme
  Zehnder, C.A.: Informationssysteme und Datenbanken, 3., neubearb. Aufl. Teubner, Stuttgart 1985
Zinke 85, CICS
  Zinke, G.D.: Strukturierter Entwurf und CICS – ein Widerspruch?, in: SWT *5*, H. 3 (1985) 9-18

Sachverzeichnis

Das folgende Sachverzeichnis enthält die wichtigsten Begriffe und ihr Auftreten im Text mit Seitenzahlen. Die Seiten, auf denen ein Begriff definiert oder vertieft besprochen wird, sind **halbfett** gedruckt. Da auf die Ergebnisse mehrerer Disziplinen zurückgegriffen wird, läßt es sich nicht vermeiden, daß Synonyme (= *syn:*) oder verwandte Begriffe benutzt werden. Aber auch die Problematik der Begriffe in der Softwaretechnik selbst zwingt zu Synonymen, wenn man eine Evolution von historisch gewachsenen Begriffen zu sprachlich korrekteren anstrebt. Dies sei am Beispiel des Begriffs **Projektbibliothek** demonstriert:

Der Begriff wurde geprägt aus der Situation der Software*entwicklung* durch Softwarehäuser. Es werden Produkte unter diesem Namen vermarktet. Aus heutiger Sicht über den *gesamten* Lebenszyklus von Software wäre der angemessene Begriff **Produktbibliothek**. Der alte, unpräzise Begriff wird hier lediglich benutzt, da die gesamte 'scientific community' mittels dieses Begriffes miteinander kommuniziert.

Springer Compass

Herausgegeben von G. R. Kofer, P. Schnupp und H. Strunz

N. Wirth: Programmieren in Modula-2. Übersetzt aus dem Englischen von G. Pfeiffer. XIV, 220 S., 2 Abb. 1985

W. Reisig: Systementwurf mit Netzen. XII, 125 S., 139 Abb. 1985

K. Kurbel: Programmierstil in Pascal, Cobol, Fortran, Basic, PL/1. XII, 328 S., 52 Abb. 1985

J. Nehmer: Softwaretechnik für verteilte Systeme. XIII, 185 S., 66 Abb. 1985

T. Baggenstos, R. Marty, B. Mergler, P. Schnorf: UNIX als Basis für Softwareentwicklung. X, 199 S., 124 Abb. 1985

P. Schnupp, U. Leibrandt: Expertensysteme – Nicht nur für Informatiker. VIII, 140 S., 31 Abb. 1986

J. Bechlars, R. Buhtz: GKS in der Praxis. XIV, 379 S., 50 Abb. 1986

R. Franck: Rechnernetze und Datenkommunikation. XII, 254 S., 75 Abb. 1986

R. L. Baber: Softwarereflektionen. Ideen und Konzepte für die Praxis. XII, 158 S., 10 Abb. 1986

J. Hansel, G. Lomnitz: Projektleiter-Praxis. Erfolgreiche Projektabwicklung durch verbesserte Kommunikation und Kooperation. Ein Arbeitsbuch. XII, 224 S., 23 Abb. 1987

G. Goos, G. Persch, J. Uhl: Programmiermethodik mit Ada. VIII, 160 S., 1987

P. Schnupp, C. T. Nguyen Huu: Expertensystem-Praktikum. X, 360 S., 102 Abb. 1987

J. Shore: Der Sachertorte-Algorithmus und andere Mittel gegen die Computerangst. XVIII, 252 S., 7 Abb. 1987

J. Gulbins: UNIX. Eine Einführung in Begriffe und Kommandos von UNIX – Version 7, bis System V.3. Dritte, überarbeitete und erweiterte Auflage. XI, 773 S. 1988

T. Spitta: Software Engineering und Prototyping. Eine Konstruktionslehre für administrative Softwaresysteme. XIII, 229 S., 68 Abb. 1989

D. Hogrefe: Estelle LOTOS und SDL. Standard-Spezifikationssprachen für verteilte Systeme. XV, 188 S., 71 Abb., 1989